新世紀叢書
當代重要思潮・人文心靈・宗教・社會文化關懷

不工作

為什麼我們該停手。

喬許・柯亨 著
邱振訓 譯

NOT WORKING

Why We Have to Stop

Josh Cohen

王爾德:「人生的目標不在於大大有為,而是在於好好生活。」

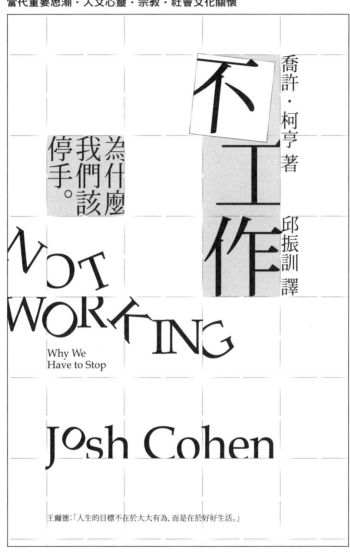

什麼都不做才是世上最難的事。

——奧斯卡．王爾德

相關評論

柯亨這本書深入淺出，講出了我們人人都知道，卻不懂如何體認的事——工作並不適合大多數人，就算人會投入工作，也只是藉以逃避其他事物的辦法而已。《不工作》這本好書談得清楚，來得及時！

——亞當・菲利普斯（Adam Philips），
《輸了》（*Missing Out*）作者

做白日夢的人、藝術家、遊手好閒的人，都是我們人類全體不可或缺的重要成員。這本書為我們打開了通往悠閒想像、截然不同、創意十足的異想世界。

——瑪麗亞・巴爾肖（Maria Balshaw），
泰特美術館（Tate）館長

行文優美，處處驚奇，這本《不工作》讓我們清楚看見自己非得好好利用時間的強迫症狀，看見了自己內心真正害怕的是什麼。

——威廉・戴維斯（William Davies），
《緊張國度》（*Nervous States*）作者

文筆有如行雲流水，是後巴舍勒學派對於呼籲停下腳步，傾聽寧靜心聲的錚錚諫言。

——克洛伊・亞里迪斯（Chloe Aridjis），
《碎裂》（*Asunder*）作者

滔滔雄辯掙脫工作枷鎖，遨遊俗世之外的絕妙好處。太精采了！

——麗莎・阿皮南涅希（Lisa Appignanesi），
《瘋女、壞女、哀女》（*Mad, Bad and Sad*）作者

不工作：為什麼我們該停手

【目錄】本書總頁數320頁

導論

從事心理分析師這十多年來，我總是在上班之前就開工，下班之後才收尾，在人家都不用工作的時候工作。這往往表示從令人陷入恐懼的清晨時分，到陷入筋疲力盡的深夜時段。而會來找我的人，則通常都是從辦公室、自家工作或育兒事務中偷偷挪出一個小時前來。

晤談時段的每個階段總是充斥著我這些個案對工作的不滿，會聽到他們各種故事與對工作生活的抱怨，或者是來自手機震動聲的暗示（「抱歉，大概是公司打來的」），彷彿是我的個案想要讓我知道，即使在這理應受到保護的空間裡，他們還是會被這些命令緊逼追殺一樣。

這當然會讓我對現代工作生活形成一種片面甚至誇大的印象，認為那種生活就是充滿了壓力、消蝕、疲憊與不適，時而覺得不滿足、無意義，覺得工作不僅枯燥乏味而且空洞無比，除了工作本身之外，就再也沒有任何更崇高的指引目標了。

心理諮商室這場所有個絕佳優勢，可以看見個人問題的驚人規模，發現問題是如何地橫亙在現在的生活裡。充棟汗牛的書籍文獻在在表明我們這個時代正面臨了一場關於工作的社會、經濟、政治危機。過勞只不過是最顯眼的症狀之一，僧多粥少也是其中一例。整個勞動市場，包括製造業（車輛及電腦改由機器組裝）、銷售業（店鋪完全由電腦取代傳統店員）、運輸業（自動駕駛汽車與火車）等，全都看得見或正在經歷即將全面自動化的巨大轉變。仰賴認知與智力的「高階」工作也不能倖免——人工智能終將接手許多我們以往認為專屬人類的職業，從行銷到投資財管，從草擬法律合同到教授數學，各行各業無一可免。

勞動市場的萎縮不僅會衝擊到有工作的人，就連沒就業的人也同樣受波及。求職競爭會促成薪資降低，但是對工作效率與投入的要求卻與日俱增。如果我們出包砸鍋，隨時有一大批人等著取代我們的位置，這又再度強化了工作的壓力，更封鎖了逃脫的出路，只會激起受辱、絕望和困頓等感受。有許多人都為了過上尚稱體面的生活，甚至是只為了勉強餬口而不斷拚搏，到頭來卻發現我們自己拚命的追逐，只落得身陷壓力十足又毫無成就感的工作之中。

這場即將來襲的工作危機也促使不少「後工作」（post-work）思想家與作家組成一片鬆散的網絡，倡言沒有工作的未來世界在經濟、社會與政治方面的各種結果。提供每個人維生所需，不需考校任何能力即可獲得薪資的「全民基本收入」（Universal Basic Income, UBI）這個概念不僅在基進社會政治的小團體內風行，連主流社會也開始支持，成了後工作時代各項政策與思辨論題的主幹。

但是有很多後工作思想家主張：後工作時代的未來所帶來的不只是政治和實用方面的問題，還觸及了我們的生存意義問題。在那個世界裡，工作已經不再佔據能逼迫我們追問人生意義何在的地位了。要是不工作，人生究竟還有什麼值得留戀的？假如我們不是為了工作而活的存有者，那我們又是什麼？

這本書就是我數年來對這個問題的閱讀及思索的成果。我從小時候起，就一直搞不懂工作的價值為什麼會是生活的首要意義和目標。我之所以沒有走上法律、會計、財金、商管、公共行政或其他任何令人稱羨的中產階級專業，除了我恐怕深深欠缺那些相關才幹之外，就是因為這些職業似乎都預設了工作本身就是其證成理由的這種想法。對我來說，專職生活就是充滿了該盡的義務，而且不是因為這些事情很振奮人心或能樂在其中，而是因為這些事就僅僅是這份工作的責任罷了。在我看來，長成否定自己的大人就是工作的真面目，也是我之所以避之唯恐不及的緣故。

我小時候到青少年時期的卡通英雄——史努比、布袋貓（Bagpuss）、加菲貓、荷馬．辛普森，還有後來真人版演出的勒保斯基（Lebowski）——他們就是我腦海裡對我家人與老師天天灌輸的生產力和人生目標的反對聲浪。他們讓我有理由相信窗戶外頭永遠比黑板上的東西有趣，讓我相信沒有多少老師的課程能比我的白日夢更迷人。

過了好幾年，隨著成人時期逼近，做白日夢的誘惑終究要面臨謀生鐵律的挑戰。從本書後續的章節裡就能看出我設法調和了文學創作與心理分析這兩條路；這兩項天職呼召都誠摯接納了對於生產活動的抗拒，能夠讓我在逃避外在現實的要求下得以餬口過活。

但是文藝與心理分析除了讓我能找到堪可忍受的工作，甚至有些樂在其中之外，更重要的是還能幫助我從不同的角度來探問我們這個文化為何那麼看重行動與目的的價值。這本書就是對這項質疑的探究成果。要如何在不工作的情況下生活，是我們這社會愈來愈迫切面臨的難題，是時候問問我們自己，究竟人性的本質是否就只侷限在行動與生產之中，還是另有他處可尋。姑不論從全世界歷史上看，人類事功確實有改天換地之能，我們也汲汲營營於展現這股力量。在現代西方文化中，我們每一天幾乎都在證明自己有多不想去工作。有許多人就算在拚命工作之時，也不免會期盼待會兒可以停下休息，所以即使在最努力工作的日子裡也坐立難安，發呆直視，或是心有旁騖，不時瞧向窗外或電腦視窗。分心通常就是毫無活力的表象，是一種什麼事也沒做的活動，想靜心休息卻沒法真正停下來。這是心不在焉的一種型態，卻往往更容易使人神經衰弱而不是真正獲得休息。

我們通常會羞於承認不想工作的這份衝動，或只視為一層偽裝。我們得要因為成就了某些具體、客觀的有用目標才算真正活著，隨手塗鴉或亂哼亂唱不能算數。但要是我們這想法錯了呢？我要論證的，就是主張「不工作」對於我們如何理解自我，至少和「工作」本身同樣重要。

這個主張的第一個根據就藏諸我們物理現實的結構之中。牛頓的第一運動定律（也就是慣性定律）指出，除非受到未抵銷的外力作用，否則物體將會動者恆動。隱身在科學家從中世紀以來不斷追尋永恆運動這項使命背後的，就是想要克服這項定律的幻想，希冀能夠永無休止地持續下去。

但慣性定律卻是不假辭色。手中丟出去的球會撞到牆上，時鐘的機械裝置會停擺，我們的雙腳也會停止舞動：無論運動中的物體是什麼，無論有沒有生命，不管無比渺小或是碩大無朋，遲早都會有「未抵銷的外力」阻擋它繼續活動下去。

在這一方面，我們就和其他物體一樣，只能完全聽憑我們的體重決定。在被迫停下之前，我們就只能跑這麼遠、做這麼多。

這就是為什麼小孩子會對輕飄飄的感覺那麼沉迷的解答線索。小孩子喜歡泡泡、氣球，喜歡在半空中晃盪，總夢想著飄在地表上方。他們會覺得重力是偷走這份美夢的小偷。重力會將我們拴在地上，迫使我們必須對抗一道無形的阻力才能移動，使得走路、跑步、游泳都成了難事，更甭提展翅翱翔了。

我們逐漸長大、變老，愈來愈不靈活，我們知道了重力是種無可抵擋的鐵則。我們放棄了飄浮飛升，一開始這還只是物理上的目標，最後就連心靈狀態亦復如此。「如坐雲霧」一詞成了逃避俗世現實和要求的孩子氣。雲啊霧的可不會幫我們通過考試、找到好工作哩。

但是接納重力法則就意味著要面對重力施加在我們肉體與心靈上的限制。鳥兒之所以讓我們感到驚奇，就在於牠們始終給我們一種毫無疲態的印象。雖然鳥兒在歷經長途飛行之後也不免和其他動物一樣有所損耗，但是他們卻不會崩潰力竭。

人類在出生後的大約頭半年裡，都猶若無物般地任人背來抱去，彷彿是坐在轎子上的國王一樣，就連踏到地上還怕玷污了腳。直到開始會爬，小嬰兒才知道自己的重量，但是這拉扯的力道在一開始會因為能夠獨自移動的新鮮感而得到補償。一直要到小孩子了解到自己的體重會是永遠的負擔，這才會成為他怨憤的源頭。等到大人開始鼓勵他自己走到公園去，他就會開始哀求你背著他沉甸甸的身軀，這樣他就不用費勁出力了，而這也往往就是父母親筋疲力盡又滿懷氣憤的原由。

小孩子說不想走路，表達的就是他對慣性定律的不滿。而周遭的大人就得教他了解沒有人可以例外，教她學會自己承擔自己的身體、感受和焦慮。

弗洛依德（Sigmund Freud）在一九二〇年代提出「死之驅力」的假設①，這也許可說是他最受人爭議的概念，卻也能當作對於慣性定律的某種心理記錄。死之驅力伴隨的是一份對於完全靜謐的嚮往、一份毀滅性的傾向，以及一種不斷強迫重複傷痛經驗的行為模式。但是這份驅力也彰顯出一項更為根本的真相：人會抗拒活動，而且若不設定某些終點，就沒辦法展開任何活動——就連人生也是如此。

弗洛依德經常借鑑於古代神話（最有名的當然就是伊底帕斯的故事了）來驗證他從無意識的精神生活中所發掘出的普遍模式。但他並未訴諸這方式來支持死之驅力之說，不過要是他真的去找，肯定能找到無數例證，尤其是在各種神明譜系或神祇階層的系譜之中特別顯眼突出。在各種神譜中，神明都是某種情緒或存在模態的具體顯現——諸如愛、恨、戰爭、藝術等——也藉此將宇宙的面貌和人的內在生活連結了起來。

最著名的神話故事，比方說赫西俄德（Hesiod）的《神譜》或印度的《摩訶婆羅多》，都在細談神明狂熱的生育力和戀愛事蹟，詳述祂們的計謀和同脈相殘。但是在神祇階層的最底層，則充塞著一大群毫不搶眼的神仙。在印度的神明體系裡，吉祥天女（Lakshmi）是大神毗濕奴（Vishnu）的造物與配偶，也是福氣、財富、純潔優雅的化身，卻在各方面都受她的姊姊災厄女神折沙他（Jyestha）制衡。折沙他肥胖、邋遢又醜陋，是代表懶散的神祇，從她臃腫下垂的身材看來尤其明白，那副身軀展現出的樣子就是不肯承擔世間事務或做些梳理打扮。

相對地，希臘的神明譜系中倒是保留了一片特別豐富多樣的天地宇宙給象徵夜晚、睡眠和懶散的諸神。照赫希俄德的說法，在創造世界之前，原初的混沌（Chaos）先是生出了愛勒伯斯（Erebos，意為「黑暗」）與妮克絲（Nyx，意為「夜晚」）這對夫妻，妮克絲後來又生下修普諾斯（Hypnos），也就是睡眠之神。修普諾斯和象徵閒散與夢幻的女神帕西提亞（Pasithea）一同生下了掌管睡夢國度的三大主宰：默菲烏斯（Morpheus）、佛貝托爾（Phobetor）和梵塔索思（Phantasos），各自掌管睡夢中的變幻無窮、恐怖驚嚇與奇妙幻想這三個領域。負責守衛修普諾斯宮殿的是怠惰女神艾爾吉亞（Aergia），她的名字意思就是「不活動」，是豐滿的大地母神蓋婭（Gaia）與大氣之神以太（Aether）所生。這兩股原初創生力量交融在一起，結果卻創造出了一股反生產的力量，成了全面守護睡眠與閒散的保護者。

按照這些說法，世界秩序在創生之時，絕不能不同時也為生命造出一道煞車。弗洛依德認為生之驅力——也就是死之驅力喧囂歡騰的對立面——所追求的就是要攻克這道命定的煞車，拚命想超越身體與心靈的各種界限。生之驅力想要的就是更多更多。生之驅力靠著生殖繁衍與辛勤工作，能讓物種本身不斷新生，也讓新的生命得以維持延續；靠著好奇心、想像力和實際運用，創造出新的領域、觀念、社群、科技與文化。要是真的不受制止，生之驅力大概就會不斷繼續向前推進。

弗洛依德說，死之驅力會安靜地隱匿起來，無形地潛入生之驅力裡頭，試圖阻撓生之驅力前進的步伐，這說法可就讓我們想起無論是個人或群體，即使在生命中再怎麼心胸開闊、豪情萬丈的時期，也總有拖沓怠惰的片刻，總會聽見艾爾吉亞或折沙他的溫言軟語：當真？能打擾一下嗎？難道你真的不想躺在床上多休息一會兒？

這本書就是要探查我們與這番溫言軟語之間錯綜複雜又撲朔迷離的關係。在當代西方世界裡，我們的生活總是非得緊張兮兮地做這做那，不得片刻稍息。我們這文化的代表圖像就是在休息或靜默的每個時刻，不管我們人在火車上、餐桌上或是床上，都要反覆檢視手機上的電子郵件、工作文件或是社群媒體通知、熱門遊戲還有狂推影片。這種緊張的分心恍神就是我們唯一能從永無止盡的待辦事項清單中短暫逃脫的喘息空間。「不工作」幾乎已經變得像「工作」一樣累人而永無止息了。我們也知道除了喊停之外別無他法，可是真要這麼做，又會讓我們擔心受怕、可憐兮兮，還會萬分自責。

我們之所以會忙碌不停，是由於文化奚落或蔑視要我們停手止步的需求。人人競相爭先的工作狂熱使得無數男男女女將大部分的人生都投入在工作上。能量飲料和感冒藥的廣告也一再宣稱能夠讓人振奮精神，不再無精打采，讓我們（和老闆）再也不必請假停工。

這種超強鐵人、擁有神奇抵抗力的幻想所連結的，就是各種小報媒體和唯恐天下不亂的政客所嗅到的黑心陰謀，他們總說社福寄生蟲和移民就是靠著盤剝大家辛勤刻苦的工作成果白吃白喝。我們一想到有人可以不勞而獲，就難免會滿腹的怨懟妒恨。

這幾十年來，西方政府不管左派右派，無論何種處境，都愈來愈執著於要大家有工作做。在英國、美國和其他國家中，能領取社福補助券的資格標準也愈來愈嚴格，幾乎都是要求申請者得積極求職。後工作理論家大衛．弗雷恩（David Frayne）寫道：「就連傳統上向來免於工作的族群（比方說單親家庭和身心障礙者）也會覺得自己遭人上下打量，逼他們不再領取社福補助，自力更生。」②發給身障者的生活補助款也往往在官僚粗暴的求職能力評估後就取消和收回。

支持這種縮減非勞動人口的殘忍驅力的理由眾人也都耳熟能詳：老年人口逐年增加所造成的財務重擔會使現行的社福制度難以長期維持。國家若要避免財政破產和嚴重經濟衰退，就必須填補所有的生產力缺口，將經濟浪費轉變成盈餘。到時理想的國家和其經濟就能克服慣性定律——沒有任何「未抵銷的外力」會再阻擋或拖延經濟永續活絡的腳步。

問題在於西方的經濟向來就不免受制於慣性定律。所有用以清除前進路上障礙的辦法都只會產生出新的問題。自動化提升了產量和效率，結果是降低了就業率和薪資。僧多粥少的壓力使得國家和更大型的經濟體每年都要耗費幾十億在壓力相關的病症上，像是疲累、過勞和憂鬱等。試圖贏過慣性定律的結果只不過一再證明了慣性定律的屹立不搖。但是想教商業、政治和媒體對工作嗤之以鼻，若是我們心裡的這想法還不夠踏實，那就很難辦到。實在有太多人都不敢真正喊停不幹了。

心理分析對這現象的原因有好幾種解答。我們心裡對自己都有個理想的自我形象，也就是弗洛依德所說的「自我理想」（ego ideal）③，這自我形象會催促我們採取行動、成就更多。自我理想是殘餘在我們心中的一份無意識信念，是自我們嬰兒時期就由父母傳遞給我們，相信我們自己能夠臻至完美的想法。雖然這可以激發我們的志向與創造力，卻也容易變成內在懲罰，使我們在自己的實際樣貌與自覺形象之間出現落差時感到羞慚愧赧。

當自我理想向我們擔保「你可以做到」時，在無意識心靈中更著名的超我（super ego）則是命令我們「你必須做到」，苛責降咎於我們低劣頑愚的良心和責任感。內在與外在訊息紛至沓來，使得我們大部分人都會對自身的侷限感到某種焦慮：我們才剛停手放下，裡裡外外就又會傳來叫我們立刻復工的聲音。

自我理想是今日工作就業文化中難以抗衡的一道定靶，威脅利誘我們盡力發揮自身潛能。弗雷恩寫道：「人人都被教導說他永遠都可以做得更多，就業因而成了一條苦路，走在這條路上的人會不停對自己宣戰，質疑自身性格適不適任、懷疑自己有何成績戰果，更對投入工作的充裕時間備感不足。」④

我們對停手感到不適，對沒填滿、沒規劃的時間感到不滿，這就又引發了一種持續分心的狀態，而這狀態活生生就是工作責任的完美翻版：我們一旦到達生產者身分的臨界點，就能變身成消費者。今時今日的孩子打從出生開始，眼睛、耳朵和神經系統便全都淹沒在電視、平板、手機螢幕不停傳來的影像與資訊洪流之中。即使在家裡、辦公室或街道上等任何具體空間裡，他整個人都照樣融入在數位生活的虛擬網路裡頭，不停被催促著去追蹤、按讚、更新、串流播放、點選購買。就連從裝置上稍離片刻，也會感到無比的空虛寂寞。

我們對關掉自己身心的開關感到緊張不安，像是怕這麼做就會讓那份空虛突然現形一樣。但是這份擔憂也伴隨著一份對安靜與隱退的強烈渴望，盼望在永不停歇的噪音中脫身喘息。到我診間的個案中，有不止一位都時時表達出希望世界或他們自己能夠分解消失的念頭。他們會談到不再緊張的愉悅，訴說白白度過週末早上的快活，或是盯著報紙上的某一行文字，直到像是頓悟禪宗公案般的清澈空明。

我們會發現自己就這樣卡在硬是做太多跟希望放空這兩者之間。瞎逛網路就是這些衝動的某種神祕交會點。有人會斤斤計較在白T恤上的二十三處細瑣差異、一口氣狂看幾十支逗趣的貓咪影片，或是一直刷新社群媒體更新動態，我們對過度勞動的偏執變成了扼殺自己（和老闆的）時間和遏制自身生產力的一種方式。

我們對於工作和人生目的之間的關係如此曖昧複雜，正暗示著我們有理由懷疑人類生來就是為了工作的存有者這個概念。另一個懷疑的理由，則是藝術的出現。

藝術在本書中佔據了核心地位。這有一部分是因為文學、視覺、影像藝術家的生活與作品提供了豐富的思想樣貌，呈現了各種身心的非工作狀態：冷漠淡然、慵懶閒散、漫不在乎、異想天開等，不一而足。但更重要的是，有藝術存在的這件事實剛好證明了我們身上真的有抗拒工作和產出意義的一面，我們也可以稱之為反抗「做事霸權」（tyranny of doing）的一面。

說穿了，藝術家究竟**做**了些什麼？他們待在想像力的國度而非現實世界裡，要將我們的目光從真實轉向虛幻妄想，他們很少真的具體做些什麼，所以老是受到追求美德與誠實的那些人指指點點。柏拉圖在《理想國》裡就讓蘇格拉底將藝術家趕出了理想國⑤，他舉了好些理由，但最主要是因為藝術家做的事完全無助於正確的生活和行為，就連告訴我們該怎麼做都沒有。蘇格拉底嘆惋道，就連荷馬這位在詩人中最受敬愛尊崇的大師，也完全沒有制定過什麼法律、打過什麼勝仗、發明出什麼有用的器械，就連投身公職也沒做過。荷馬也許確實很迷人，但若要說到指引生活，那他可是比什麼廢物都更糟糕的嚮導。

過了大約兩千三百年，奧斯卡．王爾德（Oscar Wilde）倒轉了柏拉圖的價值階層，將這種無用之用當作藝術家最卓越出眾的美德。藝術家抗拒了緊攫所有人不放的工作衝動，拋開了我們現實的界限，找到了通往縹緲無垠的夢想人生之路，「這種人生的目標不在於大大有為，而是在於好好生活」。⑥

蘇格拉底和王爾德的立場雖然相反，但他們卻提出相同的洞見：藝術的創作與享受其實暗中表達出了反對將「做事」當成人生的目標。藝術作品的存在指出了在人身上有一個不為何來、甚至毫無用處的面向，是一種對有目的行動的反抗。比方說讀一首詩、看一幅畫，我們實在很難看出其中有什麼直接的實際效用。

對這論證最直接的反駁就是藝術其實是一項高收益產業，藝術品不僅在概念上可以供創作者和消費者作各種政治與個人用途之用，實際上也是如此。換句話說，藝術是我們俗世現實的一部分，而非屬於與之截然二分的私人國度。這當然就是何以今日的藝術總是不斷以商業價值或社會效益來證明自己耗用公共資源（例如金錢、空間、時間）是合理的。藝術必須證明自己可以在經濟或社會上有所貢獻。

我們當然可以拿藝術作品來為所欲為。但是心裡不免會嘀咕，藝術作品按其定義來說，就是「無用」之物啊。「藝術，」法國作家兼評論家莫里斯・布朗修（Maurice Blanchot）就說：「無甚作用可言……畢竟藝術本身就是以無意（against action）為標準，直接而具體的行動只會將藝術搞砸。」⑦與布朗修同時代的德國哲學家兼評論家阿多諾（T. W. Adorno）也主張藝術——或者至少是那些他認為配稱為藝術的東西——之所以能顛覆政治，不是在於它「訴說」了什麼，反而正是在於它「訴說」得少才有效⑧；山繆・貝克特（Samuel Beckett）的戲劇或畢卡索（Pablo Picasso）的畫之所以深刻，就在於它們剝除了現代資本主義社會強加在我們身上那種空洞的語言和溝通。

假如我們不以無意當作藝術的標準，而是將藝術當作生活中沒有標準可言的一塊，又當如何？布朗修振振有詞地說，浪漫主義將藝術家當作神蹟的創造者，替補了古代神明的空缺，但這迷思卻丟失了所有神蹟中最神聖的部分：在幾乎所有創世神話裡，尤其以《創世記》的故事為最，神明不僅創造，還會**休息**。浪漫主義的藝術家會誤將自己比為神明，其實是因為他們錯擁「最不神聖的神蹟……結果倒使上帝得要一個星期勞動六天才行」。⑨

真正的神性其實是在於不工作，這件事誰都辦得到，但是只有在不工作的時候，人才享有神的特權。藝術家跟神一樣都不是「勞動者」；工匠用石頭砌成了高牆、橋梁和其他日常生活中可用之物，而雕刻家則用石頭雕出了只存在於想像世界中的對象。無論藝術家看起來再怎麼努力工作，從實際效用與目的來看，他們就是什麼也沒做出來。藝術家馬汀．克里德（Martin Creed）將光打在不同建築上的那道方程式說得再漂亮不過了──「全世界＋作品＝全世界」。「作品」基本上是多餘的東西──既不增加，也沒減損這世界整體所包含的內容。自稱老實工作，又將藝術家貶為無用廢才的那些人說的也是同一件事──從這世界需要砌牆師傅和醫生這意義上看，這世界並不「需要」藝術家。

正是在這種神蹟的意義之下（而非浪漫主義的意義下），我們才能說藝術家像神一樣。正因有了休假日，上帝得以完全不受任何外在命令或要求的束縛。安息日在是明明白白地將不工作視為神聖之事，鼓勵我們仿效這種神聖的悠閒；而安息日在當代生活中之所以消失，大概跟我們將工作神聖化、使社會世俗化脫不了關係。將安息日提升到聖事地位已經暗示了生活其實是一種比做事更高級的存在模式。說不定，藝術就是我們人類這份安息面向中的僅存殘餘，使我們能體會那種沒有顯著目標或意義的生命經驗。

回到一九九九年，當時世界正瀰漫著一股千禧年前夕的焦慮，翠西・艾敏（Tracey Emin）吸引了一批又一批疑惑困窘又憤怒的觀眾到倫敦的泰特美術館（Tate Gallery）去觀賞她的作品《我的床》（*My Bed*）。這件作品旋即成為我們這時代最臭名昭著的藝術作品象徵，因為她可是辛苦將床重新整成宿醉隔天的凌亂模樣，而創作動機則是因為失戀分手。

穿過了的髒絲襪、毛巾和被子糾成一團，床單從床墊底下扯了大半張出來，整張床四周都是放蕩生活中堆積起來的零碎雜物：不知道乾不乾淨的衛生紙、沾上經血的內褲、一只孤伶伶的絨毛玩具、幾支伏特加的空瓶、衛生棉條、保險套、拍立得自拍照、揉爛的菸盒、舊報紙和一堆調味料包。

《我的床》引來了鋪天蓋地的訕笑非議，使得「什麼是藝術」這老問題再度死灰復燃。批評者問道，究竟「藝術」這個詞是在什麼意義下可以套用到這件完整重現生活邋遢原貌的東西上？怎麼可以套用到這種放縱又醜陋的自我暴露行徑上？我們又怎麼能夠將「藝術作品」之名冠在這麼一個明目張膽地拒絕了「藝術」和「作品」這兩個詞的東西上頭？

Poiesis 這個希臘字意思是「創造」，而且將所有的創造活動——無論是出於天然或人為——都定義為**製作**，總是透過某些作為而將某個事物轉變成為另一個事物。《我的床》並非剛好只是艾敏那張「沒整理的床」，而是似乎在主張一種對於有所作為的徹底反抗。所以這作品原封不動地保留了她七零八落的生活所呈現的凌亂場面，絲毫不想排列整齊，也沒打算讓觀眾感到愉悅美觀。

《我的床》展現出來的懶散並沒有讓人更願意恢復安息日，重回上帝、工作與家庭的懷抱，反倒更像是一種褻瀆，回到在上帝創世之前的那片可怕的「混沌空虛」。透過具體而微的形象，這作品復歸宇宙的原初混沌。

艾敏的床使我們驚覺一個隱身潛藏在我們每個人心中的場景，也就是在我們充滿行動與生產的充實生活中，總有一個穢亂不堪、所有秩序和意義全然裂解的地方。不過，它所呈現出的那種不堪入目的怠惰和漫不經心，其實是花費不少心力才營造出的效果，而作為與不作為之間的區隔也因此在藝術中模糊了。無力和懶散在艾敏這裡並未敲響想像力的喪鐘，反而是她創造力的源頭。

《我的床》記錄下了憂鬱無力的一道特殊經歷。它根植於艾敏本人的生活故事，這也使它引來了別人說她自戀、憤世等人身攻擊的言論（從她所遭受的許多仇女言論看來，或者更該稱為仇女攻擊）。但是這個自我懺悔的一面其實只是強化藝術與不作為之間連結的一道跳板：這東西不是一個半神般的創作者的作品，因為那樣就會將破碎的自我元素全都蒐集起來，整合完全，再以一種圖像或敘事的樣貌傳達出來。這東西展現出藝術就是什麼也沒做，意在（再回到布朗修的說法）「使作品止於**原本實相**，不增一分」。⑩

不過，《我的床》並不是真正體現王爾德所想的那種藝術作品，不是他說不帶一絲「現世存在之溷穢」⑪的作品。這作品傳達給我們的不是王爾德心中那種美感生活的本質，也就是供純粹感受沉澱的夢幻空間；它給的反而是一塊凌亂無力的陰鬱區域。既要呈現原本實相而非行動，也要宣示棄絕有所作為，這樣的目標對王爾德而言實在太過模稜曖昧了。與其說要將人提升到進入沉思的崇高層次，它更可能使人陷入宛若槁木死灰的無動於衷之中。

艾敏的床不是個安息酣睡、做夢幻想或狂野性愛之處，而是充滿不適、疲憊與絕望的地方。那些酒類和避孕用品傳達出來的不是生氣勃勃的興奮刺激，而是想要麻痺身心，想要放空而非強化感覺。這場景直接將我們抛向法國社會學家阿蘭．艾倫伯格（Alain Ehrenberg）所謂的「自我厭倦」（the weariness of the self）之中；艾倫伯格在他一九九八年的同名巨著中指出，這個狀態就是我們這時代的根本疫病。

艾倫伯格所說的厭倦是一種極端內縮的情感表現，是一種對於行動的慢性失能。在當代的消費者社會裡，我們工作、人際交往和消費的場所都會引發競爭與敵對的強烈衝動。由於不斷被要求要做出選擇、採取行動，我們不免被摧折到落入無欲無求的麻木境地。「撤回、停手、煞車、暫停行動等，」艾倫伯格寫道：「全都訴說著冷漠無感。」⑫

他這一串同義詞可以充當艾敏那個乍然靜止的生活場景的驚悚標題。但是這一串詞彙也同樣點出了藝術的天性和藝術與我們所謂現實人生之間的差別。法國哲學家艾曼紐・列維納斯（Emmanuel Levinas）是少數曾經質疑藝術有何道德可言的現代思想家之一，他就寫道，藝術作品就是將對象凍結在「永久停止的未來」。⑬真正活生生的面孔能夠展現出各種千變萬化的表情，但是在人像畫裡的主角卻是被永久固定在她生命中的某個時刻裡：「似笑非笑的蒙娜麗莎永永遠遠都不會開口咧笑。」

除此之外，「小說裡的人物」也同樣是「靜止的囚犯。他們的故事永不終止，會繼續下去，卻也永遠前進不了。」⑭虛構的故事人物就像在電影《今天暫時停止》（*Groundhog Day*）裡那樣，注定要在逃脫不了的情節裡不斷重複那些故事。即使電影中那些人物的活動與反應看起來活靈活現，他們仍舊困在同一個故事裡，只會永遠擺出一成不變的姿勢、講出千篇一律的台詞。

我們不必全盤接受列維納斯對藝術的所有論證也能看出其中蘊含的驚人真理。小孩子會要求將同樣的故事一再重講，而且每次都要照原本的樣子，差錯不得，這也證明了同樣一件事：藝術能讓我們進入一個萬事萬物永遠不變的世界，這種情形既能讓人感到安心，卻也同樣會令人生不如死。

從這角度來看，《我的床》就變得不像是個只是以無力為題的藝術作品，而是對於將藝術視為無力淨土的一種沉思反省了。艾敏在接受朱利安・許納貝爾（Julian Schnabel）的訪談時提到，這件作品一開始是當她從浴室中出來，看見整張床鋪竟然變得如此髒亂破敗的那個瞬間，突然靈光一閃，想到要將整個場景搬到純白的畫廊裡：「就在我看到它的那一瞬間，它看起來真他媽光采奪目。我心想，這才不是讓我一命嗚呼的風水惡地；這是能讓我活下去的美麗所在。」⑮

這種將要死的醜惡化成想活下去的美麗的過程並不是靠任何物理干預，而是只因她想像將這個場景搬到純白的畫廊裡的這個念頭所致。光是想像將這場景從生活空間遷至藝術場所，即使這場景的樣貌絲毫未動，也會徹底改變它的意義。藝術作品所產生的衝擊大部分大概就在於它會在剎那間令我們汗毛直立，感到從那個不屬於此地的物件上完完整整地傳來一股濃烈的真實痛苦與困惑。

所以說，《我的床》的弔詭之處就在於它什麼也沒做，就只是擺出它原本的實際模樣，卻轉變了我們的經驗。假裝你是艾敏，剛踏出浴室，看見房間裡狼藉一片的恐怖模樣，全是你屈服於傷心痛苦的血淚證據，你整個人頓時從這片渾渾噩噩中驚醒過來。一般比較正常的反應大概會是開始清理房間，然後出門去透透氣，說不定還會約朋友見面。一旦看清人生已經停滯不前，也許就能讓我們重新開始。

艾敏為我們指出了看待無力感的另一條路。她不是靠打掃清潔、重振旗鼓來擺脫無力感，而是以此為傲，向我們呈現出她發現這份無力時的那片混亂零散，看見在那個狀態中的美。她不是靠忘懷一切才從噩夢中清醒，而是儘可能忠實地將一切都保留下來。

人生停步的那一個時刻就這樣永遠固定了下來。我們看到這場景時，不是反射性地一陣噁心，轉身離開，而是受邀在那場景中認出這就是我們人生無可避免的事實，是慣性定律中總有外力阻滯的景象。艾敏提醒了我們：我們不是永動機；我們沒辦法就這樣輕易克服哀傷或疲憊的重力拉扯。遲早，我們總會在某個地方停下來。

我們也只有到了停下來的時候，才能察覺要怎麼脫離重力拉扯、自由飄浮。就在那靈光乍現的時刻，艾敏眼中死氣沉沉的那片混沌蛻化成了美麗與撐持的美好景象。藝術轉化的可能性在剎那間就讓整個場景從沉重的壓迫中得到解脫。藝術，就是一股反重力。

長久以來，冷漠無感和自我厭倦總無可避免地會遭到嚴譴厲責。《聖經》的舊約、新約都不斷呵責不工作的罪愆。《聖經》箴言的作者看到人總是傾向暴飲暴食、懶散怠惰，便一再警告走在這條路上的人遲早會落得窮困早夭。使徒保羅在《帖撒羅尼迦後書》中更宣告：「若有人不肯作工，就不可喫飯。」⑯

《聖經》向來是西方工作倫理的基礎，就連我們這個徹底世俗化的文化也不免受這套倫理觀所制。「懶惰」（acedia）這種抑鬱狀態，是只存在於教會文化中的一種精神之苦，時時疑懼不定、喪志懷憂，中世紀的神學家認為這與肉身和靈魂的怠惰有關。怠惰不只是罪愆之一而已，它更是所有罪惡之門限，會教人鬆弛內心的紀律與警覺，難再抵擋誘惑。

這聽起來好像很嚴格，但這套道德訓令其實還是有些容許彈性解釋的空間。它要求的是我們必須工作，但不是說我們的人生就應該以工作為全部。事實上，一直到進入了現代，工作才從該完成的事變成該當作神明恩典來疼惜呵護的對象。

德國社會學家馬克思．韋伯（Max Weber）在一九〇五年的傳世經典《新教倫理與資本主義精神》中，追溯了社會如何與他所謂的「傳統」經濟漸行漸遠，也就是工作者怎麼不再只把工作當成工具而非目的的歷史。在過去，工作的目標只是為了有足夠收入，「讓人以自己習慣的生活方式過活」。⑰

對大部分西方世界的現代人來說，我們很難想像工作跟收入之間可以有這麼不複雜、不緊張的關係。我們太把工作的苦樂內化成衡量自身價值與意義的標準，將工作視為滿足基本需求與慰藉手段的那種傳統概念，早就湮沒在不復記憶的過去之中。

無論在諮商室裡外，每天都在和核磁共振掃描、晦澀難解的金融工具，抑或是盤根錯節的人權法條奮戰的那些個案，都跟我說他們曾幻想過自己去當個農夫、泥水匠或是堆貨工人，因為就算這樣的工作再怎麼枯燥難熬，他們都能回家放鬆筋骨好好休息，相信今天的工作已經告一段落。但是要如此劇烈改變人生終究只是一種幻想，而且這還不僅是因為他們的經濟負擔所致。工作如今已經佔據了我們如何理解自我的關鍵地位，要改弦更張實在太難。

韋伯的真知灼見告訴我們原因何在。他分析了橫跨三個世紀的發展，指出心理與文化是如何將工作倫理深深烙印在我們的自我之中。從宗教改革以來，各種不同的新教運動都為世俗的工作與財富注入了新的靈性意義。在新教辭彙中最關鍵的就是「呼召」（calling/*Beruf*），而這就將工作從一種實用手段轉化成了神聖目的自身。

我們可以從「呼召」這個詞中清楚聽見弗洛依德的共鳴，畢竟這個詞在字面之外還傳出了來自內在自我的神祕語聲。鼓舞人心的自我理想和不留情面的超我都頻頻敦促自我努力實現呼召，要求自我發揮潛能、善盡對世界的責任。工作一從外在經濟的需求變成來自內心的呼召，就更難在罷手不做的時候感到俯仰無愧了。電影《華爾街》（*Wall Street*）中主角高登・葛科（Gordon Gekko）那句「午餐是給窩囊廢的」，就是工作地位提升後的必然結論。

像喀爾文教派這樣的新教在將工作神聖化的過程中，對日常生活下了一套關於方法與目標的新訓令，其中最重要的成果就是要使每分每秒都發揮最大價值。韋伯引述了清教教會領袖理查・巴克斯特（Richard Baxter）對信眾的講話：「要重視時間；比起失去金銀，每天每天都要更小心別浪費光陰。」⑱

這種重視時間的方式就是要對自己每天的生活嚴加鞭策，不能散漫呆耗、遊手好閒，尤其更不該做些沒有明顯利益或意義的事。在韋伯看來，巴克斯特和整個新教歐洲的其他人都認為「按照上帝一清二楚的啟示，**只有**行動而非放縱逸樂，才能夠榮耀上帝。」⑲

一翻兩瞪眼的行動是唯一能夠治癒呆滯浪費這毛病的解藥。這套工作倫理的世俗繼承者就是資本主義，而資本主義在我們文化中既然成功建立了工作的絕對地位，就再也不需要仰賴其宗教基礎的鼎力支持了。在過去兩個世紀裡，資本主義就是透過城市、科技、企業與消費文化的散播和成長而大大擴張。

這些激進的新興力量深深影響了我們的物質與心靈生活。當代工業城市中快速、刺激的文化所引發的興奮與焦慮，造成全世界都患上了精神緊張症，或者，也可以採用美國神經學家喬治．貝爾德（George Beard）所創的病名來稱呼：「神經衰弱」（neurasthenia）。

神經衰弱會出現一堆蔓延擴散的症狀，一如貝爾德在一八六九年寫的，包括「所有功能衰退、食慾不佳、後背脊椎長期痠痛、斷續神經痛、歇斯底里、失眠、疑病症、精神無法集中、嚴重頭痛及其他類似症狀」。⑳神經衰弱出現的這些症狀都不是器質性問題，而是神經承受不了現代生活中所產生的過多感官、要求與焦慮所致。

細數貝爾德的列表，我們不免會對那些症狀的當代迴響感到震驚。飲食不正常、睡眠不足至今仍持續困擾著每個人；白領階級久坐不動的工作姿態更使得背痛問題有增無減，甚至還造成了像是重複施緊傷害（RSI，如腕隧道症候群）這種傷害肌肉、骨骼、神經的新型態毛病。我們從偏頭痛和過勞等現象也可以認出我們這種神經衰弱的文化現象。後工作理論家尼克．斯尼瑟克（Nick Srnicek）與艾力克斯．威廉斯（Alex Willams）就寫道：「有一整掛的心理疾病都因新自由主義而變本加厲：壓力、焦慮、憂鬱、注意力失常，全都是對我們生活周遭愈來愈常見的心理反應。」㉑在現在這網路時代，我們還可以在貝爾德的列表中加上各種不同的強迫與上癮症狀——不斷分心注意社群媒體動態更新、揮之不去又隨處可見的賭博、色情、購物誘惑，無不在撩撥著我們內心裡最脆弱敏感的一塊，總是承諾我們可以得到前所未有的快感，卻只會令我們更感失落空虛。慢性無力的源頭可能不一樣，但是那些症狀卻宛如附骨之蛆，除之不去。

沒錯，我們這時代的享樂消費資本主義似乎與早期的資本主義截然相反。過去那種嚴格的道德完全建立在「近乎禁慾的強迫儲蓄」和對奢侈品的厭惡上；相對地，消費主義則是謳歌放縱浪費的快活。不過，儘管這兩種態度彼此並不搭調，卻仍舊是一脈相承。試試看去商場中心待上一天，讓自己從忙碌的工作中放個充電假好了；難道你不會覺得那反而更像是徒增勞務，模糊工作和「自由」時間的界線嗎？我在消費主義的聖殿，也是歐洲最大的西田商場百貨那片高聳白色天花板底下瞎逛時，感覺到一股令人毛骨悚然的疲憊與不耐，絲毫沒有衝動消費的慾望，就急著想趕快把該買的東西買完走人。我像殭屍般排在消費者隊伍裡，聽著商場裡不斷播放的小賈斯汀，手裡的購物袋緊緊勒著手指頭，頓時驚覺這根本就像是在做苦工一樣啊！

事實上，我們身心的操勞程度還遠勝工作負荷。我們的身心皆臣服在無時無刻都得生產或消費的文化底下。無怪乎今天的生活風格雜誌總是大談特談睡眠失調。睡眠這回事，就如強納森・柯拉瑞（Jonathan Crary）在他辛辣的《24/7：晚期資本主義及睡眠的終結》中所說的一樣，是一種令我們無法工作的狀態；難怪企業界和軍方會對此深感興趣，投注大筆金額來尋找縮減睡眠需求的方式。

慣性原理確立了在自然中絕不可能永恆運動下去的法則。人們對這項法則的體會也深深地鐫刻在我們的生理與心理構造上。但是想要反抗這條法則，堅持我們若非自願絕不罷休的渴望卻似乎也同樣深植人心。這兩股相反衝動的拉力在我們內心中撕扯出一道難以癒合的裂隙。我們期盼建造、擴張、征服，想成為更多財物和人群的主宰；但是在這萬丈雄心底下卻潛伏著縮回被窩好好待著的願望。在後頭的章節裡，我們可以看到這份渴望會在許多心理與社會的過勞現象之中頻頻出現。

弗洛依德在他晚期精采萬分的《文明及其不滿》（*Civilization and Its Discontents*）中就認為，這種在工作與渴求停手之間的衝突正是人類文化的根本困境。生命催促我們要掌控現實中的某些部分，而工作本身則是達成這目標最穩定的一種方式。不過，弗洛依德也觀察到，工作很難令我們大多數人感到快樂；他發現，幾乎所有人都對工作避之唯恐不及，使他不得不說出「人類天生厭惡」[22]工作。

早在二十年之前，弗洛依德在〈文藝作家和白日夢〉（Creative Writers and Daydreaming）這篇簡短有力的論文裡[23]，就暗示了為什麼比起科學來，我們會更喜歡藝術。藝術讓我們不用歷經科學無法避免的緩慢與勞累，就能得到愉悅滿足。科學家的目標是求真，所以如果想要在研究中有所進展，除了學習、測試、推演和等待之外，他們別無選擇。但是藝術家就不同了，他們不是關注著現實；他們若想坐擁無盡的財寶、精采絕倫的冒險或是傾國傾城的美人，只要靠想像（做白日夢）就可以了。

在家喻戶曉的浮士德故事裡，這名科學家找到能夠徹底利用現實世界的那個方式，恰恰就是藝術家活用想像世界的辦法——將世界當成實現自己每個狂野幻想的遊樂場。浮士德仗著科學的一切能耐為所欲為，只不過最後招來的卻是一場災難。

浮士德為「文明」這個悖論提供了一個戲劇性的解答。他畢生致志於努力鑽研學術，但他最終的目標卻是想要不用工作就能呼風喚雨、為所欲為。同樣的悖論也出現在我們這熱中於工作過度的文化裡頭；它逼著我們不停努力工作，希望有一天輕鬆度日的幻想能夠成真。我們順手舉個明顯的例子，賭徒和毒蟲會耽溺於惡習之中，也都是抱著浮士德那種期待不勞而獲的願望所致。

我們的文化容許我們大聲抱怨自己多忙多累，彷彿這麼做就可以向世界宣告我們徹底明白自己要努力工作、要有所貢獻的道德與社會責任。承認自己需要停手放下可就難多了，因為這就意味著要承認自己意志軟弱、技不如人、不堪重任。

有時跟朋友聊天時我會談到自己暗自希望不用做事，我發覺自己會坦承不為人知的一堆壞習慣：拖延、懶散、暴食、邋遢等等。一講到這些壞習慣，它們彷彿就有了前所未有的實質內容與意義。而把懶散當成一種普遍人性，不只是看成個人私德敗壞，這可就讓人大大鬆了一口氣；只要講個三兩句，跟我聊天的那些朋友也會開始滔滔不絕講起自己無所事事的各種例子來。

我們或許會傾向將心理分析治療劃到積極、有意義的生活這一邊。這種治療是為了重建活力，為了探查深藏在能夠推動創造力與慾望的無意識生活底下的暗流。不過，我在這本書裡會說明，這種治療不是在我們心裡灌輸某種急迫感來達到治療目標，而是要我們放慢下來，按照獨獨屬於自己的步調來思考、說話，而不是硬逼自己隨著別人認為最好的方式過活。

弗洛依德最重要也最弔詭的一項發現就是：毫無目的的迂迴漫遊反而是達致真理最確切的路徑。「阻力」（resistance）的概念——心理分析治療中最廣為人知，卻又最沒人懂的一個概念——這時就派上用場了。在一些諷刺心理分析治療的漫畫裡（有時候心理分析師自己都還會拿這來當做宣傳），阻力就是指個案的頑固不通，分析師必須斷然破解，單刀直入個案（關於性、嫉妒、謀殺的）無意識的慾望和衝動。

用電物理學來解釋的話，說不定可以讓人比較容易理解「阻力」究竟是什麼。在電物理學裡，電阻（阻力）就是指阻擋電流行進的東西。電子碰到傳導物質上的固定原子時會一再被彈開，因而在電流行進間不斷脫離它們原本的軌道。我們在嘗試聆聽與發出內心思緒和感受的聲音時，也會受到類似的阻撓。心理分析正是弗洛依德了解到他自己與他的個案都沒辦法克服他們的阻力時，才應運而生。我們心靈中的內容就像電子一樣，在抵達終點之前也總是沿路磕磕絆絆，不斷碰撞這些阻抗而分崩碎裂。

短期的認知心理治療會想對個案證明這些阻抗可以透過更多的正向思考來克服。在這種觀點看來，阻礙我們人生進展的種種慣性阻力——例如絕望、不足感、疲倦、冷漠——都只是需要矯正和消除的錯誤罷了。相對於此，心理分析的過程漫長而迂迴，而且其結果也不明確，這是因為心理分析認為這些阻力恰恰是我們自我面目的根本，是構成我們自我的固定原子。

這些固定原子就是本書的主題。這本書的四個核心章節就是按著慣性性格類型安排的：過勞的人、懶散的人、做白日夢的人、遊手好閒的人。這幾種類型的人各自都因為出於自願或受迫而停止工作，或者至少不再盲目工作了。他們的生活帶了幾分厭世、懶於行事、宅在房裡、胸無大志、拒絕他人的規劃或安排。他們是厭倦現代過度活動這種病症，進而產生抗拒的幾種不同典型，也為我們指出了生活的各種不同可能。我這裡說的典型是指不同的類別，不是生活模範的意思。我們可以從這幾種類型的人身上發現，在抗拒工作責任時，他們各自會鑽入幾種不同的死胡同裡：憂鬱消沉、死板無趣、寂寞孤單或邊緣無依，諸如此類。換句話說，這四種類型的人其實不太能為我們該怎麼過活這個問題提出什麼積極有效的答案。

這幾種類型當然也並未窮盡所有對不工作的描述形容，更不是彼此互斥——相反地，這些類型經常不免彼此疊合。這些類別是我反思自己的記憶、體會身處的文化與觀念，結合臨床診治的經驗中汲取出來的分類。

這四種類型可以再劃為兩兩一組，分別掛在「重力」與「反重力」這兩個標籤底下。我是在想到伊卡魯斯的神話時突然發現可以這樣區分的㉔。在神話裡，大匠師戴達魯斯被囚禁在自己替克里特國王米諾斯所建造的迷宮中，因為他先前幫助了米諾斯的敵人特修斯逃出迷宮，打倒牛頭人。戴達魯斯用蠟和羽毛幫自己和兒子伊卡魯斯各打造了一對翅膀脫身，而且告訴兒子要飛在太陽和海洋中間。但是裝上翅膀後的伊卡魯斯太過興奮，飛得太高，翅膀被太陽融化，隨即掉入海裡，再也回不了家。

戴達魯斯靠著想像力與創作逃脫出了囚禁他的世界架構；但是要成功脫身就得在反抗和接受重力之間取得巧妙的平衡。要是伊卡魯斯過於臣服重力，或是太恃才傲物，終究會受到重力反噬。

第一對組合可以稱作重力的奴隸，飛的時候離海面太近，被自己的身體和心靈重擔拖累。第一章主述的過勞者是這幾種人裡反應最激烈的。這種人一輩子都被盲目的行為與成就衝動推著跑，會因突然太強的休止需求而崩潰，只能束手投降。第二章聚焦在懶散的人身上，他們也遭遇到同樣的需求，但選擇將好吃懶做當成生活的正道。

第二組人馬則是冒著相反的風險，試圖逃脫或反抗這世界的慣性重力。第三章中那種做白日夢的人會試圖藉由不切實際的幻想來拋開日常生活的重擔。相對於此，第四章所談的遊手好閒者，則會設法將逃避現實世界與其要求的渴望化成一套具體的氣質性情與生活方式。

我在各章最後都會以一個臨床案例作結，探討在這一章所談類型與個案患者之間的共鳴處。以臨床案例當寫作材料，會讓每個心理治療師在維護病人隱私權的不二原則與讀者對臨床真相的期望之間糾結再三。我相當重視個案的隱私權；書中所舉的案例其實是融合了好幾個個案的故事，掩去了大部分患者的相關資訊。我這麼做的理由是因為我在寫的是一本通俗書籍而非學術專著；在這脈絡底下，隱私權絕不容許一絲侵犯（對隱私權的保護不可能是「一點點」或「大部分」，不是全有就是全無）。相較之下，臨床真相則是比較鬆散的概念。透過這些簡短的案例故事，我希望就算沒有刻畫出所有細節，也能傳達出心理分析的真實過程與精神。

這幾章改寫了文學與藝術史上四位重要人物的生平：安迪．沃荷（Andy Warhol）、奧森．威爾斯（Orson Welles）、艾蜜莉．狄金生（Emily Dickinson）、大衛．佛斯特．華萊士（David Foster Wallace）。這幾位大師將冷漠無感、怠惰放縱、退縮孤僻轉化成了不起的文化成就。雖然他們四位大致上與先前所提的四種分類有些關聯，但並未完全一一對應，畢竟在現實中並沒有真正純粹的類型。在他們四位身上或多或少都會出現這四種分類的不同側面。

這四位之所以與眾不同，是因為他們都有近乎變態般的創作數量與執著程度。這恰恰就是我選擇這四位做為代表的理由；真正令人刮目相看的，是這些大師各自找到一套方式，將自己的猶豫懷疑化成在充滿想像力的生活中的行動與意義。這就是和一般（無可辯駁地）認為休息暫停有利於創作，以及與「平衡工作與生活」這種老生常談截然不同之處。一般商業企管大師衷心擁護的那種建言，終究是為了讓人恢復到最大效率與專注力，從完整休息中重回工作崗位繼續再戰。

可是艾敏並沒有從她的緊張崩潰中站起來收拾床鋪，而是保持了那張床凌亂的模樣。對她來說，就像對沃荷、威爾斯、狄金生、華萊士來說一樣，重點並不在於從消極轉變為積極。弔詭的是，創造活動的關鍵恰恰就在於維持消極狀態。我們可以從這些人的故事裡發現，心力衰竭、睡眠失調、暴飲暴食、揮霍浪費、不切實際、敷衍了事反而都成了推動他們生活與工作的奇特要素。

不工作一向都被人認為是為了走更長遠的路而準備。如今，則是我們該為了「不工作」本身的種種可能創意，振臂高呼「不工作真好」的時候了。

第 I 部
重力

Gravity

第 1 章

過勞的人

The Burnout

好幾年前，我曾經費心照料一隻叫做「ㄚㄚ」的兔子好幾個月，直到牠在某個冬日裡被一隻狐狸給吃了。沒多久，我就陷入了一陣懊喪——那團棕黃色的小毛球老是追著自己的尾巴轉，還有那鋪在牠小窩底下的濕草堆和木屑。接著，就想起ㄚㄚ的毛病了。

我小時候認識的兔子都是路易斯・卡洛（Lewis Carroll，《愛麗絲夢遊仙境》作者）和碧翠絲・波特（Beatrix Potter，《彼得兔的故事》作者）的書裡，還有在迪士尼和特克斯・埃佛里（Tex Avery，代表作是華納影業的「兔寶寶」）的卡通動畫裡看到的，所以我到長大了還擺脫不了兔子都像人一樣有脾氣的那種印象。我並不期待ㄚㄚ會像那些故事中的兔子一樣調皮搗蛋、溫柔婉約或焦急慌忙，但是想要牠表現出一點友善親近——露出歡迎的眼神、用牠毛絨絨的腳掌拍拍我的臉頰——難道這點要求會太過分嗎？

說不定就是因為我們太沒辦法接受兔子的那種茫然，所以才會需要靠妄想來改變牠們在我們心中的形象。ㄚㄚ就證明了我們的這種傾向是多麼沒有意義。牠溫暖又毛絨絨的身軀在我手臂上微微起伏，但牠傳達出來的卻是牠與我分屬不同世界，牠根本完全不認得我，對我沒有一點善意、敵意、好奇心，而是根本就毫不關心。我這時總算開始了解小孩子在看到寵物或是小嬰兒對自己表達的溝通意願毫無反應時所迸發的那種憤怒究竟是怎麼回事了。

有一陣子我很氣ㄚㄚ這樣不理我，也氣我自己沒辦法拉近我倆之間的距離。即使當牠那膨軟的身軀縮在我懷裡時，我也覺得自己不過就像是牠窩裡的那些碎木片罷了。

牠這種不理不睬的模式就像是尼采早期在談歷史有何用途的文章裡描述牛隻的那種遲鈍無

感一樣。他寫道，放牧的牛隻就「銬在當下這時刻、銬在牠舒不舒服的感受，所以既不會憂鬱，也不會無聊。」①丫丫就跟牛一樣，既不會對過去懊悔，也不會對未來焦慮，完全不受記憶和期盼束縛，也就是說牠不會因為我離開而想念我，也不會在我回來時迎接我。牠對我的依賴就只是為了每日生活所需，牠在我心中佔了那麼大的位置，我在牠心裡卻什麼也不是。真想不到這麼溫馴的小東西竟然這麼無情。

這問題有一部分是出在時機不對。我當時一方面正在水深火熱的心理分析實習，一方面還全職教學，身心兩方面都是蠟燭兩頭燒。等我回家照料丫丫的時候，早已筋疲力竭，忿忿不平地埋怨自己幹麼還要浪費時間照顧一隻沒心沒肺的兔子。

但是隨著時間過去，原本讓我忿忿不平的疲憊開始慢慢轉化了我的怒氣。我開始在這段靜謐時刻體驗到一種新的親近感。在忙完整天的事之後，我會坐在丫丫身邊看著牠，鑽進牠所處的平行宇宙，觸碰那個原來我心中也藏著的祕密空白天地。我對於牠對我的無動於衷反而有了連結。我沉浸在牠空洞的眼神和莫名的忙碌之中，感覺到好像可以體會（甚至有點嫉妒）牠對於這個世界和我這個人的那份冷漠無感。

當我一了解到丫丫沒有內在的成長與變化，我就更嚮往牠所處的世界了。我們人類一生下來，就注定要歷經一連串我們無法說不的認知與情緒發展歷程。這道歷程的基礎就是學會歧視與偏好。弗洛依德說，這就是我們成為我們自己的第一步：透過嘴巴、眼睛、鼻子或皮膚接觸到外在世界的事物，我們就會覺得喜歡或討厭。我們透過做出**判斷**，對喜歡的東西說好，討厭的就說不好，因而變成了現在這模樣。②

我坐在濕木板上一邊想著，而丫丫則在我膝蓋上用牠的小腳斷斷續續地搔弄著，完全沒有這種必須說好或不好的負擔。牠所能體會到的是無關個人的生物需求，而不是個人的感受。牠沒有自我意識，也就不會受慾望侵擾。

這種清心寡慾大概很難跟兔子這種平常總被當作性慾過剩的代表劃上等號。但是「荒淫如兔」指的無疑是不分對象都搞，完全不會對哪個特定軀體抱有真誠慾望，只是想要隨便找個對象幹的自動反應。暢銷情趣按摩棒廠商之所以會採用「放浪兔兔」（Rampant Rabbit）這個名稱和造型，想必是為了要凸顯出這種來者不拒的無人性面吧。

那金頂電池兔子和它機械式的動作、掛著死魚眼的笑容又該怎麼說呢？討人厭的是這隻兔子所表現出來的那種自動狀態，活脫脫就是我們現代生活的寫照。它之所以會不停地跑，不是由什麼個人目標或慾望所驅動，而是因為有一股非人性的無窮能量推進。藏在那副咧嘴奸笑後頭的，是具不折不扣的殭屍，在我們這末日流行文化中隨處可見的象徵就這樣被牢牢困在盲目前進的地獄推力中。

我每天都會聽見我那兔子幻想曲的回聲。我的諮商室裡充斥著關於想避世隱居的各類故事，還有關於再也不工作、欲求、感受，只想從人類每天的心靈活動中徹底解脫的種種幻想。我的個案會用一種不帶苦澀或絕望的聲調告訴我：「我不想自殺，但是我偶爾會覺得一了百了也好。」或：「有時候我只希望能從世界上消失。」

他們說這話的時候其實自己也明白：等到他們一踏出諮商室，這世界就又會重重壓在他們的身體與心靈上，叫他們會感到好奇、困惑、關心、氣憤、激動、有所盼望，以前如此，往後也會是這樣。

他們全都陷在身而為人的困境之中：他們想要活下去，想要在這世界中參與貢獻以彰顯自己的存在，但是這份衝動同樣會生出相反的衝動，要他們收手退縮，像隻兔子一樣冷漠淡定。只不過當他們再次感受到塵世的種種要求與慾望，他們就又會隨即忘了這種避世的念頭。

這樣子兩頭拉扯當然讓人消受不了，而且就連工作和休息也都亂了套。困在這種瞎忙（exhausted busyness）的人常常都會說感到「過勞」（burned out），這個詞點出了他們主要是因為工作生活的外在壓力而感到不適，較不是因內在情緒波動而苦惱，也因此得以免於淪為憂鬱症。「過勞」一詞是德裔美籍心理學家賀伯特．J．佛洛伊登伯格（Herbert J. Freudenberger）在一九七四年描述心理治療的過程時首創，指的是「身體或心靈因為過度工作或壓力而崩潰」這種與日俱增的現象。

照安娜．卡特琳娜．夏夫納（Anna Katharina Schaffner）所說，佛洛伊登伯格觀察到「過勞」的人會對工作關係出現一種「去人性化」的傾向，完全漠視同事與客戶的感受與需求。過勞的人由於對自身與周邊眾人的角色過度投入，導致他們會將內心資源的絕大部分都消耗殆盡。過勞造成的耗竭會導致極度渴望休喘，同時卻又無法真正歇息的狀態，永遠都會有些命令、焦慮或分心的事項將他們又拉了回來。

葛拉漢．格林尼（Graham Greene）在他《過勞案例》（*A Burnt-Out Case*，這本書的標題大概也對「過勞」一詞有推波助瀾之效）這本一九六〇年的小說裡，對這種體驗有非常鮮活的描述。格林尼以故事主角奎瑞（Querry）所經歷的心靈與精神過勞，和奎瑞在剛果痲瘋病人收容區中看到的那些「過勞案例」兩相對比。正如奎瑞身邊的痲瘋病人對自己的肢體逐漸麻木無感，奎瑞也同樣相信自己「到達了無欲無求的境界」，以厭世無感的態度看待餘生，他的情緒就像是遭到截斷的肢體一樣毫無動靜了。

但是終其一生，奎瑞始終沒辦法「做個了結」。③總是會有某件事、某個人突然刺激他、困擾他。心理諮商室也迴盪著同樣的束縛：個案希望能終止打擾他平靜的所有感受，卻又苦於察覺外界始終在那兒，電子郵件、語音簡訊和其他林林總總的命令、要求不斷累積，就連在我們諮商的這短短五十分鐘裡也不曾停歇。

對格林尼來說，過勞的不適其實在根本上是一種精神上的痛苦，是這個人已經無法再相信世界有意義了。過勞是中世紀「懶惰」（acedia）或「精神危機」這種病症的現代世俗化翻版——夏夫納在追溯「心力耗竭」（exhaustion）的歷史中，已經證實了這一脈相承的關聯。

中世紀的神學家借用了 acedia 這個原本表示「無動於衷」或「冷漠無感」的希臘字彙，這是最危險的精神狀態，因為這種狀態不僅會腐蝕對這個對象或那個事物的信心，更會危及信仰的基礎。覺得這世界沒有意義和希望，就是從世界中拔除了上帝的存在。這對教會、修道院和其他宗教社群帶來了致命的威脅，很可能會逐步蠶食這些宗教團體賴以維繫的靈肉資源，終至消耗殆盡。

患了懶惰病的僧侶既失去投注心力的單一目標，便不免會開始在任何活動中都偷懶打混，老是分心恍神。他沒有信仰和禱告所需要的意志、紀律和精力，只做些沒有意義的事來殺時間，好比瞎聊、猛吃點心，結果反而會使他更焦慮、更阻礙與上帝的溝通。「患了懶惰病的人，」夏夫納寫道：「就像神經衰弱和過勞的人一樣，會在動不起來和靜不下來之間不停擺盪。」④

這種僧侶的形象一直保留在我們對「懶散」（lethargy）這個詞的理解之中，雖然這個詞的名稱和意義如今已大不同。十九世紀晚期的醫師創出「神經衰弱」（neurasthenia）這個詞來指稱相同的症狀，而現在則認為這個詞是在現代都市化工業社會中每天產生的大量刺激——肌肉、心靈、感官、藥物、性刺激等——使得神經系統負荷超載。

在神經衰弱的案例中，最著名的當屬病弱貴族尚・德塞昂帖（Jean Des Esseintes），這個在于斯曼（J. -K. Huysmans）一八八四年的經典小說《逆流》（*A Rebours*，亦譯《反對自然》）中的主角，歷經許多令人哭笑不得的遭遇，而這些試煉大多是他飽經縱情聲色的摧殘，屢屢想讓身心回歸平靜無波的狀態，但卻總是徒勞無功。

德塞昂帖將他在巴黎近郊的一間別墅一樓地板改裝成一幅巨大的視覺陷阱圖，在禁慾主義的表象下，卻帶著一種頹廢揮霍的感受。德塞昂帖本身就是懶惰隱士或僧侶的現代版本，于斯曼暗示道：「他就像隱士一樣適合獨處，疲於俗世生活，毫無一絲眷戀；他也像僧侶一樣備感厭世，渴求平靜，不願再度涉足塵世……」⑤

會幻想暫時死亡或消失的個案通常也會談到同樣的極度疲倦，那是處在一種要動不動的曖昧狀態。而且他們也同樣渴望能夠從這周遭世界和這世界所造成的種種內心紛擾中徹底解脫。弗洛依德接受了英國心理分析師芭芭拉．羅（Barbara Low）的建議，稱這份渴望為「涅槃原則」（Nirvana Principle）⑥，以示早在他的學說問世前，佛教就有此說法。在佛教各個不同傳統中，涅槃——意為「止」「息」——始終都是心靈的理想境界，是徹底解脫日日令人騷動苦惱的貪嗔癡三毒的自在境地。

丫丫在我看來就是這種無牽無掛的樣子，完全不受情緒感受的日常折磨。牠的扭動抽搐不是出於愛恨糾葛，而是活著的純粹中性事實。丫丫使我渴望解開人生糾結在我們身上的千般慾望和萬種依賴。我感覺到牠身上有一種過去詩人騷客獨有的冷眼淡然，濟慈在的〈怠惰頌〉（Ode on Indolence）裡對這種心思感官的麻木無感說得最好：

痛苦不刺疼，快樂無花冠：
噢，何不消融我，任憑感官
萬般不消受——只覺空幻？⑦

濟慈深知我們受不了這份空寂，而苦樂悲歡則在暗中潛伏，伺機而動。我們每個人千變萬化的人生是兔子渾然不覺的另一個世界。但是我們所有人卻也全都暗藏了這份動物身上的惰性。正是這份惰性，從我們的靈魂深處向我們訴說著濟慈對怠惰的歌詠。在我們忙於追逐慾望的背後，其實潛藏著一份根除這些慾望的渴求。

這份渴求，或者可稱為「無欲之欲」，照法國心理分析師皮耶拉・奧拉涅（Piera Aulagnier）的說法，其實是一個「奇恥大辱」，是我們內心生活最大的謎團。我們最深沉的慾望怎麼居然會是消除慾望呢？這種說法又要怎麼和那麼多人縱情遂欲的盲目堅持兜得攏？

「無欲之欲」⑧這個詞與其說是把兩個相反詞擺在一塊兒，不如說是凸顯了這兩者之間的難分難解。這個詞點出了關於人類經驗的一大悖論：即使什麼都不希望，這本身也是一種願望。

另一名中世紀的僧侶，更精確地說是十二世紀的日本和尚鴨長明，在他回憶打造「塵世之間棲身所」⑨時，將這個悖論說得更精簡優美。他說自己在日野山上搭建了一間大小僅方丈，高不足七尺的小庵遁世隱居。他從前住在城市裡的時候曾親眼目睹百姓慘遭火焚水溺、旋風地震等天災肆虐，又頻遇高官貴族喜怒無常的多端人禍，實在是路多餓殍，民不聊生。這些災禍讓鴨長明明白俗世慾望原來如夢虛妄。他在這小庵裡好不容易得到了清靜，總算能夠摘瓜賞花、詠歌漫步，在周遭名山勝景懷抱中觀念養心。

但到頭來，事情並沒那麼簡單。鴨長明歌詠了山光水色的無窮樂趣之後，在《方丈記》這份回憶錄的最後卻是一道自懺警偈：「我佛有教旨，遇事莫執心。愛我粗草庵，是非今乃明。

執著於閒寂，恐礙悟道徑。絮叨何堪樂？虛度此光陰。」⑩

這說起來實在有些諷刺，令人哭笑不得：放下一切執著的結果卻是發現原來自己執著於放下。要追求無欲境界就沒辦法不落入有欲的執著。這就是我為什麼嫉妒丫丫的緣故——牠完全不費力氣、不花腦袋，就可以沒有計畫、沒有目標地活著；可是我就連要不照計畫過活也會變成一個計畫。這就是鴨長明感到挫折的道理了。要棄絕所有慾望跟打從一開始就沒有慾望是截然不同的兩回事，就像人類跟兔子之間的差別一樣天差地遠。

就我所知，丫丫是天生就冷淡無感，從來沒有做出判斷或偏好的能力與傾向。牠那份空靈是人從出生就沒辦法體會的，而且就算是隱居深山的靈修大師也永遠無法達到那種境界。

而既然連深山高人也辦不到，我們這紅塵中人就更不可能了，我們在這盤根錯節的社會裡所體驗到的冷漠無感，比較像是金頂電池那隻兔子而不是像丫丫那一樣，雖然和真正的兔子一樣茫然，卻沒有牠那種寂然沉靜。在這個不停工作、不斷分心的文化裡，我們的淡漠不是涅槃寂靜那種型態，而是槁木死灰的樣子，或是作家伊佛．紹斯伍德（Ivor Southwood）所謂的「恆動慣性」（non-stop inertia），也就是一種遮掩我們靈魂「根本靜滯」（underlying stasis）的恆動狀態。

如今無欲之欲已被認為是社會裡和精神生活上的「奇恥大辱」（令人難免想起奧拉涅的用詞）。更可恥的反應是回應社群媒體上的白噪音廢文而不是說自己毫不掛懷。在工作場所與家裡四處可見的螢幕逼我們不斷花耗心思，使我們無法沉默淡定。用義大利社會學家法蘭克．貝拉迪（Franco Berardi）的話來說，我們都住在「行動神經刺激過載的認知空間」⑪裡，處在金頂兔子的恆動慣性而非真兔子的天生慣性裡。

我們每天都遭受大量資料和刺激的連番轟炸，根本沒有餘力好好處理清查。我現在一打開電腦，幾秒內就能看遍遠方戰局、高利貸公司、名流飲食祕訣、性虐待幻想、聖戰士網路等種種內容；登入任一個社群媒體平台，追蹤、按讚、回應、更新、上傳，還能與無數的朋友和陌生人連結起來；或是下載隨便一個約會軟體，滑過一個又一個漂亮、傷心、獐頭鼠目、怒氣沖沖、心術不正或滿懷希望的臉蛋。

我們這個令人神經衰弱的世界無時不刻都逼人要做選擇、選立場、拉幫結派、挑三揀四。既是如此，那就幾乎連我們自己慾望的最低限度也沒辦法滿足了。在斯洛維尼亞哲學家兼社會理論家雷納塔．莎莉賽（Renata Salecl）所謂的「選擇權的暴政」⑫底下，我們這份欲求的能力就像已經嚴重敗壞的器官般嚴重過勞，只能在殘人無數的選擇焦慮面前舉手求饒。

我在諮商室裡見證了這種日復一日的暴政威力。每天總有一些老個案、新個案大嘆關於婚姻、事業、家庭、感情關係的無解兩難。他們的思緒翻騰不停，往往希望我能幫他們從猶疑不定中抽絲剝繭，卻很少真正能放下心來或做出決定。猶豫不決和伴隨出現的焦慮消磨早就成了這些人靈魂中的以太，成了他們靈魂的鑄模元素。

個案會帶著生活難題進諮商室並不是什麼稀奇的事。猶豫不決是個遠比心理分析古老許多的辦法，就跟人的自由一樣古老。但是我在反覆聆聽這些相同的痛苦僵局時，我這張心理分析師的椅子就像是在專門聽取我們這時代特有病症的窗口一樣。這種病症從個案平板的倦怠聲調中就聽得出來。我有時候會覺得這種聲調其實洩露出個案的祕密心態——他們就是不想做選擇，不想承擔選擇會帶來的種種失落與動盪，他們只想什麼也不做，回到毫無行動的原點，回到無欲的狀態。

近年來，無以數計的各種暢銷書、文章和TED演講都大談特談在這個網路世代裡，我們得如何面對如雨後春筍般冒出的種種公共與私人決策，試著為我們開立在面臨這些選擇時如何免於無力的藥方，要帶我們穿越焦慮不安的重重叢林，發掘心裡真正的渴望。但是這麼多的思忖考量裡，沒有一種考慮過我們真正想要的可能其實是可以不要做任何選擇。我們文化中非做點什麼不可的這種精神內化程度實在有夠徹底，就連想要聽見，甚至光是想像我們可以喊停都辦不到。諮商室至少還是個可以聽到這種心願的地方。在清晨或晚間的就診時段裡，通常是個案一整天關在企業金融或法律業界的高壓鍋裡之前或之後，我都可以聽到他們用同樣平板的聲調說：「我好累！我大概會忍不住睡著。」、「我受夠了！我只想要叫一切都停下來。」

我在諮商室裡聽到的字眼往往會透過生活和文學中的文字（還有圖像和感受）鐫刻在我的心裡。比方當我聽到想要用睡覺來阻隔一切行為要求的願望時，彷彿就看到赫曼．梅爾維爾（Herman Melville）筆下那個憔悴的法律錄事巴托比（Bartleby）活生生地跳出來說：「我可不想。」這句話不僅只是引發我聯想而已，更是我的無意識送交給我的意識的一份禮物，教我聽懂個案究竟在說些什麼。

這些內在訊息都沉積在我和那些書相遇的記憶裡頭。要是《錄事巴托比》裡的那句名言這時跳了出來，那我也肯定想起從高中要進大學那年，因為頓失目標和人生方向而無所事事的那幾個悶熱的月份裡，我的書架是怎麼成了這片茫茫汪洋中唯一的救生小艇。

我最後一次離開前段班試場時，抬頭看著天上熱辣的六月太陽，頓時明白了自己接下來這一整年的計畫。我會隨著諸多前人的熠熠足跡，打工、存錢、旅遊，滿載著關於世事的新鮮知識回到校園，展開我的大學生涯。

但才沒幾天，我一了解到想像與現實是截然不同的兩回事這殘酷的事實後，我滿懷的信心馬上就屈服在盲目的恐慌腳下了。我原本對這一年壯遊年的規劃完全沒考慮到真正實踐起來會是什麼樣子，自以為沒什麼大不了的。結果我還真的沒辦法找到一份有意義的工作，只能眼望著接下來整整九個月都在雜貨店裡打工，天天聽老闆對我這種無可救藥的天兵大動肝火，而且這九個月裡能掙到的可笑時薪也才夠我買張到漢諾威或布拉提斯拉瓦的來回機票而已。我既沒有旅伴，而且也驚覺我根本沒有一點旅遊的慾望。我想像自己到了羅馬的大廣場上漫步、在清邁的寺廟裡逡巡、在果阿的海灘上蹓躂，但是只感覺到一股沉重拉扯，對一切都無動於衷。

後來我打電話給大學，聽到我可以在當年秋天入學的時候，心裡真是大大地鬆了一口氣，但是多少也帶著點挫敗的酸楚。那現在該怎麼辦呢？在開學之前，我還有整整十個星期，可以想去哪就去哪，想幹麼就幹麼。我成天漫無目的地在倫敦遊蕩，睡到日上三竿才在想今天是要去哪個公園、帶這本書還是那本書。從我現在四十好幾，深陷在成人責任泥淖裡的這境地來看，實在很難想像能有那種猶如丫丫每天過著小日子更愜意的生活了。可是對少不更事的我來說，每天這樣肆意揮霍豔陽高照的漫漫長日，反而令人消沉困惑，是在自我定位上難以消受的墮落。

此時正好結識錄事巴托比。他在梅爾維爾的一本故事集裡現身。這本書現在就放在我左手邊，這本一九六一年新美國圖書館系列的平裝本上頭還印著比利．巴德（Billy Budd）的半身像，裡頭的書頁也都早就脫膠了，害我現在拿在手裡還不敢翻開超過四十五度。

那一天，一陣比平常早了點的微風將我叫醒。沒多久，我從《畢格斯歷險記》（*Biggles*）和《智仁勇大冒險》（*Famous Fives*）那疊書的最上頭拿起了這本書，在陽台的陰涼處讀了起來。《水手比利．巴德》（*Billy Budd, Sailor*）看起來又長又全都是航海故事，所以我決定跳過，先看〈錄事巴托比〉（Bartleby, the Scrivener）。

將故事從頭敘述到尾的不知名律師這樣形容自己：「就像那個好久以前在維吉尼亞州的晴朗夏日裡叼著菸斗的人忽然給青天霹靂劈死一樣；他就死在他溫暖的窗邊，向外探出身子望著美好的下午，直到有人碰了他一下，他才整個人掉了下來。」[13]

這幾句話直教我又驚又喜，讓我到現在都還記得清清楚楚。我覺得自己也像是這群被雷打中的人一樣。我從有記憶以來就像這名律師一樣，「深信最輕鬆的生活就是最棒的生活」，總是才剛看到些微波動的跡象就開始尋求恢復均衡的辦法。這就是我取消自己壯遊年的意義，就好像是有種這輛人生列車就要出軌翻覆的預感，隨即拉下最近的緊急煞車索，及時將車子停了下來。

我就跟那名律師一樣，覺得自己被「照常生活」這道符給綁死了，不容有任何波折來「擾亂我的安寧」。⑭可是呢，我在其他方面倒是跟那名律師截然不同。我既沒有他那種以慣例為名強將大事化小、小事化無的習性，也沒有他那種強調恆動慣性，不許任何中斷停頓的行事作風。

我覺得自己比較像巴托比，不想被這種暴虐潮流捲入。打從一進到事務所，這名憔悴、「乾瘦」的年輕人就在這精密如鐘的世界裡投射出一道陰影，但是他對於抄錄文書一開始就有著無比的熱情。對那名律師來說，這新進員工的問題在於他並非「勤奮樂業」⑮，而是「安靜、虛弱、憂愁」地抄寫，揭露出在這律師精心操弄的完美世界深處，其實藏著一份非人性的死寂。

然後，工作突然無緣無故就停了。那律師叫巴托比檢查一份報告，巴托比卻「用一種溫和、堅定的聲音回他：『我可不想。』⑯」他就憑這句話，宣告他不抄了——這也預示了他到故事最後完全從工作與各種活動中抽身不幹的結局。

自從一八五三年這篇故事登載在《普特南月刊》（*Putnam's Magazine*）以來，哲學家和文學評論家就不斷苦惱著巴托比的離去究竟代表什麼意義。但是這些揣想最後只證明了巴托比的腦子遠遠勝過這各種定義詮釋。沒人搞得懂巴托比，誰也別想掌握住他。那名律師就說了，他「孤獨一人，孑然一身。像是大西洋正中央的一塊船骸。」⑰只不過他不是在大西洋上，而是在大西洋旁的陸地上，也不像在海上隨波浮沉，而是安安靜靜地銷蝕周遭世界。巴托比的婉拒從命反而恰恰摧毀了這個世界的根基，就像參孫拆了聖殿柱子時那樣地殘忍無情。

後來巴托比待在事務所的屏風一隅裡不願離開，律師只得趕緊替事務所另覓新址，讓巴托比這新房客去面對事務所原址大樓裡眾人的怒火。「我可不想」既不是「好」也不是「不要」，這話裡蘊藏的猛烈力量卻足以將非此即彼的二值邏輯攪得天翻地覆。巴托比既不肯定也不否定，使得身邊眾人都捲入了他那層灰濛濛的迷霧裡頭，讓他們不知如何是好，拿他沒轍。

那名律師生活在一個事事各就定位的世界裡，就像我在還沒遇見內心裡的巴托比，還沒在我自己心裡的大洋上飄盪時的那個世界一樣。我頓時驚悟原來世事難料，事情不會只因為我希望如何如何就非得要照此一路發展下去。讀了這篇故事就像進行了場美好療程一樣，與其說治癒了我的沮喪，倒不如說是打開了我的好奇心。

一九八〇年代金頂電池廣告有項不成文的鐵則，就是我們觀眾絕不會看到那隻金頂兔子倒下；就連我們覺得它應該要沒電了之際，它卻能死裡逃生，重新生龍活虎地跳了起來。但是這種我們可以像隨時喊停一樣隨時繼續再戰，不用只當自己人生中的那個蒼白錄事員，永遠都能朝向相同目標持續邁進的情形，實在不太可能發生在我們身上。反而是巴托比那道「溫和堅定」的雷擊，才真正電得我和千千萬萬著迷的讀者回味無窮。這不只是一篇講拒絕和反抗的故事，而是引導我們踏入淡漠領域的衝動，將判斷、選擇、決定等責任統統放下不管。

這就是為什麼當我聽到個案說他們想鑽進洞裡躲起來、隱形，可以不用再關心、欲求、感受，或是可以一直不要做決定的時候，巴托比會來「擾亂我的安寧」。我這些個案都到了某個覺得照常行事只不過是依樣畫葫蘆的時刻，覺得他們自己只是在複製而非真正在過自己的人生。在我那個扭轉人生關鍵的夏天裡，我猛然驚覺自己對壯遊年的胡亂規劃只是對別人安排壯遊年的拙劣模仿而已。只是我沒有善用那份洞察開創出什麼全新的不同局面，反而被嚇到躲回我再熟悉不過的那套人生劇本的可疑懷抱裡。

我們所謂的過勞，說不定其實就是關於這套熟悉劇本的危機，也就是對於我們長久以來扮演的角色突然覺得陌生而疏離的那種感受。梅爾維爾自己就長期遭受這種危機折磨。他的《傣琵：一窺玻里尼西亞生活》（*Typee*）、《歐慕：南海歷險記》（*Omoo*）這兩本出道之作大獲成功，出版商、讀者和愈來愈多家人都不斷施壓，要他再依同樣模式寫些新作出來。但是梅爾維爾一旦受迫為開拓小說的疆域及可能性以外而寫，就不再受讀者青睞，頓時收入銳減。梅爾維爾預見了巴托比，毅然放棄一再複製前作。

然而，他也像巴托比一樣，一旦放棄複製自己，就招來了厄運。他要是不照眾人所願去寫能討好大眾的東西，搞到最後厭惡自己，就只能寫些自己想寫的怪書奇譚，落得一文不名。

「錢跟我有仇，」他在一八五一年寫給朋友納撒尼爾．霍桑（Nathaniel Hawthorne）的信中如此抱怨：「我最想要寫的東西——它不讓我寫——拿不到半毛錢。可是，要我完全寫**另外那一套**，我也偏偏辦不到。」⑱

梅爾維爾對這個無解難題的處理辦法——一邊耐著懷疑自己的啃噬，一邊咬牙選擇一條道路（他顯然選了藝術凌駕金錢的路），放棄了「男人**應該**始終保持波瀾不驚、泰然自若的態度」——可說是相當勇敢，而且十分艱難。

這條路如此艱難，所以我們大多數人都選擇一動不如一靜，乾脆不做決定。在我的諮商室裡，像這樣的無解難題經常暗藏著一份絕望的呼救聲：告訴我該怎麼辦，讓天下紅雨、做點什麼都好，這樣我就不用做出選擇了。我的個案可能想用這種求救方式來抵擋遲遲不做選擇的難熬焦躁，以及做出選擇後可能難以彌補的損失與痛苦。我們的難處就在於我們會關心、欲求、偏好許許多多不同而且可能彼此衝突矛盾的事物，卻不得不希望別管這一切，不得不落入無欲之欲的陷阱裡。唉，要是我們是兔子就好了。

巴托比的律師老闆是個能將眼前世界變成心中世界的高手。

在雇用巴托比之前，他就雇了兩名錄事：火雞（Turkey）和鉗子（Nippers）；他們倆都有焦躁、神經質的症頭，鉗子是早上犯病，火雞則是過午發作。律師老闆說這兩名領全薪的半天勞工「症頭交錯發作，就像衛兵換班似的。鉗子一發作，火雞就沒事；反之亦然。這還真是天造地設的一對。」⑲透過這種神奇的矯正鏡片來看問題，這律師就能泯除缺陷，把殘缺不全的兩半給拼成了完整無瑕的一塊。

巴托比跟他這兩名同事就不一樣了，他不會中斷、抱怨或抗議。他會停止工作，但不會訴諸什麼權利或原則（比方說為了尊嚴啦、反剝削啦）。「我可不想」這句話宣告的是他要從理性動機的世界裡抽身，從溝通的共通原則裡退出。我從兔子的身上了解到這種抽身退出實在令他人難以忍受。要是一個年輕人這樣對我說話，我大概就會像那律師老闆一樣瞠目結舌，無所適從。

巴托比的抽身退出讓人想起波士頓的心理學家愛德華．川尼克（Edward Tronick）著名的「面無表情」實驗：他讓參加實驗的母親與嬰兒面對面互動，叫母親對孩子的所有聲音、表情訊息都投以關愛注意；接著又要母親突然面無表情，對孩子試圖將母親重新變回來的嘗試巍然不動。⑳小孩子一開始的焦躁很快就成了絕望，整個人身體姿勢垮了下來，還會將臉撇過一邊，顯得困惑無助，直到母親重新變回原本的和藹模樣，有所反應為止。如果將這小嬰兒的經驗轉譯為成人的語言，我們大概會在那份絕望中聽見他了解到原來自己一直那麼投入俗世竟然只是一個虛構的假象。這個世界上一秒還那麼活潑多變，到處都有東西要指認、分辨、注意，下一秒卻馬上變成了冷漠無比的死寂荒地。

一聽見巴托比那句「我可不想」，我們馬上就會感受到這個小嬰兒所經歷的那份震撼。我們以往從不懷疑這世界和自身行動深具意義的信念瞬間瓦解，眼裡看到的是個不管人生繼續下去或戛然而止都無所謂的陰暗世界。我偶爾會想，這大概就是那律師老闆為什麼在故事最後發出了那聲哀嘆——「唉，巴托比啊！唉，人啊！」[21]

有些評論家從巴托比的抽身不做中看出了古希臘哲學家皮浪（Pyrrho）的影子；皮浪出生於西元前四世紀中葉，是懷疑主義的奠基者。皮浪的名字與想法在西元一世紀時稱為皮浪主義（Pyrrhonism），後來則以懷疑主義之名為人所知。我們只能從後來的二、三手傳述中得知他的生平與教誨，但這些詮釋不免會因轉述者自己的利益與目標而有所扭曲。皮浪追隨亞歷山大大帝一路東征，在印度遇見了祕法教徒和哲人，他的思想也因而深受影響。

皮浪大多數的生平軼事都收錄在相隔五個世紀之後第歐根尼・拉爾修（Diogenes Laertius）那本著名卻不可盡信的《名哲言行錄》（*Lives of Eminent Philosophers*）裡。那些不可考的軼事記述說皮浪浪跡天涯，而且絲毫不避「車馬懸崖等類似危難」[22]，完全得靠緊跟在後的至交好友出手相救。

他這種對危險視若無物的態度，據說跟他完全不在意幹苦活兒的態度一模一樣。他活在一個貴賤分明、尊崇才智的社會裡，卻幹些洗濯衣物、打掃清潔、捉雞趕集的下人差事。書中說他「心無罣礙，甚至連幫豬洗澡都做」。[23]皮浪顯然過著他所教導的那種「不動心」（ataraxia）生活。有一次，他在海上遭遇風暴，還能鎮定地坐在甲板上吃豬肉來安慰其他乘員，「嘴裡還說著能維持平常心的就是智者」。[24]

豬、牛也好，兔子也罷——我們總將自己永遠無法企及的無欲之欲投射在這些動物身上。皮浪說這份智慧是他體悟到「沒更多」（*ou mallon*）這個真理而得來，也就是察覺到任何事物都「沒比另一樣事物**更多**」。憑著這句話，就將所有的判斷和定論都一筆勾銷，一切的清楚界線也都因而分崩離析了。在後來的皮浪主義者看來，「人沒辦法只憑藉、按照事物自身來理解該事物，只能透過該事物與其他事物的關聯才能掌握。因此，天下沒有任何可知的事物。」㉕

如果一切事物都不可知，那就沒有什麼特別理由要在懸崖邊停步，也不用擔心風暴勝過注意餐盤；貪生怕死的這種本能變成只是一種偏見罷了。如果人生就是一場無可救藥的無知，那總為人生操心、設法趨吉避凶，未免太傻了。真正的智慧其實反而是在於逐步從人生中抽離，只不過在這時候，鴨長明的那句警語還是值得我們好好想想——即使是在我們試圖從人生中抽離之際，終究還是不免會陷得更深。

「根據某些權威的說法，」第歐根尼寫道：「懷疑主義者所提倡的目標是麻木無感；但在另一些人的說法裡，則是沖和平淡。」㉖傳說皮浪不管有何感受，或是周遭出現任何事物，總是一副面無表情的模樣。他那份對徹底淡漠的追尋實在令我著迷，只不過在我的遐想中，偶爾也會出現那名嬰兒對母親木然的表情與其中那份空洞虛無的恐懼和害怕。

這年頭，誰也躲不了政治人物、廣告商、幸福大師咄咄逼人的號召要積極、要負責、要主動。

紹斯伍德在《恆動慣性》這本對現今社福體系官僚文化的描繪中現身說法，仔細描述了領取失業救濟金時的情形，他不僅得日日詳記求職細節，還得秀出「本週三件正面事蹟」㉗，才能避免補助遭到取消。他說，還有比那三件正面事蹟更扯的，就是還得替這三件事蹟提供書面資料。只要不照著這強制的樂觀主義走，只要湊不滿正面事蹟，就會遭受可能有些懲罰的威嚇。待業求職的人無論心情再怎麼低落、受挫，都必須配合這套強顏歡笑的規矩來辦。

這種文化帶來了病態的冷漠，卻又禁止大家表現出來。政客和大眾媒體同聲譴責，說所謂的心力交瘁都是嬌生慣養的草莓族、魯蛇、揩油鬼跟失敗者只想慷他人之慨的藉口，我們哪敢再說自己筋疲力竭。有許多人可能都感受到了這份慣性無力，察覺到這份意義與慾望的纏綿病徵，但是既然大家都對此不感興趣、充耳不聞，難免就只有寥寥數人膽敢講出來，更甭提要採取什麼對策了。

說不定這就是巴托比的幽魂悄悄鑽進我們內心生活的方式：這份慣性無力既然不能直接宣洩，就只能以更極端的形式表現出來。唯命是從的金頂兔子遲早會沒電倒下，在事務所裡「安靜、虛弱、憂愁」地謄抄副本的那名削瘦新人也注定有一天會撒手不幹。橫亙在俗世要求這股無情潮流與我們盡責達標的能力之間的那道裂隙，終究會有某個時刻再也彌合不了。

因過勞而懶散、冷漠看起來可能像是對我們這過度勞動、急催如火的文化所做出的消極回應，甚至可說是虛無主義式的回應。但至少這種方式表達出了一種深刻的不滿，拒絕繼續或是無法繼續朝著這文化中那份朦朧不清的目標與理想盲目狂奔。

而葛拉漢．格林尼就更進一步了，他透過主角奎瑞點出了過勞的幾種倫理可能：奎瑞宣布放棄了自己宏大的建築計畫，因為他找不出其中有任何意義或優點，轉而接受比較樸實可行的目標，興建能夠在中非的染病社群中順利運作的醫療院所。

奎瑞對身邊消費主義社會那種貪婪理念所表現出的深惡痛絕，在我們現在這時代的不滿人士身上表現尤甚。近年來，一向標榜為生產與效率經濟文化表率的日本就見識到了這種慣性心態的大規模爆發。

九〇年代初期，日本有一位師從心理分析學派的年輕精神科醫師齋藤環（Saitō Tamaki）在東京東邊的一所醫院擔任心理師，他發現來求診諮商的幾乎都是為家中孩子長年繭居家裡所苦的家長。這樣的案例件數激增，但情況卻是大同小異：有許多青少年和青年初期的孩子，尤其以男性為主，既不上學，也不工作，斷絕了一切對外界的接觸往來，只願意窩在自己臥室的小天地裡。

接下來的日子裡，齋藤從臨床與理論兩方面仔細鑽研這些年輕人的生活，過程中發現在這種社會退縮或所謂「繭居」風潮，已經影響了上百萬人及其家庭，這是日本內閣在二〇一〇年調查所得的數字。隨著齋藤在媒體上的頻頻曝光，加上他一九九八年出版的暢銷書《繭居青春》，總算讓日本能公開討論這些繭居族的生活。

繭居族現象是在美國記者麥可．齊連齊格（Michael Zielenziger）二〇〇六年的《不見天日》

（*Shutting Out the Sun*）一書才首次完整披露，書中直指這種病症完完全全是日本經濟與社會的一種病態。齊連齊格認為日本工業中紀律嚴格的「單一文化」、恥辱文化和所謂的「世間體」㉘原則（也就是個人在社會上的面子表現）長年以來都與重視彈性、創新、個人稟賦這種嶄新的全球美德扞格不入。因此他說，所謂的繭居，其實是對於個體差異和不同意見遭到抑止的沉默抗議與絕望表示。

不過，齋藤雖然也注意到了家庭與社會所造成的影響，尤其是強調孝道和羞恥的文化力道確實導致了這種日本獨有的避居模式，但他對齊連齊格主張這種現象並不存在於日本之外的說法倒有所質疑。齋藤在引發了西方對這一現象的學術熱之後，主張這種退縮行為是一種普世現象，而且在不同社會脈絡底下會以不同形式表現出來。他指出在英美國家裡也有所謂的「尼特族」（NEETs，指不在學、在業、受訓的遊蕩人口）這種隱形的下層階級，他們不像日本的繭居族那樣蝸居家中，而是比較可能成為長期領取社福補助的人口或甚至流落街頭，浪蕩漂泊。

齋藤在他的書裡讓我們看見了社會退縮的日常心理樣態。在繭居族的內心生活中，最驚人的特點大概是一種永無止盡的躁動感。跟這些年輕男女對話時，會發現他們與其說是懶散怠惰，不如說是拘束受限。「事實上，」齋藤寫道：「他們成天都在對抗自己無法融入社會的那種不耐煩和絕望。」㉙繭居族最有別於傳統憂鬱形象之處，就在於繭居族比較不會沉浸在認命的失敗主義那份虛假慰藉之中，他們反而會一直不斷想要趕快重新振作起來。只不過，他們雖有這份決心，卻往往無力辦到；而想要重新開始的這份衝動「也就轉變成為了憤怒與絕望」。

繭居族受困在過勞的人間煉獄裡，既無法在歸零狀態達到徹底寂靜，也沒辦法在行動狀態中獲得成就滿足。他們就像山繆．貝克特（Samuel Beckett）《等待果陀》裡的流浪者一樣，只能不斷重複決定要走卻又跨不出腳步的相同情節。齋藤環因此做出了結論，認為社會退縮是一種典型的社會病態。會使繭居族一直待在這灰暗煉獄裡的，其實是一份相信他們自己「有無限可能」的幻覺，而這份幻覺的源頭，則是日本的教育體系和這個體系所仰賴的消費資本主義。為了要做些什麼事、成為某種人，就必須放棄做許多其他事、成為另一種人的自由，而這種對可能性的限縮恰恰是繭居族無法接受的事。因此，他們只好將自己囚禁在臥室裡，才能保有自己那份無限的自由。

繭居族是我們這種不斷行動、無盡分心的文化受害者，還是昭告我們在這種文化底下唯一普世結果的先聲？這種文化會將我們所有人都變成繭居族嗎？大多數人的確都沒有他們這麼極端的症狀出現；但是每個人的內心深處也都有個和他們一樣的祕密角落，不斷尋求著平靜安詳，可是只要我們還活著，這輩子就永遠無法達到那個平和境界。

※ ※ ※

那些人會坐在候診室的安樂椅一角，等著待會兒才初次見面的心理分析師開門，滿懷期待、焦慮和幻想，不知究竟這位心理師會是什麼樣的人。說不定這就是為什麼他們通常一臉訝異的樣子，說：「你跟我以為會看見的不一樣」或是「你就跟我想像中的一樣」，要不然就是「你跟我想的一樣，只不過……」他們這些話都是放下擔憂（也可能沒有）或是滿足好奇（也可能沒有）後不由自主的無聲呢喃——不管是哪種情況，它總是一種信號，提醒別忘了我們在這裡談的東西很重要，就算我們都還不知道究竟那東西究竟是什麼也一樣。

除非他們像蘇菲亞那樣，一進來就像是要玩一場心理分析撲克大賽似的，什麼也不肯透露，只想打敗心理分析師的中肯剖析。蘇菲亞從不抱怨、沒有要求、沒有期望，打從拖著腳步緩緩踏進諮商室裡見到我開始，那張臉就從沒有過任何表情變化。

我先開口：今天為什麼會想來找我？沒想到她一回答，我馬上就感到一陣厭膩。她沒避免與我眼神接觸，但用一種清冷的眼神掃視整個房間。這感覺就好像我只是這房裡的另一個擺設而已。她拖著聲音講話，但那不是帶著哀傷的聲音，哀傷還聽得出生命，她的聲音裡充滿著厭煩，陰森又帶刺。

聽到她說出外在生活的細節時，還挺令人吃驚的：她是都市計畫的頂尖人才，作品遍及世界僻地遠方。我實在很難將這種職業所需要的創造能量與精力和坐在我對面這個陰沉的黑衣人兜在一起。

我花了點力氣才從她那種細如蜂鳴的聲音中回過神來，仔細聽她說話的內容。她說她自從到了倫敦以後，已經陷入一股深沉的憂鬱好幾個星期了。我從她提到一開始那幾週有多麼精采熱鬧的描述裡才第一次聽到一點上揚的聲調。她在柏林工作兩年後來這裡接任頭銜響亮的新職務。想到那短約工作即將結束，加上準備探索這座城市的興奮，都讓她既懷抱希望又充滿期待。

可是從大約四個月前開始，她一起床就覺得渾身沉重無力，內心麻木，整個世界都染上一層鉛灰色。她突然就再也不跟大家說笑，下班後也不一起去喝兩杯，就算她的同事覺得不對勁，他們也什麼都沒說。「不過倫敦人大概多少都是這樣子嘛，對吧？」

她不是沒經歷過沮喪憂鬱，但這次不一樣；之前幾次她都還能有種自己勉強可以打敗憂鬱的感覺。「我以前都知道低潮總會過去，所以我可以告訴自己這不是真的。可是我不知道為什麼，現在我每次對自己這樣說的時候，都有另一個聲音跳出來說：放屁！**這**才是真正的現實，其他都只是些可愛的小故事而已。」

她的解決辦法是投入工作之中，或者毋寧說是投身過度工作之中。「最怪的一點是做那麼多事情，可是過了某一個點之後，就好像什麼也沒做一樣。你不再熱愛工作，但是也不覺得討厭，你甚至會沒注意到你自己正在工作。」她就是靠著這種一直過度勞動的無腦狀態撐著，可是她不能確定自己能這樣撐多久。

我不知道她這種不痛不癢的絕望是不是掩蓋著什麼童年創傷，遮蔽著內心過去的深層斷層。說得更精確點，但也更惱人的是，我還真希望確實如此。我需要聽到一個故事能夠合理說明她那份專橫的虛無，讓那份虛無帶點真實的形狀與重量。

結果她告訴我的故事卻是她小時候一家人和樂融融地住在雪梨的富庶郊區。她從小就表現出絕頂聰明、創意十足、精力旺盛的模樣，父母不辭辛勞地接送她上下學，還去學芭蕾舞、美術課、彈鋼琴，教她做功課、準備豐盛營養的三餐，更一直為她加油打氣。她父母經常明白地告訴她：她想成為什麼樣的人都行，想做什麼樣的事都可以。沒錯，這就是瀰漫在我們這成績文化裡的普遍（或者該說是唯一）說詞，不管是迪士尼那種陽光般的鼓舞、耐吉牌（Nike）的那種蠻悍口令，或是心靈大師和潛能教練的激勵口號，全都一樣。而蘇菲亞的父母可是為了她徹底量身打造，替這份說詞的空洞骨架添上了情感血肉，所以這想法可不只是從外頭籠罩在她身上的普遍公式，而是她自己時時刻刻嚙骨噬髓的內心要求。

到她長大一些，父母還是很小心地不去強迫她選什麼學校和就業路線。他們反而對她自己怎麼思考自己的未來充滿好奇，竭盡所能地讓她增加工作經驗、預約大學校園參訪，還介紹各行各業的專家給她認識。他們一頭熱地栽進她的各種一時興起或模糊想像，到後來根本搞不清哪個是她自己的願望，哪些又是他們的期盼了。

覺得自己完全不受自身能力和外界現實所限制，其實並不會讓人覺得安心好過。這和超我那個在耳邊嘮叨著父母師長那種乾綱獨斷的內在自我所下的要求完全不同。在社會理論家韓炳哲（Byung-Chul Han）口中的「成就社會」（achievement society）並不講求「禁止」和「要求」這種力量，放下這些「你必須如何如何」的理念，而是改採「你可以如何如何」來鼓舞激勵。

這就是弗洛依德所謂「自我理想」的印記，也就是父母相信我們自己完美無瑕的無意識信念，而我們打從一出生就受其薰陶。弗洛依德挖苦地說，在父母眼裡，我們就是「兒皇帝」。[30]我們拒絕承認遲早會聽到的那個壞消息，也就是自己其實不如父母在我們心中建立起的形象那麼傑出，自己並不是當初在雙親溫暖微笑中映照出的那個完美小孩。

自我理想是個奇怪又難搞的老闆。它像是個好夥伴一樣只想要我們最棒的一面，卻比超我（弗洛依德在提出「自我理想」一詞十年後創出了這個概念）更難拒絕、更難反抗。超我會拒絕我們想要的事物，但自我理想卻像是個慈愛卻專制的家長，只想要我們想要的事物，甚至比我們自己還更加渴望。自我理想的激勵會讓我們不斷跳過一個個的火圈，焦急地尋找下一個目標，永遠覺得自己還有哪裡不夠好。韓炳哲說，在自我理想的陰影籠罩下，「**從不會有達成目標的感覺**」（韓炳哲特別如此強調）。

蘇菲亞會抱怨活著的每分每秒對她來說都太不真實了。只有未來才真正要緊，因為她理想的生活只存在於未來。「如果我再稍微等久一點，」她用一種消沉沮喪的語氣說：「一定會出現某種神奇的轉變，讓一切都變好。」[31]

她後來逐漸了解到，這個想法反而將她的人生愈掐愈緊：「我等那個奇蹟等得愈久，就愈沒辦法好好過現在的生活，這真的很慘，因為這就是我唯一擁有的生活了。」蘇菲亞因為一直期待著那個始終沒來的神奇時刻，所以總是帶著挑剔不滿來看待現在的生活，認為這只是她應該要過的理想人生的某種扭曲。她現在的工作、約會的對象、居住的地點，全都只是她夢想生活的蒼白倒影。懷抱夢想的問題就在於現實中沒有能夠實現這夢想的法子；夢想用未來不斷折磨著我們，因為那個未來本來就永遠無法實現。

蘇菲亞覺得自己追夢追得心力交瘁，便退縮到兩股矛盾的衝動之中。第一股衝動是強迫自己工作，讓辦公室裡除之不盡的工作怪獸吞噬掉她的時間與內心空間。但是緊跟著這股衝動，而且還經常帶來長期失眠的，則是對完全放空的無比渴望。她在諮商時會幻想回家好好睡一覺，想像自己能夠在數不清多少日子的長眠中偶爾醒來，無所事事，一身輕鬆。她其實偶爾還真的會偷閒一天，結果心裡反而泛起一陣恐慌，逼著她又回去工作。在瘋狂工作和沮喪無力輪番交錯下，她找出了兩套逃脫眼前生活的辦法。

逃脫的第一點就是在下每個決定之前先麻痺自己，當作沒有什麼狀況會比選擇做某件事就失去做另一件事的機會更糟糕。再怎麼說，做出決定都無可避免地會涉及某種否定性；而這些決定則會無情地戳破我們對自己能成為什麼人、做什麼事、擁有什麼東西的幻想。蘇菲亞讓我活生生地看見為了要維持所有未來可能性而犧牲「我唯一擁有的生活」有多麼折磨人，為了理想中的自我，反過頭來綁架、麻痺了自我。

在我們每週三次心理諮商的六年來，除了固定會談她每天的生活之外——談她和另一半、朋友、同事之間岌岌可危的人際關係，談她有多麼難以拒絕別人的要求和命令，談她非做不可的健身運動，還談她和父母講電話時的冷言相向，這不只嚇到他們，也嚇到她自己——我們的對話總是會回到她與心理分析之間的關係，也包括與我之間的關係。

日復一日，年復一年，她猶豫躊躇的心結似乎愈來愈嚴重。她開始懷疑我究竟能和她的冷飯熱炒糾纏到何時，開始想我什麼時候才會求饒，拜託她別再鑽同樣的牛角尖了。「你一定覺得我真他媽的超煩，」她說這話的聲音裡絲毫不帶笑意。

雖然她說話總是一針見血，但我倒沒有那樣。一再看著她重複同樣的矛盾難題是很令人受挫，有時候甚至會讓人覺得她應該拿這種事去折磨她自己而不是來煩我。但是她思路的死胡同往往會因她創意十足的言詞話語而增色不少，更甭提她在描述自身困境時所發明的那些巧妙譬喻了。「我的人生，」她說：「就像一間殖民時期的大房子一樣，我只是其中可有可無的承租戶。生鏽的那些老爺車就停在前院的草坪上，門廊也從來都沒打掃過。也許有一天這房子會被宣告不適人居吧。」她運用書籍、電影、歌曲和建築講話時總是充滿無比生動的巧思，讓人察覺不出一絲焦慮或造作。

她很喜歡我們的諮商療程，有一天她還不經意就結結巴巴地脫口說了出來。她最愛的是每週可以有三個小時完全沒有任何既定計畫，完全不用回應任何要求，除非她自己心裡有這種衝動想說出來。但是她很快就又對自己的話反悔了：「可是我有時候會相信自己做錯了，覺得你會氣我想太多，或是想的不夠多，要不然就是想錯了或是搞錯重點……」

「所以，」我說：「你喜歡我們的療程這件事就跟其他事情一樣，變成了一個你只有大勝大敗的考驗嗎？」她淺淺一笑，說：「基本上，我的人生大概時時刻刻都是這樣搞砸的。要是我不去想自己做得夠不夠好，那我幾乎就不知道該怎麼做事了。」

她停了一會兒，又道：「不過，我覺得自己好像在這裡就是在學著別去想了。」

丫丫就像古代的皮浪一樣，活在對周遭危險視若無睹的淡然自若中。只不過牠沒有忠心的朋友防著不讓牠哪天早上鑽出兔窩，也沒能攔住牠不知不覺跳上了狐狸的狩獵路徑。我不禁要帶著幾分愧疚地想，牠在抬頭看見天敵張開血盆大口時，是不是還保持著那份皮浪主義式的淡定？

但總之我在發現牠的時候，我可完全不是。即使是皮浪，他的不動心也不是真的無懈可擊。他有一次遭狗咬傷，在縫合傷口時露出了痛苦的神情，他說：「要完全拋棄人性實在太難了。」這項難事就是我們所有人的宿命。每天在各種刺激、機會與危險排山倒海而來的衝激之下，我們哪能像兔子那樣淡定自若。

我也懂繭居族那種渴求避開世界的喧囂鬧騰，不想被逼著摻和做事。有時候我甚至可以體驗得到，讓自己暫時沉浸在濟慈那種無痛無樂的空洞怠惰之中。但是狐狸始終都在，在閉合的眼瞼外頭蟄伏著，準備搞砸這一切。

唉，丫丫啊！唉，人啊！

「人們每分每秒都在工作」：安迪．沃荷

安迪．沃荷（Andy Warhol）最令人坐立難安的一幅畫作，我們這輩子都沒機會見到了。一九四九年，這個初出茅廬的商業藝術家才剛抵達曼哈頓，在畫布上畫了一系列大型畫作，但後來全都丟棄或銷毀了。其中一幅以原本刊載在《生活》（*Life*）週刊雜誌上的〈血腥星期六〉（Bloody Saturday）這張駭人相片為底本的畫作，畫的是一九三七年日軍轟炸上海時，一個小嬰孩孤伶伶地坐在上海南站殘垣斷壁間的模樣。

那個小嬰兒上身打直坐在月台邊緣，皮膚焦黑，衣衫破爛，雙眼盯著殘破的景象，張開嘴巴發出絕望的哭嚎。照沃荷傳記作者維克多．波克利斯（Victor Bockris）所說：「這幅畫非常恐怖，卻又出奇美觀。」㉜這幅畫是以沃荷後來著稱的「墨跡畫法和粉彩」繪製而成。

這幅畫預示了他一九六二到六四年間知名的「死亡與災難」系列作，但是仍有一處驚人的差異：在「死亡與災難」系列作的畫面中可以看到電椅和各種交通事故，但是畫面中的人不是詭異地消失，就是散成融入背景殘骸的難辨屍塊，而這幅《上海小孩》卻是直接在我們眼前呈現出了鮮明而難解的痛苦創傷。

我有一名諮商多年的年輕男性個案，他童年時逃離了殘酷無比的內戰，後來輾轉來到倫敦。有一天，他帶著輕傷前來諮商，因為前一天下午騎單車時出了場差點送命的意外：他被一輛急駛的白色廂型車撞飛，但更嚇人的是他整個人趴在路上時，身旁的車子仍然一輛輛飛馳而

過。「我覺得自己就像是個赤裸裸的嬰兒坐在馬路中間尖聲大哭。」他這樣說。

波克利斯給了我們一個提示，說不定當安迪．沃荷在察覺到一幅畫無意中竟成了他的自畫像，揭露出他內心最陰暗、最脆弱的角落時，就會毀了那幅畫。他當時的商業作品開鑿出了戰後消費文化中的深層感性，猶如一首滿是鮮花、小天使與蝴蝶的田園詩，映照出內心嚮往的童年。而那幅用色「出奇美觀」的《上海小孩》說不定就是小天使的對立面，是柔和的理想表面揮之不去卻又不明所以的黑暗創傷。

我們生命中的每個階段都會受到生命初期完全依賴大人生活的經驗制約，那些大人的看重或忽視、喜愛或厭惡，我們都只能照單全收。套句弗洛依德的術語，我們生來就受無助制約。這份原初的無助經驗會深深烙印在我們心靈和肉體生活中，但是會對心靈和肉體有多大影響，還得看我們後來的人生經驗以及我們如何處理這份原初經驗的方式。身心所受到的各種創傷——戰爭、貧窮、忽視、意外、疾病等——都可能重新激發這層深埋的弱點與傾向。

那名摔車的個案在四歲的某個半夜醒來，結果發現媽媽不在家裡，只剩下孤單無力的自己去抵抗外頭的危險——不管那是真的還是想像出來的危險。他回想當時，或者也可能是想像當時他在一片漆黑中，一邊摸著牆，一邊放聲大哭，感覺自己就好像只用指尖吊掛在深淵邊上。他想，他比較害怕有什麼莫名的怪物跑出來，還是更害怕連一頭怪物也沒出現？（我不禁自問，還是更怕這兩種情況其實是同一回事呢？）那幅畫裡赤身露體、尖聲大哭的無助嬰兒就活生生顯現在這名棄兒的恐慌中，後來當這名年輕人倒臥在馬路上，看著車子一輛輛開過身邊，那道陰影就又捲土重來了。

安迪．沃荷從小體弱多病，命運多舛，少有機會能夠擺脫嬰孩時期的無助恐懼。他兩歲時眼睛腫起來，母親拿了硼酸液幫他清洗；四歲時一隻手臂骨折卻沒發現，從此始終彎曲著；六歲時得了猩紅熱；到了八歲，則是（他每兩年一次劫難中最麻煩的）聖特維斯舞蹈症開始間斷發作。

舞蹈症這種病是由於中樞神經系統失調，導致患者無法控制肢體，會斷斷續續不斷瘋狂擺動四肢。這種不受控的感覺會讓小孩嚇到，以為自己發瘋了。安迪．沃荷的甩動症狀引起學校裡惡霸的注意，害他對上學充滿恐懼，連日常生活的肢體協調都不知如何是好，成天以淚洗面。他的童年生活因而成了他身體與情感疆界上一段永難癒合的傷口。

醫生囑咐要躺床一個月，持續觀察，所以安迪的母親茱莉亞就將安迪的床從臥室搬到了餐廳，就在廚房旁邊，好讓她能每小時檢查他的狀況，說不定就是這時開啟了他成年後不論搬幾次家還是與母親同住（當然愈來愈不用就近照看）的緊密關係。

這名小病人在床上有母親為他拿來的無數紙娃娃、漫畫書和雜誌可看可玩，他會剪下其中各種樣式重新拼貼。安迪．沃荷在他的《安迪．沃荷的普普人生》（*The Philosophy of Andy Warhol: From A to B and Back Again*）中描述場景時，不知是有意或無意地形塑出一種氛圍，就像他的迷你「工廠」：「我在夏天裡會成天聽著收音機，和我的查理麥卡錫娃娃躺在床上，整張床和枕頭下到處都是還沒剪下來的紙娃娃。」㉝「工廠」就是安迪那間頗負盛名的工作室，他在那個收音機成天放著音樂的工作室裡創作出無數夾雜了性、毒品和狂熱情緒的瘋狂作品，而這張小時候的病床和他後來的「工廠」都帶著同一個核心矛盾：這張孩童病床和成年後的「工廠」都既是瘋狂創作的地點，也是無力退縮的床褥，既是恆動不歇的洪爐，也是停手止步的囚牢。

過了三年，安迪家多了另一張病床，躺著的是安迪沉默可靠的父親安德烈。若說茱莉亞象徵了撫慰和幽閉恐懼之間有多麼密切，那安德烈就代表了肉體上和情感上疏離的源頭。一九三九年，他離開了西維吉尼亞州惠靈市的礦區回到家裡，這是他最後一次離家打零工。他和其他一群礦工都喝了受污染的飲水，只能送回家，渾身黃疸地躺在床上。

這名彪形大漢就這樣在家裡待了三年，病情卻是日趨沉重。一九四二年，他終於撒手人寰，而且依照傳統，停靈在家三天。這個停屍家中的儀式對安迪而言顯然太過震撼，他跑回去躲在自己床下，怎樣都不肯看父親遺體一眼。後來他只能住在阿姨家中，直到父親移靈下葬才回去。

那場喪禮大概也是安迪參加過的唯一一場——就連三十年後他母親的喪禮，他也沒出席，還是同樣深怕面對死亡。波克利斯寫道：「他對死亡的恐懼大概使他堅決避免任何與死亡有關的事。」㉞

安迪一方面面對的是茱莉亞的過度親密，戳穿了他身體與情感隱私的防護膜，另一方面則是與安德烈之間永難靠近的距離——通常是空間上彼此相隔，情感上也始終不親，最後則是天人永別。安迪．沃荷後來的人生與他的作品就一直受他在這兩個極端之間的遊走懸宕所制約。

無論是身體上或情感上的接觸，永遠都是太過或不足，不是過多就是太少。說不定，困擾了他一輩子的疑病症——這是布萊恩・迪倫（Brian Dillon）在《徹寒香梅》（*Tormented Hope*）書中的診斷——可以理解為他覺得身體受侵犯和遭到拋棄的肉體創傷；他其實就是那個滿身是傷的赤裸嬰兒。

※

在安迪・沃荷「死亡與災難」系列中的那些電椅、車禍、自殺、種族暴動等從報紙上裁下來的照片，都有一種漠不關心的氣息，彷彿全是某一架無名相機所拍攝的一樣。沃荷將這些傷亡照片浸泡在工業用黃色、綠色、紅色、橘色顏料裡，漬洗出一種冷淡漠然。

這些圖片每每都讓我覺得一陣羞愧不安，就好像我被人當場抓到一副看熱鬧的人那種呆樣的感覺。當你開車經過車禍現場時，前頭車輛的速度，還有你的車速都會不自覺放慢下來。就在那幾秒鐘裡，扭曲的擋泥板、滿地的碎玻璃，甚至是整灘整片的血跡，全都沒了人的氣息，就好像你的眼睛變成了一具冷酷的記錄器一樣。

我在看「死亡與災難」系列作之前就有過這種知覺分離的經驗了。車禍現場看起來既是猛力衝撞、毀滅與痛苦的可怕殘跡，卻也是一堆可替代物件零碎四散的隨意分布。我同時會覺得自己既太沒人性但又太有人性，離那片恐怖太遠卻又太近。

沃荷雖然「堅決避免任何與死亡有關的事」，卻免不了對死亡有一種執迷。迪倫說，當沃荷疑病症發作，覺得自己的皮膚和內臟都一直遭受病菌侵襲時，他就會幻想躲進一個乾淨的身體裡，完全沒有這些過敏反應：「他害怕生病卻也同樣害怕藥物，所以會想像所謂健康的身體就是永遠都不會生病也不用吃藥，而且還認為健康的身體就是一副完全統一自足，純屬自身的肉體。」㉟

就是這份均衡自足的幻想為尖叫的上海小孩塗上了柔和的粉彩，替那幅景象裹上了一層商業外皮的諷刺味道。空蕩蕩的電椅象徵了強力激烈的電擊以及隨後永陷寧靜的死亡。人工色彩的漬洗刷掉了這種過與不及的雙重恐怖。許多藝評家都說這系列作帶有政治意涵，但沃荷在電台上與克雷斯・歐登伯格（Claes Oldenburg）和羅伊・里希騰斯坦（Roy Lichtenstein）對談時卻始終堅稱他這些畫作都只是「冷漠的一種表現」。㊱

過了十多年之後，沃荷在《安迪・沃荷的普普人生》中對繪畫大發妙論，而那些顏色的整平效果則為此更加添了一股詭祕曲折的氣息：「要知道，我覺得每一幅畫都應該同樣尺寸、同樣顏色，這樣就可以彼此互換，而且不會有人覺得自己拿到了比較好或比較差的畫。」㊲換個方式說，他對繪畫的理想是同時要消除畫作內容和觀眾的反應——什麼都不說，什麼都不引發，只有藝術家與觀眾之間完全純粹的不溝通。

中性、冷漠、放空——這就是沃荷在抵抗內心不斷紛擾，求取平衡的辦法。他的人生和作品始終都在尋求一種平靜柔和的狀態，但一方面卻不停受到痛苦與震驚的脅迫，而另一方面則是來自空寂與死亡的威嚇。他的性生活一直在長期禁慾和猛烈爆發而且往往貪求無厭的激情之間來回擺盪，就像他後來與「工廠」的「超級巨星」也一再重複著從如膠似漆到相敬如「冰」的關係一樣。

沃荷的人生和作品看起來也有點像是不斷重複排演著我們最基本的人生困境：我們希望愛人，也希望被愛。這是一份會令人興起需求、刺激、渴望和好奇的願望。如果愛能帶來滿足、關懷和保護，那也同樣永遠能使我們面臨冷漠、忽視與殘酷的風險。沃荷顯然覺得這雙重羈絆苦不堪言，才會在肉慾歡愛和禁慾冷感之間擺盪不休。

沃荷最傑出的作品就是他個性中那份後天養成的空虛，也是他對這股拉力的解決之道。他一九六三年到過好萊塢，後來在一九八〇年《普普主義》（*POPism*）這本六〇年代回憶錄中寫道他夢想著他的人生要像好萊塢那樣純然空洞：「空空洞洞的好萊塢，就是我最想要的人生樣貌。滿滿的塑膠。白上加白。」㊳

想要過白上加白的生活，就是要永遠消除情緒的波動，清除點綴生命的各種色彩。按照沃荷的好友兼傳記作家大衛．波登（David Bourdon）所述，沃荷一九六四年時最愛的電影是《機器人誕生》（*The Creation of the Humanoids*）；片中講的是在末日浩劫後人力短缺的世界裡，靠著創造人形機器人來補足勞動力。而電影的「美好結局」㊴就在於「男女主角發現原來他們自己也是機器人」。從人化成為機器就是安迪．沃荷想要追求的美好人生結局。格林尼的《過勞案例》裡那種「無欲無求」的麻木冷漠在沃荷身上反而愈來愈成了他的靈感來源。

但是要維持這種無欲無求的狀態對沃荷來說實在太難，就連修佛的鴨長明也發現自己深深執著在不執著這個願念上。沃荷一直想讓自己變得像機器人那樣中性冷淡，到頭來卻只發現自己的人欲異樣迸發，落得個徒勞無功。

沃荷的外顯人格就是想將「無欲之欲」化為自身本質的一種嘗試。因此冷漠就鑽進了他的目光、他的聲音、他的習性——成了他每天的模樣。弔詭的是，這人格卻也得靠他身邊各種過度的創意、情感、藥物、性愛刺激來滋養。一大群藝術家、變裝人、追星族和超級巨星在一九六〇年代都住在「工廠」裡頭，而待在這不停冒著沸騰的愛恨糾葛、嫉妒渴望的一大鍋釜中央的，卻是那個無動於衷的機器人。

※

安迪・沃荷一九四〇年代中葉在匹茲堡卡內基理工學院（Carnegie Institute of Technology）學商業藝術，那裡的老師派瑞・戴維斯（Perry Davis）說青春期的安迪給人一種「十足無性生活的印象」。㊵終其一生，他身邊的親朋好友都說過這樣的話。他的藝術家朋友露絲・克里曼（Ruth Kligman）說她記得沃荷曾經警告過她：「性佔去了太多時間。」㊶而「工廠」裡另一位舉足輕重的共同創辦人傑拉德・瑪蘭加（Gerard Malanga）也說：「他幾乎完全沒有性生活可言。」㊷沃荷的文章更加強了這種他對性事避之唯恐不及的印象。他在《安迪・沃荷的普普人生》

寫道：「在螢幕上與書頁間的性愛怎麼樣都比床上的刺激多了。」㊸一將性事外化出來，變成悅目的藝術品而非感覺享受的樂事，那就變美了。性愛只屬於螢幕或書頁，這樣才能夠普遍化，而且散布給觀眾和讀者。性愛一變成「私事」，那就只是浪費時間；沃荷寫道：「專屬於個人的愛和性都糟透了。」㊹愛一變成個人的事，就玷污了無名機器那種白上加白的理想。

這份看似對性愛的抗拒顯然並沒排除對他人性生活的無盡好奇——反而還增強了這份好奇心。瑪蘭加說，擁抱獨身主義「讓他能恣意操弄自己找來的那些豔麗出眾的俊男美女於股掌之上。」㊺

沃荷雖然退出了性愛的交易場，卻一手掌握了自己和其他人的情愛生活。「你可以忠於某個地點或某個東西，就像你忠於某個人一樣。」㊻他在《普普人生》裡這麼說。保持距離和物化因此不再僅是代表拒絕而已，反而成了一種連結的形式。

沃荷的物化傾向從他成年初期就相當明顯。科技產品——電話、錄音機、電視螢幕、照相機，還有筆和筆刷——提供了透過媒介而親近的方式，即使是在最親密的關係裡，也維持著一段冷酷的距離。大約在一九五一年左右，他獨自住在曼哈頓那時起，就養成了一輩子重度依賴電話的習慣。喬治・克勞勃（George Klauber）是沃荷在卡內基理工學院時的朋友，他也搬到了紐約，而且還帶沃荷進入了紐約的地下同志文化圈；他還記得沃荷有一次半夜兩點從自己床上打給他，要克勞勃把自己和新情人怎麼共度良宵給一五一十地說個清楚。

波克利斯說得好：「安迪害怕獨自入睡，卻又沒辦法跟任何人共枕同眠。」㊼抱著硬殼電話而非柔軟情人上床顯然是對症下藥。電話還只是性愛替代品的第一步——沃荷的窺淫癖形塑了他的性生活和藝術創作，他的性趣不是因情人撩動，是因別人的性生活而勃發。

照沃荷在《普普人生》中的說法，從一九五〇年代末起，電視就開始取代了親密關係。但是直到一九六四年沃荷買了錄音機（他稱之為「我老婆」）之後，他才真正宣告拋棄一切感情生活。「買到錄音機之後，就真的結束了我可能會有的感情生活，但是我也樂見如此。再也不會有什麼麻煩了，因為麻煩的意思其實就是好錄音帶，一旦麻煩本身變成了好錄音帶，那就不再是麻煩了。」⑱「麻煩」是屬於個別個人的；一將麻煩外化、重製，就成了非個人的事物，是能不帶情感來檢視的東西，而不是待人感受的體驗。

沃荷與他的錄音機之間的「婚姻」所產下最耀眼的成果就是他的「小說」《a》，這是在「工廠」裡來來去去的演員之間，連續好幾個小時漫無止盡而且常常不知所云的對話記錄，靠沃荷的「老婆」錄下來後轉抄成書。我們習於認為親密與冷漠這兩者彼此對反，但是讀過《a》就會覺得並非如此；能夠竊聽對話者之間不講形式、沒有目的的私人對話實在是太過詭異了。多到炸的細節、缺乏頭緒或敘述形式，還有對原汁原味、不加一丁點兒組織安排的堅持，這全都令讀者困惑不已、難以消受。因為這本書的「作者」是一個無生命的科技產品，那一大堆的字串話語教人摸不著頭腦；我們在這本書裡閱聽了不少東西，但幾乎沒有什麼能夠讓人理解和記住的。

沃荷的下一個記錄器材是一架寶萊克斯（Bolex）攝影機，而他對這機器也有同樣反應；他會把攝影機放在睡覺的人身前，或是一幢大樓前方，甚至是一個正在口交的男體上身（這是我們推測的）前面，屢屢讓人更在意「觀看」這個行為本身，而不去細想觀看的內容。隨便挑其中任何一支影片看個十幾分鐘之後，那份無聊的感覺就會將我從螢幕上的影像推到我腦袋裡那一堆接連不斷的聯想裡頭。正因沒什麼內容可看，使得我的注意力移轉到了「觀看」這件事上頭。

「把一切都攤平在同一個層次上看，」㊾這是沃荷在《普普人生》中的建議，而他大多數的藝術創作也隱約都強迫我們必須採取這種立場觀看。這讓我們能夠窺見一個將我們內心生活與外在世界的內容擺在同一平面，平等看待一切的世界會是什麼模樣。

但是說要待在這樣一個世界可就完全是另一回事了。在他人生各個時刻中，慾望、暴怒、痛苦時不時總會從他那份故作中性的外貌下穿透出來，玷染了那份努力維持白上加白的表面。

雖然沃荷努力打造出自己超越性別的神話，但是與其說他那份無欲無求是剝除了肉體和情感上的感性所致，倒不如說其實是在這方面過於敏感的症狀。他在年輕時打入了一九五〇年代紐約同志圈的雜交大會，但他寧可畫下見到的眾多陰莖也不想觸摸；他很快就開始為朋友羅伯特·弗雷謝（Robert Fleisher）、泰德·凱瑞（Ted Carey）與眾多情人畫像，這時他大概只想透過鉛筆來紓解他的情慾。要是刺激的單純力量擊垮了他那玻璃般的美感距離，他就會叫面前那對情人穿上四角褲。「如果動作太過激情，」為他作傳的韋恩．柯斯騰邦（Wayne Koestenbaum）寫道：「他會當場尖叫出來：『我受不了啦！』」[50]

這尖叫恰恰處在歡愉和創傷的邊緣。他那中性的外殼被毫不受控的慾望刺穿了——我們也突然能聽見原本悶在粉嫩小天使外表下那個受傷小孩的尖叫聲了。

這刺穿破口就是沃荷情慾與創作夥伴關係中不斷重複出現的模式，是他各種強烈身體缺陷中最明顯的表現。他靠知名的假髮和眼影妝扮讓大眾目光不去注意他臉上的陳年痘斑，因為他自己覺得那已經無可救藥了。他對性事養成的那份冷淡無感其實也是因為他私下深信自己樣貌醜陋，不惹人愛。

一九五〇年代的沃荷有好幾次都迷戀上一些年輕貌美又難以親近的男生，終於使他在一九五六年忍痛去動手術，除掉鼻頭上的一塊紅斑，可是手術結果反而讓他覺得自己看起來更醜了。他既覺得自己斷難比得上周遭這些理想中的俊美男子，而且好幾次曖昧發展到後來都以痛苦的拒絕作結，最終不免變得性格陰鷙，滿腹怨懟。

沃荷在長期獨居期間大力讚頌禁慾是種美德，卻又間或迸出狂熱非凡的性愛活動。但是一談到戀愛，他似乎總是無可避免地過度殷勤，因而每每遭拒。一九五四年，他不可自拔地愛上英俊的名流查爾斯．黎森比（Charles Lisanby）。沃荷由於進入了黎森比身邊充斥著電影明星和社交美人的迷人圈子，便開始揮金如土（愛情和不安全感特別容易讓他變成這樣），頻頻送大禮給心上人。

黎森比給了沃荷想要的陪伴，卻沒給沃荷渴望的性愛。一九五六年，這樣的僵持終究在黎森比陪著沃荷前往遠東旅行途中徹底破局。沃荷在飯店房間裡聽見黎森比敲門，前去開門時卻發現黎森比身旁站著個年輕美男子，沃荷當場憤怒狂吼。這是黎森比第一次也是最後一次看到沃荷發脾氣；在接下來的整趟旅行裡，一路平靜無波。

波克利斯認為，沃荷二十年後在《普普人生》大概將這趟旅行當作促成他對人生起伏波瀾不驚的關鍵轉折，用沃荷最愛的名言來說就是：「沒差（So what）。」如果從沃荷整個人生的脈絡來看，這句話可就不帶一絲歡樂氣氛，徒留不具人性的淒冷淡漠。

隨著沃荷愈來愈有名、有錢、有影響力，再加上「工廠」這社群不斷迸發出天馬行空的創造力，這群人之間似乎便不免一再重複上演惱人的糾葛戲碼。每有新人加入「工廠」——不管是來談情說愛的、追星的，還是力圖出頭的藝術家——旋即就會成為這團體的核心。每個人都會歷經同樣的事：簇擁來得又快又猛，但拆夥反目也同樣只在眨眼之間，最後不是遭人棄若敝屣，就是發瘋，甚至死亡。

從瑪蘭加的提示來看，名聲與金錢在沃荷眼裡不如權力重要：「安迪和希特勒一樣，創造出一種身邊眾人都對他唯命是從的幻象。」㊿這個類比除了太不給面子之外，也可能太過誇大，不過有時候過分誇張反而比精確描述更能傳達出畫面來。

沃荷有許多佳詞妙語都表達出同樣的衝動，想將活生生的人生苦難轉化成冷酷美感的對象。我們實在很難不將他的那些戀情看成在這種轉化過程中的練習嘗試。

沃荷工作室的設計師，也就是後來成為沃荷左右手的比利．林尼奇（Billy Linich，後以比利．念姆〔Billy Name〕一名為人所知）有個舞者友人弗雷迪．赫寇（Freddie Herko）。赫寇在一九六四年進入了「工廠」，也在沃荷的好幾部片中出現，更一頭栽入工廠裡嗑藥狂歡與勾心鬥角的瘋狂競賽裡頭。

赫寇跟眾人說要來個「自殺式演出」說了好幾個星期後，一九六四年十月二十七日，他在一名朋友位於格林威治村的公寓裡，一邊放了莫札特的加冕彌撒曲當背景音樂，一邊嗑迷幻藥嗑到興奮過頭，整個人光溜溜地從五樓往窗外跳了下去，命喪當場。聽到這消息時，沃荷問道：「他為什麼沒跟我說他要這麼做？為什麼他不跟我說？要是有說，我們就還能到那裡去錄下來啊！」[52]

對討厭他的人來說，這幾句話完全印證沃荷的冷血無情到了令人髮指的地步。沃荷的畢生好友變裝皇后昂丁（Ondine）則是將這起自殺事件詮釋成一場謎樣創意合作的成果。沃荷促成而且實現了赫寇私底下最深層的心願：「所以赫寇真的是死得其所。」[53]

這兩種說法都指出了沃荷這舉動的同一面：要將血淋淋的人類苦難變成令人驚豔的藝術創作——將傷痛的哭喊轉化成平淡的「沒差」。沃荷用他驚人的想像力將平淡無奇的冷漠囈語變成將生命轉化為藝術的大膽原則。七十年前，王爾德也提倡過同樣的轉化，說要從醜陋中昇華出美麗來。沃荷才不管那些高遠的目標，而是直接著手反轉了王爾德的美感理念。

「工廠」的虛無主義式混亂源源不絕地提供了血淋淋的自我毀滅素材。其中最慘的當數在沃荷最重要的幾部片（包括《廚房》、《美人二號》、《獄中女孩》）中擔綱主角，堪稱「工廠」超級巨星的中性美人愛荻・賽吉威克（Edie Sedgwick）。賽吉威克在一九六五年初進入「工廠」，不只有厭食症、藥物依賴的病史，也接受過許多次心理分析治療。她出身麻薩諸塞州的世家大族，但家人之間的關係比八點檔本土劇還狗血；她的兩名哥哥才剛自殺身亡不久，她就遇見了沃荷。

簡單地說，她在「工廠」的兩年裡，總是在極受矚目和遭人視而不見間來回擺盪。沃荷在教導她怎麼在鏡頭前表演，在公眾面前拋頭露面的過程中，創造出了一套今日社群媒體網紅走紅的方式，將「變得像她一樣」、「看起來和她一樣」的夢想賣給她大批大批的追隨者。

沃荷顯然是在賽吉威克身上那份對愛與關注的渴望，以及藉由虛張聲勢來掩飾自己脆弱內心的模樣裡看見了自己。如果說這份認同一開始是以關愛保護的樣貌出現，那麼賽吉威克似乎最終也招來了沃荷對他自己的那份輕蔑。這份波克利斯所謂「對城裡每個俏女孩的嫉妒」[54]終究在沃荷的帶領下無法自拔地淪為藥物濫用。

這沉淪的過程靠沃荷的鏡頭記錄了下來，結果讓賽吉威克更感到被狠狠公開羞辱，加上沃荷一直都沒能付給她演出的酬勞，情況更是雪上加霜。她約沃荷到俄羅斯茶餐廳（Russian Tea Room）見面，而且有備而來，單刀直入地告訴他：「紐約的每個人都在笑我！……這些電影全都在把我當傻子耍！誰都看得出我在那些片子裡什麼也沒做，結果你全錄了下來，是要說我有什麼才能？你想想看我會有什麼感覺啊！」[55]

賽吉威克在逐漸離開「工廠」四年後，死於酒精與巴比妥類藥物過量。回頭來看，她的悲慘下場其實是因她的自我價值低到無可救藥所致。「什麼也沒做」曾經是她創意表現的獨特基礎，到頭來卻成了壓死她的奇恥大辱。

和沃荷合作過多部電影的作家羅伯特·海德（Robert Heide）說，他和沃荷在一九六五年某一晚走過格林威治村街頭，那時他們剛跟賽吉威克最後一次道別。走到柯尼利亞街（Cornelia Street）時，海德指了赫寇跳樓的窗口給沃荷看。沃荷抬頭一看，說：「我想愛荻大概會自殺。我希望她能先跟我說一聲，好讓我去拍。」[56]

沃荷靠著平板地觀察，記錄了赫寇、賽吉威克和後來的其他人（丹尼·威廉斯、安德烈·費爾德曼、讓—米榭·巴思齊亞），要報復「感受」這件事，要報復不斷衝擊他身心之間堅固疆界的情感與性慾洪流。他只對幾個人放鬆提防，讓他們進入他的家、進入他的心。

一九六八年，他們才剛遷進在聯合廣場西翼的新「工廠」大樓，一個從西聯匯款帶著電報的羞赧小帥哥就上門了，收下電報的是保羅·莫里西（Paul Morrissey），他是沃荷的經理，也是他後期電影的合夥人。

傑德·強森（Jed Johnson）才剛和孿生哥哥從明尼蘇達老家搬到紐約來，而且馬上就遭人搶劫，身上一文不剩。他到西聯匯款打電報回家告知這個壞消息時，西聯的分局經理覺得這年輕人可憐，給了他一份遞送電報的工作，讓他們在得到家人資助前能夠勉強度日。這份好心也感染了莫里西，所以他叫傑德留在「工廠」當清掃工。

十九歲的傑德．強森後來很快就成為了沃荷團隊優雅得體的門面。但是過了一陣子沃荷才醉心於他，指派他在「工廠」新團隊裡擔任編輯，兼任他電影的藝術總監。

強森在聯合廣場那裡到任不到一年，沃荷就遭到薇樂莉．索拉納斯（Valerie Solanas）槍擊，差點送命，這使得新來的強森不僅成了沃荷的照護者，更成了他的情人。這下再也不是「沒差」了。

沃荷身邊的人對他們這段關係的印象是不尋常的溫柔而且敬重。「不知怎地，」瑪蘭加對波克利斯說：「我覺得安迪可能在傑德身上發現自己真的可以愛人了。」[57]強森和沃荷在一起長達十二年。他最重要的角色就是買下並設計裝潢紐約上東區的房子，沃荷為了這房子還買下了大量的奢華古董收藏。

他們的分手漫長而痛苦，起因是沃荷一九七七年的最後一部電影《壞》（*Bad*），這部講述女子幫派故事的電影票房奇差無比。強森受此打擊後，便將重心放到了自己室內設計的工作上，這份獨立使得沃荷心生怨懟，兩人關係也漸趨緊張。

但是強森一直到一九八〇年末才搬出兩人共有的房子。沃荷對此照樣一副無所謂的樣子，在受驚的親友前痛貶強森「只是個在工廠裡做事的小鬼」。[58]但是這次想要撐著面無表情可就難多了。他開始和一個英國貴族流連忘返於各家 S&M 酒吧，據他的朋友所說：「那種地方的人拉屎拉尿來讓你開心。」沃荷整天痛飲狂醉，床邊參差不齊地擺著伏特加酒瓶。他開始對朋友哭訴害怕自己會孤獨而死。

沃荷最後終究恢復清醒和那份平靜的外表，但是這次事件實在像極了遭到拋棄的恐懼，像極了令他想要變成機器人的那股原動力。

不知老天是否故意開玩笑，沃荷這麼一個不停認為自己的身體既脆弱又危險的人竟會死在跟蹤者的槍下，而且這名跟蹤者其實只是想要幫他打破身心之間的疆界才開槍？薇樂莉．索拉納斯在一九六八年六月三日打進沃荷胸口的那顆子彈算是摧毀了他最後殘存的信任——包括信任其他人類和信賴自己身體，畢竟這副軀體現在有如風中殘燭，只能靠著外部機器勉強保住。「原本就已經深感身體殘缺不全的他，」柯斯騰邦說道：「在那次謀殺事件後，變得更亟於拋棄現在這副已經布滿傷疤的肉體——他這輩子都必須靠著緊縛的皮帶束具將殘破的皮肉固定住，布里吉．柏林（Brigid Berlin）替他將那些束縛具染上了繽紛的粉彩，就像他那些絲印網版一樣。」㊾

在沃荷眼裡看來，遭到槍擊這整件事的經驗——尤其是最恐怖痛苦的那些部分——基本上完完全全就「像電視一樣」：「你什麼也感覺不到。」這套哲理就和想像一個所有繪畫都要同樣尺寸、同樣顏色的美學烏托邦的想法如出一轍，要我們將所有的關係都攤在淡定漠然的「同一平面」上看：「很淡、很酷、很隨意，很美國。」在沃荷的烏托邦裡，因慾望、痛苦、挫折，甚至就連因愉悅而激起的波瀾起伏，全都得在涅槃寂靜之名下屈服平息。

他在「工廠」初期那些年裡刻意培養出來的那種平淡無味的語調和動作，就明顯表達了這種慣性無力的理念。但是我們隨即可以發現其中的矛盾：沃荷一輩子都在努力不去做、不去感覺、不去成為某種東西，而這件事本身也恰恰表達出他旺盛的創造力。

《普普人生》的〈工作〉那章裡談了工作與生活的界線如何消融：「活著就是要做許多不是你老想著要做的事。人一生下來就被綁架，然後轉賣成了奴隸。人每分每秒都在工作。這機制永遠都在運轉，就連你睡著的時候也不會停下。」⑥我們只要活著就賣給了工作，是個沒有特定工時的勞碌奴工，只能聽憑我們時而平靜、時而起伏不穩的情感輸入輸出而為。這機制永遠都在運轉。

那麼，說不定安迪會早早就到「工廠」勤奮不懈地工作，其實是因為就算他停止不做，也還是困在活著這份工作之中。所以他的作品和人生都是為了「了無生趣」這一個奇怪的理想而奮鬥。評論家喀爾文．湯金斯（Calvin Tomkins）就說：「沃荷的工廠所傳達出的負面訊息其實是一種死亡提醒。」㉑沃荷的電影裡，攝影機會吊得遠遠的，警戒地看著彼端的對象，以求達到一種徹底寧靜停滯的境界。

一九六三年七月，正在「死亡與災難」系列創作期間，沃荷買了架寶萊克斯八毫米攝影機，拍了他第一部電影；他對他的情人約翰．吉歐諾（John Giorno）說自己可以拍他睡覺的樣子，將他拱成電影明星。《睡覺》（*Sleep*）這部長達四個鐘頭的片子裡，就只有裸著身子睡覺的吉歐諾，鏡頭則是從各個角度忽遠忽近地拍攝他身體大大小小各個部位：頭、軀幹、臀部、從床尾、床側或床的正上方拍他全身。

柯騰斯邦說，在看《睡覺》這部片時，我們很難不聯想到安德烈．沃荷拉的遺體，也就是安迪二十一年前逃開的那副屍體。「到頭來，」他如此寫道：「安迪還是為父親守靈了：《睡覺》就是他的守靈。」62小安迪不敢看的那副動也不動的年輕男體如今已化成了戀人的身軀，令他再也無法移開目光。

看一個人睡覺和瞪著一具屍體差別不大，卻也截然不同。睡著的人會長時間地一動也不動，縮成一團，完全脫離外界，一點也不管清醒生活中的種種念頭和慾望。這不免令人在某個時候想到死亡；從床腳拍攝吉歐諾的背部時，他的頭和軀幹就像鉛塊一樣毫無動靜，難免讓人聯想到尚未蓋棺的靈柩，或是等著接受電擊賦生的科學怪人。

不過吉歐諾當然沒死。他的臉會動，他會轉到一側去，他的身體會隨著呼吸起伏。他會讓人聯想到死亡只是因為我們看到的他處在一個最基本的生命狀態，處在一個我們人人遲早輪到的終極靜止和隨時可能醒來活蹦亂跳的曖昧邊界。

沃荷在《睡覺》中的鏡頭與他在「死亡與災難」系列中那種無名旁觀，或數年後在帝國大廈前方那種僵直固定的凝視角度大相逕庭。這部片的鏡頭不斷變換視角、拉近拉遠，好奇地窺視著它毫無知覺的對象。其中穿插了幾個畫面是從吉歐諾的身上拍向非人的事物，只看得見背景質料與陰影的抽象組合。但是當鏡頭一拉遠，露出原來螢幕下方那條延伸的彎曲線條是他堅挺臀部間的股溝，之前那個看似抽象的客觀畫面旋即顯現出窺看者的詭異偏執。

《睡覺》將美感創作連同性慾都連繫到了睡眠狀態，也就是我們半懸在活著和不算活著之間的那個狀態。「窺伺毫無動靜的對象，」柯騰斯堡如此評論：「是一種非常特別的性癖。」[63]沃荷整晚熬夜工作，犧牲睡眠，只為了捕捉他情人睡覺的模樣。他的努力和創意全都投注在一個毫無產出的狀態上。相對於在他之前的超現實主義運動者而言，更令沃荷感興趣的是睡覺而非夢境——不是心靈在夜裡的作工（弗洛依德說：「夢只告訴我們做夢的人並**不是**在睡覺。」[64]）而是心靈無所事事，怠惰無力的那一面。沃荷他充沛的創意和性慾精力全都奉獻給了睡覺，以及在清醒時的類似狀態：冷淡、放空、無動於衷。

「機器會有的問題比較少，」沃荷在一九六三年接受《時代》雜誌訪問時說了這句名言：「我想變成一部機器，你不想嗎？」[65]

然後，一九六六年他又告訴《觀察》雜誌：「我從沒有為哪一幅畫感動過。我不想要思考。如果我們全都變成機器，外在這世界會容易生活得多。反正到頭來什麼都沒了。誰做了什麼根本就不重要。反正我的作品也不會留下來。我都用便宜的顏料。」

「將人當作機器」這個貫串沃荷人生與作品的主要動力實在太深邃難測了。它表達出一份心願，想要根除伴隨了苦樂愛恨喜懼和種種衍生「問題」的人生。要是當一部機器的話，自我就能夠甩開這種人生的控制，脫離受慾望和隨慾望而生的挫折永久奴役的命運。但是這種解決情感創傷的辦法會帶來相反的另一種創傷，也就是雖生猶死。

沃荷死了雖然將近三十年，但他對我來說仍像是主導這個時代的精神一樣，因為他直揭了活與非活之間的矛盾，也就是我們的心靈與文化境況。從他的人生和作品中，我們可以直接探入消費文化那份光鮮亮麗、熱鬧歡樂的核心。但是我們一進到那裡頭就會馬上被吸進無力與冷漠之中，彷彿在消費主義的正向邏輯正中央的，其實就是對人生的巨大否定，教人無從抗拒。

對沃荷來說，美國文化的優越處就在於將大量生產與消費極端平等化的效果。東西不是按我們的慾望需求而大量激增，反而恰恰抵銷了慾望本身。沃荷自己就說，他那一系列影像都指向了一個理想的未來，屆時所有的繪畫都會是同一種尺寸、同一種形狀、同一種顏色。用他《普普人生》裡的話說：「要是你得做出決定、做出選擇，那就錯了。」㊻

所以他一直抱著攤平這個世界的堅定目標在創作、書寫、訴說，揭穿這世界表面下的相同之處，也就是一片虛無：「什麼都是空的，」㊼他說了不止一次。波克利斯說：「從做愛到創作藝術，他都不斷強調：『最令人興奮的就是不去做。』」在我們這個迪士尼般的歡樂世界裡，每個人都各自不同、各有特色，但顯露出來的卻是一切人事物統統都一模一樣，就像沃荷的電視節目名稱一樣：「無奇不怪」（Nothing Special）。

這個標題讓他變成了消費主義時代的叔本華。在叔本華這位德國哲學先驅看來，存在只是在「不存在」這個根本上浮動飄忽的一個光點——是向死亡賒欠的貸款，睡眠則是每日該付的利息。沃荷那些亮麗的圖像其實是一尊特洛伊木馬，暗藏著冷漠無感的病毒。在我們這資訊川流不息的時代裡，虐待和種族屠殺必須和明星跑去拉皮的八卦消息爭逐我們的注意力，將創傷裹在輕柔溫和的外表底下才是文化常態，那又有誰敢說自己能不受這種病毒侵襲呢？

第 2 章

懶散的人

The Slob

隨便哪一天，我的身體和心靈都會在某個時候停止工作。

這情況通常發生在晚上，我躺在沙發上，盯著沒有畫面的電視螢幕，身邊滿是那一晚荒廢之後留下的垃圾。書本攤開反蓋、鞋子亂丟，放在我手邊的是兩支遙控器、一大碗花生米，還有半瓶啤酒。

渾身邋遢、一臉木然的我，只是這幅憂鬱圖像中又一個沒有生氣的東西，就像我身邊那些雜物一樣殘敗不堪。有個聲音一直在我腦海裡叨唸著：「快起來！打掃乾淨！」但是在我心中靜默的這一小塊空間裡，什麼行動、目標都談不上。地上那些東西發出了一股抵抗力，把那個叫我打掃的命令變成了噪音。如果我閉上眼睛，就會有一片黑暗掩蓋住我周遭的一切，然後吞噬這個房間，再來是這棟房子、這條街，最後則會淹沒這整個世界。書也好、鞋子也好，瓶子也罷，都再也不能擾亂我的安寧，永遠都不會有人叫我做這做那、去這去那了。要我從這份懶散中起身清掃，感覺就像是要直接違背宇宙定律一樣（甚至可說是種形上學上的根本駁斥）。

我們很少被自己所愛的人從深沉的睡眠中叫醒，卻很可能因此討厭他們。我們對他們動手動腳、破口大罵，這其中要表達的不是我們自己的個人心態，而是一種害怕寧靜祥和的幸福遭人破壞的普遍人性。被人叫醒，就是強迫我們回到這個激情、快樂與哀傷的世界，但我們毫無迎接這一切的準備。因此，不論是誰叫醒我們，在那當下，他就是代表這個需索無度的世界的化身。

四散在我身邊的這些雜物，其實就是這世界要求我花精力照看的無聲象徵。我完全不明白在事物和我之間的戰爭裡，事物永遠都會是贏家究竟是什麼道理。

可是當我一掃視這片混沌，我就了解它們確實贏了，我只能自己幻想眼不見為淨。隨著每分每秒過去，我的決心就愈加薄弱，退意就更加濃烈，而我對抗這世界的怒吼也只剩下在自己心中的跺腳啜泣：「我幹麼要？」最後，我還是屈服於現實的居家法則，只能起身打掃乾淨。

像這樣的場景，每天都會在全世界的客廳、辦公室、遊戲間裡重複上演。這種事就像其他生活常態一樣，平凡得讓人不會留心注意，只會用最瞧不起的話來說：懶散、馬虎、漫不經心。

我就跟大家一樣跪倒在這份鄙夷之下。我嘲笑自己內心的抗議只是心裡那個小孩子的無理取鬧。我很快就將自己和內心裡那個只想在那堆雜物間昏昏睡去的懶散自我切割開來。可是「我幹麼要？」這問題實在太沉重了，遠比我現在要不要撿起地上的東西這個兩難所觸及的更深、更廣。

十九世紀的德國哲學家叔本華是哲學史上赫赫有名的厭世者，他就極為認真地思考過這個問題。他對「習慣」這個現象仔細反省，認為在勤勉這層精巧的偽裝之下，其實不過就只是厭煩而已：「真正**習慣的力量**……其實是從**怠惰無力**而來，只是想要節省腦力與意志力，以及避免做出新選擇時偶爾會牽涉到的困難、危險與勞務，也因此才會讓我們今天也做出和昨天之前幾百次同樣的事來。」①

一般人會認為一個人將自己打理整齊是當個成人該盡的責任，不然就只是個懶惰放縱的小屁孩。但是叔本華卻指出這責任是避免「做出新選擇時偶爾會牽涉到的困難、危險與勞務」，所以聽話照做反而可能是比問自己幹麼要這麼做更懶惰、更小孩子氣的選項。

小屁孩跟青少年一樣都會挑戰家裡的規矩。叫小孩子收拾玩具，他可能會一把鼻涕一把眼淚地抗議說他不想收，要做**你**去做；叫青少年收拾衣服，她可能會直接回嗆省省吧，你怎麼那麼龜毛。這兩種回應都是打從根本就不屑我們井然有序的世界，笑我們想要清掃地板的願望就只是為了能走來走去，只是為了要把昨天和過去幾百次同樣的事重新再做一次。這有什麼意義？我幹麼要？

說不定我們之所以會笑小屁孩跟青少年，是因為這樣就可以不用費心認真考慮這些質疑。在我們在他們的憤怒裡只看得到他們還沒長大的部分，卻看不見我們自己未能保留住的東西。捍衛積極有意義的人生、生活目標與成熟長大的同時，我們卻也失去了同樣重要的另一股衝動，不再追求無作為和無目標了。

我們對這股衝動備感疏離，也就暗示著為什麼儘管懶散的人看起來溫和無害好相處，卻經常是我們害怕和討厭的對象。現代家庭生活中的難解僵局經常發生在青少年堆滿髒亂衣物的臥室裡頭。說不定我們真正害怕的，是一開門就撞見我們討厭而且自己早就拋棄的那一面自我。「懶散的人」（slob）這個詞的字源頗發人深省：這個詞得追溯到十八世紀末，源自愛爾蘭的

slab一字而來，原意是泥巴，在英格蘭與愛爾蘭的講法裡則是指爛泥、污泥。

弗洛依德經常反覆猜想，在人類這物種的演化過程中，我們的頭部原本是在肛門與性器附近。演化使得頭與這兩個器官愈離愈遠，鼓勵我們拋棄自己的動物根源，拒絕再像狗對排泄物和性交的熱中一樣不以為恥。我們昂首直立，讓頭部能遠離散發出噁心和誘惑氣味的肉體自我。若困在地面，我們就只是混沌雜亂的奴隸；但一拔身而起，我們就有了尊嚴以及關於形式的秩序與規律。

懶散的人之所以令人苦惱，是因為他們逼我們回頭接觸自己早已超脫的那種沒有定形、爛泥一般的自己。如果你整個人癱軟在沙發上，任地心引力將你不停往下拉，就能感覺得到；如果你一心只想放空發呆，內心不斷哼著無腦的廣告歌曲，就能感覺得到。如果你自己陷在這麼個癡呆、無力、沒用的層次，就像那碗花生米一樣，那還談什麼打掃收拾？

一九二九年，當法西斯主義和戰爭正在歐洲大陸上蠢蠢欲動時，思想家喬治·巴塔耶（Georges Bataille）在巴黎寫下了懷疑自然界存在任何美好秩序的著作。他說，人類長久以來都受到萬物皆向上生長的這道幻夢所驅使奴役：「人雖然雙腳踏在泥裡，但是他們的頭多少照得到光，因此人總是固執地想像遲早會有一股浪潮能永遠將自己抬升起來。」②

我們偷懶散漫的時候，會被人笑我們沒路用，笑我們的人性尊嚴只是矯情的幻想。懶散的人讓我們了解到自己不是矗然直立的大樹，而是巴塔耶筆下那種「隨日照方向而起，又隨地面方向崩塌」③的植物。

我們一旦怠惰下來，原本繫縛支撐著世界的形構就彷彿整個散架崩潰，露出了底下那一整片虛無。我們因而會觸及那個既沒形狀，也無架構，巴塔耶稱之為「無形式」的宇宙。巴塔耶痛陳我們過於執著在有序宇宙這個概念上，他認為那只不過是我們對自身理想的對外投射罷了。儘管我們可能表面上對這些想法嗤之以鼻，但是這些念頭倒是出奇地盤據糾結在我們的內心之中。人若有任何志向、興趣或深愛（無論有無回報），那麼實在很難想見他會一點也不相信這個人生、這個世界在根本上的確有其目的、有其意義。

我既然擁有這一切，大概很難稱得上是這種無形式人生最稱職的代言人。大家很容易誤會，但至少我自己知道，我不是一個努力工作、誠實納稅、生活整潔的老實人。雖然我是有志向、興趣和愛情，但我可以說對怠惰懶散和漫無目標再熟悉不過了。

我清楚意識到自己對懶散的熟稔可以追溯到我們全家臨時搬到耶路撒冷那年，當時我才剛滿四歲。大家都知道小孩子很容易就學會新語言，所以在這個年紀其實是挺適合搬到國外去的。大人把我送到幼稚園去，覺得我應該很快就能講得一口當地腔調。我先前學過的一長串希伯來頌歌與禱告也應該有些用處。

但是希伯來話對我來說其實是一種聲音，我不懂話裡頭的意思，唱唸起來的韻律就像是嚼泡泡糖一樣嗶嗶啵啵，每個字的字尾又有一大堆繁複韻律，字跟字之間就像用唱的一樣彼此相連。但是我根本沒想過到底這些話是在說些什麼。

在幼稚園那間狹小陰暗的屋子裡講的希伯來話，不像我學過的那些希伯來頌歌。那些字不像在猶太會堂裡漫無目標地飄在空中，而是直接對著某個人講的。大家覺得我應該聽得懂那些話，可以跟其他人溝通無礙，但我實在是一點準備也沒有。我在英國聽來輕鬆愉快的那些語音，在這裡突然就變得沉滯黏著起來了。

在那個幼稚園裡，有一位又瘦又皺，戴著一副厚重眼鏡，穿著黑流蘇亞麻長裙的班導師會坐在一張橢圓小凳子上，每天早上都熱切地跟我打招呼，用誇張到不行的笑容唸我的希伯來名字，但這股肯定的喜悅剎那間就被一串坑坑疤疤，搞不清楚在說什麼的喉音一掃而空：「哩—金—罵—應—該—愛—公—啥—咪—呀？公—跨—賣！」其他小朋友也七嘴八舌地加入戰局，他們的聲音堆成了一大朵雲，圍著我的腦袋嗡嗡作響：「泥呀啊啊啊啊啊啊啊！」（譯註：此兩處對話原文均為無意義的希伯來子音字串。）

這種困惑日復一日地逼得我每天愈來愈無精打采，直到有一天，我總算試著用自己的方式講話，希望能撥開這團惱人的雲霧。結果，我的聲音反而在這片混亂之中整個消失不見了。

接著發生什麼事就有點模糊了。我依稀記得我看到班導師蹲了下來，那張臉就貼在我面前，一邊摩挲著我的手，一邊和藹地安撫我，完全沒發現她那些想要我平息怒火的話反而是在火上加油。不過聽我家人說，在場的其他人都說我當時哭了起來，揮舞著小拳頭想要打在老師身上。

然而，接下來這個場景倒是確定到令人不安。我獨自坐在沙坑裡，在我前面的是有樹蔭遮蔽的街道，幼稚園那間長長的平房就在我的身後，小朋友玩鬧的聲響這時成了襯托我這份屈辱的背景音樂。我身體一垮，癱坐下來，覺得自己就像個沒人要的破爛娃娃一樣。我拾起一把沙子，讓沙粒從我指縫中流瀉而下。我沒哭，什麼也感覺不到，我就是個失敗的象徵。

我那整年幾乎都待在沙坑裡。回到家裡，我會坐在餐桌旁，板著一張臉聽我哥哥跟他以色列同學之間興高采烈地閒聊。他怎麼能那麼輕鬆就融入這世界啊？怎麼每個人都搞得懂每個字、每個聲調、每條規則啊？他們是趁我不知道的時候偷學這些東西嗎？我覺得自己很笨，而且還不是普通的笨；雖然我又瘦又小，卻好像被綁在一頭笨重懶散的變形怪身上一樣地拖進了這世界。「我幹麼要？」搞不好就是我的人生註解了。

回到倫敦後，我的語言能力又回來了，這讓我鬆了口氣，可是卻一點也沒讓我覺得自己不那麼笨。小學的課程反而還使這狀況變本加厲。我在同學跟老師眼裡就是個笨頭笨腦的笑話，我的傻氣總是給教室帶來一片歡笑。一年級的老師看了我的作業本後，叫我回到座位上，我往回走在課桌椅之間時，聽見身後幽幽傳來一句低吟：「真夠笨的！」我二年級的老師——這件事實在太過離奇，讓我有點搞不清楚是不是真的有過這麼一回事——上課時叫我起來回答問題，我回她我不知道，結果她居然噘起嘴來，用那時候小孩子模仿「白痴」的那種平板、無力的大舌頭語調學我的話說：「偶不豬道～」

我這個活寶角色大概當了五年，直到有位數學老師扯著假嗓要我「專心！」，往我腳脛骨上狠踢一腳，用非正規教育實驗法確確實實地修理我：看看能不能靠不知什麼時候會降臨的暴力來有效地學會怎麼均分一條線段！

我一吃痛，心裡馬上就浮出一個問題：為什麼是我？我一開始還會啜泣自憐，後來卻真的開始覺得好奇。我到底是怎麼回事，怎麼這麼久以來都會時不時惹得其他大人暴怒發飆？「我招誰惹誰了？」我想要抗議。「我什麼事都不幹了！」

〈錄事巴托比〉的敘事者在這個問題上可又幫了大忙。那名律師自豪能夠駕馭他那些脾氣差又無能的僱員。但是在巴托比那張沉默木然的臉前面，他那些協商技巧全都有如泥牛入海，無所用武。

我的數學老師就跟那名律師一樣，知道怎麼公開運用破壞性技巧——知道什麼時候要捧，什麼時候要打。可是要面對一個什麼事也不幹的學生，這挑戰就麻煩得多了。「沒有什麼事，」那名律師說得好：「能比消極反抗更惹惱認真的人了。」④積極的抵抗——不管是開玩笑、謾罵，或是起身挑戰——都能讓人聽得見、看得懂，有必要的話還能加以反制；但是消極的反抗就讓人什麼也聽不出來、看不明白了。消極的人不是要挑戰遊戲規則，而是根本就拒絕參與玩這一套。

對「認真的人」——也就是那些認為這個世界是必須要謹言慎行的嚴肅者——來說，「我什麼事也不幹」是最罪不可逭的挑釁。這句話暗指人生可以沒有任何明確目標或慾望，庸庸碌碌地過。大家對懶惰鬼或浪蕩子常有的咒罵其實也是拿來講幽魂鬼怪的那些話：根本就有形無體！

十八世紀的愛爾蘭哲學家喬治．巴克萊主教（George Barkeley）有一套「非物質主義」學說，他假定我們在這世上認為是真實確切的事物其實都只是在我們知覺之中的幻象而已。據說波斯威爾（Boswell）在問強森博士（Dr. Johnson）能不能駁斥這套說法時，強森博士用力踢開一塊石頭，說：「我這樣子就**駁斥**了！」⑤我猜我的數學老師心裡想的也是同一套辦法，急著想把現實感踢進我腦袋裡，確保我是真實存在在那裡，而非只是個有形無體的幽魂。

就像大家說的一樣，懶散的人就是欠人好好修理。

弗洛依德在他一九三〇年的《文明及其不滿》裡說，人類有兩種基本傾向：「想工作的執著」和「愛的能力」。⑥這兩者就是確保文明擴展、發展進步的動力。弗洛依德稱這種讓人得以工作和愛的能力為「欲力」（libido，拉丁文原意為願望或慾望），這個詞從此之後也成了指稱個人性驅力的流行術語。這種偏意用法確實抓到了弗洛依德用這個字的一大重點：在這一點上他和榮格（Jung）不一樣，榮格將欲力定義為一般的心靈生命力，但弗洛依德倒是確實認為欲力就是專指性能量。

不過，弗洛依德這個詞的用法並不僅限於肉體上對性交的慾望。欲力是一股性能量，但是人類有特殊的天賦，能夠將之「去性慾化」——也就是將這股能量導向非性交的目標，例如創作藝術、玩樂和理智探究。欲力是我們投注在任何事物、事業或關注對象上的強烈激情。照這樣講，欲力聽起來就像是生命的某種推動燃料，讓我們得以馳騁在這世間。

但是這樣就想得太簡單了。欲力雖然會促使我們擴展自己，融入「更大的統一體」，像是結合其他個人、家庭、種族，甚至最終可以推展到全人類，可是它同樣會扯我們後腿，為我們個人和群體的進展踩煞車。我們從戀愛中的情侶倆就可以看出弗洛依德觀察到的這個傾向。我們大概會想，這對情人會急著表達熱烈的愛意，生下孩子，繁衍人類後代；畢竟這就是其他動物通常的行為表現。但不論是誰，只要和一對剛陷入熱戀的情侶坐在沙發上，都可以見證到：「戀情發展到最高點時，他們根本就對外界不理不睬；戀人只要彼此就夠了。」⑦

換句話說，剛交往的情侶會對彼此感到十分滿足，懶得再去探索外在環境的新鮮事物。弗洛依德說戀人間的這種幸福滿足感是一種「固著」（fixation）形式——這說起來有點困窘，因為「固著」這個詞原本是他拿來談關於性變態的邏輯。對弗洛依德來說，變態表示個人頑固地待在原本的位置，而意亂情迷的愛侶和變態在這一點上倒也確實一模一樣。⑧

在我們這個看來性態度開放的時代脈絡下，說變態就是頑固不通好像有點奇怪。性虐待癖或戀物癖在今時今日都被當作是種大膽叛逆的傾向，表達出企圖跳脫一般性事限制的慾望。但弗洛依德卻認為這些癖好其實是一種變態傾向，只固著於性慾的某個元素或階段，而非性事的完整體驗——舉個例子，這種人可能會因愛人的某個身體部位（比方說，腳）而非整個身體而興奮，或是只會對某一種感覺（比方說，疼痛）而非許多感覺有所反應。

我們現在大概會避免對變態這個詞加上道德意涵，尤其是指雙方同意的行為時更是如此。但是弗洛依德用「固著」這種「不願以新換舊」的方式來看待變態⑨，倒是指出了我們可以不用將變態看成某種病態或邪佞之事，而是可以當作人類行為的寬廣光譜中的連續段落。弗洛依德觀察到，我們的慾望和激情很容易就會落入常軌，變得難以適應、倒退、抗拒變化與挑戰——也就是說，很容易成為變態。

事實上，我們一旦注意到這傾向有多普遍，馬上就會發現例子多得不勝枚舉：例如剛嘗過義大利麵或魚柳條滋味的小孩子，很難讓他們再試試其他食物；追星族會瘋狂注意偶像的一言一行，其他什麼都不管；遭人拋棄而失戀的人也會鎮日思念拋棄他們的那人，不肯「振作起來」。這些現象雖然各自不同，卻都同樣表現出對於改變移動的強烈抗拒。這都是弗洛依德所謂的「欲力惰性」（the inertia of the libido）⑩所致，也就是對我們所選擇的人事物的一種緊密依附，而且一旦面臨要放下這些對象的壓力就會感到焦慮怨憤。

我們太習於認為自己的感情是主動、有目標的，所以察覺不到感情其實會有多怠惰平和。我們總將欲力描繪成不斷迅速供給的燃料，順暢無礙地推進怒吼的引擎，而非在燃料管線裡頭膩滑沉積，結果卡住汽化器，使引擎熄火的黏滯物。我們著迷於欲力的動能，卻鮮少注意「欲力的遲滯」。

感情和慾望在我們心中早已與「做事」緊密結合，所以我們幾乎完全搞不懂怎麼會有人喜歡無所作為、慢吞吞，喜歡「我可不想」。將「遲滯」這概念放到欲力上頭，是打從根本挑戰了我們關於人生與自我的固有想法，直接衝擊我們這執著於安排行程、過度活動、持續分心的文化。我們只把自己看成有所行動與目的的生物，堅持將一切時間投入工作，事實上就是在對自己一個重要的基本面向宣戰，從我們自己身上剝奪英國心理分析師溫尼考特（D. W. Winnicott）所謂「在所有經驗中最單純的那一種，也就是關於存有（*being*）的體驗」。⑪

溫尼考特用「存有」這個簡單卻謎樣的字眼來描述尚未將自己與母親區分開來的嬰兒內心。就是在這個混沌紛雜的存有經驗之中，我們的自我感受才逐漸浮現出來。可是我們一把自己定位為（或者是誤以為）心理完整發展的自我，能夠有意識地思考與行動（用溫尼考特的話來說，就是定位為「做事」的生物），也就愈來愈難觸及這層原初的內心生活了。

正如美國心理分析師喬納森．李爾（Jonathan Lear）所說，弗洛依德想要將人的種種功能與目的都歸因於一切心靈活動，雖說這些解釋頗令人費解，但他似乎也隱隱接受了人是一種屬於「做事」的生物而非屬於「存有」的生物這種概念。弗洛依德堅稱，我們儘管會做出傷害或破壞自身利益的舉動，他這道理仍然顛撲不破——無論這種行為從表面上看來有多矛盾，我們內心裡總找得到解釋的動機。他會如此堅信在我們極端的心理與行為傾向背後仍有道理可循，其實就是一種關於心靈的「目的論」，相信我們的所作所為總有其目的，只是我們未必得而知之。

弗洛依德這想法忽略了一種可能，也就是李爾所說的：「有些心靈活動可能毫無目的就發生了。」⑫在我們內心裡，除了想要行動和滿足世俗志向的驅力之外，也許還有另一種雖然隱密卻同樣強烈的傾向，那就是抗拒行動和各種期盼，就只是讓自己照原本存有的樣子活著。認知到這個傾向不僅有深刻的心理意涵，也同樣帶著濃濃的政治意味。

我還是要再說一次，我跟這種對於行動的天生冷感實在是再熟悉不過了。我小時候就跟其他小孩一樣，聽大人教我們要努力工作、堅忍不拔、要有決心，我也跟很多小孩一樣，就只是因為摸魚、發呆、犯傻而受到責罰，不過，基本上將這些罪名安在我頭上倒也不為過，而且，我也實在沒什麼好辯解的。

摸魚偷懶，或者（曾有學校通知單這樣寫）「輕重緩急不分」，對我來說向來就不是有意忤逆或反抗的表現。我覺得這其實比較像是一種存有的實際狀態，所以不斷敦促我要早起、動作加快、做事要有條理，根本就像是叫一個吃了太多糖的小孩安靜下來一樣強人所難。

我跟巴托比一樣，從來沒有主動拒絕或甚至抗議「工作」這回事。但是我跟巴托比又不一樣，雖然也不想做事，但我還是去做了。我混水摸魚地混過了許多課堂、比賽和作業，那是因為沒有什麼其他事情好做。如果真的有什麼事情要做，我想大概就是計畫要怎麼樣避免做事吧。我不是試著消極面對，我是本來就消極。得過且過地完成指定工作是阻力最小的道路。我可以說是叔本華所謂用各種習慣來掩飾徹底怠惰的最佳實例。

正因如此，也沒有人能說我裝病逃避。我打從心底瞧不起那些裝病翹課的同學。翹課逃學的方式千百種，但那種刻意努力我不喜歡，那份狡猾詭詐我也學不來。

這就表示，我缺課的那幾天是因為我真的病了。我到現在都還記得那次得了腸胃型流感的印象，就像是被人用冰冷的手指戳著玩一樣。

但是生病第一天的那份地獄經歷，到了第二天就有了天堂般的補償，學校堅持要我在家休養觀察，一方面避免傳染，一方面讓我恢復基本的體力。那幾天得在家休養實在是太舒服了，不只是床很舒服，就連我的精神也十分愜意。我總算可以做我想做的卻又不會受罰：我什麼都可以不幹了。在生病後那段昏沉恍惚的日子，是我這輩子覺得最踏實的時候了。

在那段時日裡，沒有什麼衛星電視播放純潔無瑕的兒童節目，只有一堆低成本的肥皂劇，戲裡總有穿著緞面短衫，畫著藍色眼影的女士坐在餐桌旁拉長了臉發脾氣，還有關於家庭收支、園藝的教育節目，以及一九五〇年代那種用螢光塗料畫著傻子出糗和賽馬的滑稽喜劇。

這些沒營養的節目到底演些什麼無所謂，我既不是想要分心，也不是想追求刺激，我只想要純粹的無所作為。電視上那些空洞的聲音影像就是我這項任務的夥伴，沙發上蓬鬆的靠枕跟電暖爐傳來的溫熱也是。這是把生命化約到最基本的生理滿足，是從庸庸碌碌喧囂翻騰的俗世中遁離，不用再被人使來喚去。

我的隔離假轉瞬即逝，隨著讓這段日子苦樂參半的懷舊之情而去，等到明天看著黑板上爬滿的筆跡時，我還繾綣難捨那份懷舊之情。在我心滿意足的綠洲邊緣，現實正猶如猛虎般伺機而動。

我們如今都見證到了將人類在各種意義上都當作「做事」的存有者這種觀念有多麼風行。如果說我們心裡還有一絲對於永動不休的抗拒的話，那這絲反抗在政治上、商業上和文化上也會遭到消滅。「做事」這回事，既然我們現在理解為勞動和發揮功能，那它就成了這個時代的諭令，這一點從世界各地自由民主政府關於社會福利、教育、退休的種種政策制度中可見一斑。

偕同這股確保我們辛勤工作的政治驅力的，則是讓人不斷分心的文化。今日的孩子一出生，他的神經系統就不斷遭受各式電子器材所投射出的種種刺激所淹沒。這些器材往往也吞噬掉他父母與手足的注意力，讓他們即使身處此地，卻仍然神遊天外。

如今，已經沒有無所作為、靜滯不動，漫無目的白白度日的空間了。套句文化理論家強納森・柯拉瑞（Jonathan Crary）的話：「沒有什麼事物真正『關機』，也始終都沒有真正休息的狀態。」⑬無論任何一天的任何一刻，不管是任何一個人的任一人生階段，都必須有事做。任何發呆、閒置、沒有事做的時光都只會教人害怕和嫌惡。

我們這文化並未開啟鄙夷懶惰的先河。從聖經上對遊手好閒者的呵斥與警告，到我們手中小報上對經濟移民和濫用福利者的憤懣怒火來看，懶散怠惰向來就是各種惡兆與謾罵的源頭。在大眾的想像之中，好吃懶做的懶鬼就是我們的出氣筒，用來宣洩對那些佔了我們便宜，自己卻輕鬆度日的人的滿腹怨憤。

這份氣惱也並不專屬於政治右派。相較於資本主義者對生產的狂熱，列寧在痛批俄羅斯那些患了「奧博洛莫夫」（Oblomovschina）病症的奧博洛莫夫主義者（Obmolovist）時，可是一點也不遜色——這裡說的奧博洛莫夫，其實是引自伊凡．岡察洛夫（Ivan Goncharov）在一八五九年的經典小說《奧博洛莫夫》（*Oblomov*）中的同名主角。

小說一開始，奧博洛莫夫就處在一種不停感到內心焦躁的狀態，而且隨著日常的金錢支出、管理事務和社交拜訪與日俱增，最終，他縮回骯髒床單堆裡裹成一團，擋住他好友史托茲（Stolz）勸他振作起來擁抱人生的不停絮叨。但是敘事者暗示我們，史托茲的好說歹說始終都只是徒勞；奧博洛莫夫之所以臥倒在床，並不是出於必須或是貪圖享樂，而是「他的正常狀況」。⑭

原來，這其實是奧博洛莫夫小時候在家族的鄉間大宅恣意放縱養成的習慣。小說中接下來著名的夢境橋段其實更像是種柔焦後的回憶記述。奧博洛莫夫家是一個十分安穩舒適的庇護所，是無縫銜接了孩子的夢想和現實之處。但這座封建時代的大宅得靠僕役小心維護，才能不讓少爺小姐發現維持這份體面假象的各種卑微工作，所以成年後的奧博洛莫夫才會覺得「童話故事和現實人生在他心中早已混合為一」。⑮

在滿布蛛網塵埃的彼得斯堡公寓裡，奧博洛莫夫發現那個難相處的男僕扎克哈（Zakhar）老是在打掃他房間時「嘮叨不休」，煩得要死。扎克哈的碎嘴叨唸逼得他看見在奧博洛莫夫大宅裡那些僕人不讓他看到的東西，使他了解到自己平順如意的生活其實是靠他人上下打點才能維持：「奧博洛莫夫原本想讓自己的房間乾乾淨淨，但是他實在不免盼望這願望可以自動實現，不用聽那些碎唸。」⑯

我在這份想要將所有工作痕跡從世上抹去的兒時懷想裡，看見了自己在半夜沙發上的那樁幻想，希望只要我心念一動，房間就自動變乾淨了。這部小說似乎暗示：就人自身來說，會想要追求一個不用工作的恬靜生活。要是沒有父母師長教小孩子要背負起必須如何如何的責任，那這樣的童話故事搞不好還真的會「和現實人生混合為一」呢。

對我們大多數人而言，童年就是從這份幻夢之中或溫柔或粗暴地醒覺過來；但是對奧博洛莫夫來說，童年就是這場幻夢的實現。他的才能就在於他因為免受外在世界的侵擾那麼久，所以才不會把外在世界當一回事。這就是為什麼他會引起身邊眾人的嫉妒、粗暴和憤怒，就像每個懶惰的人所遭遇的一樣。我們都想告訴懶惰鬼，要是有辦法的話，我們也想要整天躺著，讓日常所需「自動」完成，可是我們遲早都得長大，得拋下這份願望，得認知到自己和這世界所環繞的中心有著一道深深的鴻溝。那你怎麼還長不大？

所以我們其實是在表面上瞧不起那些我們暗地裡欲求的東西。懶惰的人可能是我們嘲弄厭惡的對象，但是他們卻也是使我們感到羡慕嫉妒的源頭。成天醉醺醺的醉漢（例如特立馬喬、喬叟坎特伯里故事中的米勒、法斯塔夫）、成天發夢幻想的傻子（例如吉訶德、史奴比）、無可救藥的懶惰鬼（例如奧博洛莫夫、勒保斯基），還有徹頭徹尾的摸魚大王（例如狄德羅筆下的拉摩、荷馬．辛普森）都在在證明了懶人在西方文化史上屹立不搖的英雄地位。

這些人物均屬虛構並非巧合。我們想要在真實世界中除之而後快的懶人，到頭來反而以這種想像形式成了我們揮之不去的夢魘。像強森博士（Dr. Johnson）、拜倫勳爵（Lord Byron）、梭羅（H. D. Thoreau）、惠特曼（Walter Whitman）、卻斯特登（G. K. Chesterton）、羅素（Bertrand Russell）這樣的人可能也歌頌過懶惰的美好與快活，但是這些人在現實生活中卻都過著壓抑自身發呆怠惰的衝動，以成就文化偉業的矛盾人生。

這些自詡閒散懶人的人物把空白度日的生活當作標的，當作人生的成就，並因此名列青史，卻也不免因此自我矛盾。真正的懶人只會想要被人遺忘，不希望在身後還有任何留人紀念仰慕之物。相對於此，虛構人物反而能讓我們盡情徜徉在無牽無掛地浪費時間與生命的幻想中，讓我們反而對教育與文化教我們輕蔑以待的各種不負責任、放蕩不羈、得過且過感到欽羨不已。

可是，一個這麼講求工作理想的文明究竟怎麼會對這些怠惰懶散的代表人物如此著迷？答案是這兩股相反的衝動都各自依附在「心靈功能的兩原則」（弗洛依德在一九一一年的著名論文）⑰之一上頭。首先，「享樂原則」（pleasure principle）會要我們消除緊張，而這必須等到我們得到自己想要的事物時才能夠實現。比方說，假如我們餓了或是產生性慾，要釋放欲力和相隨的興奮感，就得進食或是獲得性高潮。

換句話說，快樂並不在於刺激本身，而是在於擺脫刺激、釋放欲力之後所帶來的平和狀態。可是假如只要任何欲力衝動一出現我們就如此照辦，那我們就會一直困在興奮與耗竭彼此交替的狀態裡，什麼事也辦不了。我們得保留一些精力，才能夠處理生活的大小事項。

這時就該另一條「現實原則」（reality principle）上場了。在逐漸將這條原則內化的過程中，我們的內心學會從延遲滿足的實質收穫中得到好處。心中的現實原則愈強，我們就愈能照自己意思來掌控外在世界。

弗洛依德認為科學家——這裡是採最廣義的說法，也就是指所有冷靜追求真理的那些人——是現實原則發展最成熟的人。科學會要求訓練耐心等待，要求沒有確切結果的實作。科學是一項辛苦的工作，因為它要在現實中運作，而現實之中可沒有捷徑能走。

弗洛依德這麼相信科學面向在這世上的優越性，足使他躋身於啟蒙運動的理性與道德自律傳統之列。但是他也同樣拒絕了啟蒙運動中認為人類天生就有理性與美德的那種概念。他反而暗示我們，在我們自己內心的最深處，我們終究都是享樂原則的奴僕，總想儘量尋求最輕鬆、沒有麻煩的人生路途。打從一開始，我們就都是懶惰的人。我們是逐漸學會調整自己以迎合現實和現實加諸我們身上的種種限制，但也始終心不甘情不願。

啟蒙運動的眾多偉大思想家花了大半時間在對抗這種幼稚、享樂導向的自我。他們假定我們的自我本身就像我們的文明一樣，得經歷只懂得依賴、無知、不理性的幼年期，只不過人類的歷史終究能一路朝向自主、有知識、理性而發展進步。啟蒙自我的真正目標與使命就是要實現以知性來作為領導，而不是放任蒙昧幼稚的享樂衝動掛帥。

懶惰鬼和敗家子就像評論家皮耶・聖阿芒（Pierre Saint-Amand）最近證明的那樣，正是因此而成了啟蒙運動的死敵。十七世紀的道德家安東尼・德・古丹（Antoine de Courtin）在《論懶散》（*Traité de la paresse*）中就痛斥懶惰是「麻木、荒廢、消沉，是消除勇氣、厭惡一切善行的累贅」。[18]懶惰會敗壞象徵男子氣概（在啟蒙思想家眼中，懶惰的人特別沒有男子氣概）的自主與負責，因為懶惰會侵蝕聖阿芒所說的「行事之必要」。[19]

懶惰鬼的得過且過、道德散漫和享樂主義就是對啟蒙運動那份寶貴虔信活生生的否定。至少在理論上是這樣。實際上，啟蒙時期有許多思想家與作家對那些閒散之人抱持著曖昧複雜的態度和關係，一方面覺得噁心討厭，但又不禁深深著迷於丹尼・狄德羅（Denis Diderot）在《拉摩的姪兒》（*Rameau's Nephew*）這部虛構故事裡的精采對話。

狄德羅無疑是法國啟蒙運動中的巨人。他運筆如風，散文、小說皆有涉獵，但最廣為人知的是他編輯了第一套現代百科全書，十七本煌煌鉅冊，更網羅當時一流思想家與作家動筆，包括伏爾泰、孟德斯鳩、達朗貝、盧梭，當然也包括狄德羅本人。《百科全書》（*Encyclopédie*）是在整個累積與傳播知識計畫中的偉大里程碑。

狄德羅的一生與著作都證明了他對道德及理性進展的不懈努力。不過，他也寫了《雅克和他的主人》（*Jacques the Fatalist*）[20]，這部小說是描述一名男僕（雅克）和他主人之間的對話，是在文學上對漫漫閒談之樂的無上致敬，也是對理性進展這想法的無盡揶揄。

但是他最偉大的文學創作搞不好其實是一個傳奇的懶惰敗家子。《拉摩的姪兒》就跟柏拉圖的許多對話錄一樣，從化為書中人物的作者狄德羅在路上的偶遇開始，展開一長篇關於如何生活的爭辯。不過和柏拉圖書中不同的是，在這場對話中主導話題的並不是以智慧與德行聞名的智者，反而是以不老實和種種劣行著稱的壞蛋。拉摩是一名音樂教師，而且是「上帝故意放在我們這土地上最怪異的人物之一」。㉑

狄德羅遇見拉摩的時候正悶得無聊，當時狄德羅為了躲避戶外的寒雨，便到了凱皇咖啡廳（Café de la Régence）看人下棋。他和拉摩聊著聊著，就聊到了拉摩遇到的麻煩。拉摩成天靠著諂媚和欺瞞在富裕人家騙吃騙喝，但他做得實在過頭，終究免不了被人家一腳踢出門。狄德羅聽到拉摩對自己敗德放縱、軟爛無用的生活所做的辯護時，表現出一副嫌惡的模樣，卻又暗自覺得有趣，甚至有點羨慕起來。狄德羅的回嘴顯然敷衍得很，這表示他其實很愛聽拉摩那荒唐得不得了的自我辯護，捨不得正經反駁他的胡扯。

無論如何，狄德羅始終沒能批評拉摩一句，因為拉摩自己早就把壞話說盡了。狄德羅說他「遊手好閒、貪婪懦弱、爛泥心性」㉒，拉摩則是一副滿不在乎的懶人模樣回他：「這我早就跟你說過了。」拉摩老是偷懶逃避，幻想著自己將來能過著花天酒地的日子，將他那些貴氣金主的百般羞辱加倍奉還。狄德羅不無尖酸地讚嘆：「你這財富的用法還真值得……你……會是平民百姓的大恩人，也叫你自己露臉面。」㉓

但是拉摩才不怕人家酸。狄德羅呵責他要培養的榮譽、認真和有用這些美德，在他看來只是用普遍法則的絢麗外表所掩飾的空話虛詞而已。他更大膽模仿智慧出眾的所羅門王，吩咐狄

德羅：「暢飲美酒，大啖美食，睡遍美女，懶臥軟床。除此之外，盡是虛空。」㉔

拉摩滔滔不絕地訴說享樂原則至上的大話。美酒、美食、美女等感官之樂都只是中途過站而已，旅程最終通往的是身心得以完全不再費力的溫寢軟床。真正的終極愉悅，至少在拉摩和弗洛依德看來，並不是興奮，而是平靜。

狄德羅所捍衛的那種有德生活的問題就在於它不讓人平靜下來。這種生活要求的是自我否定、紀律、積極專注在你心思與行動的意圖與後果上頭。這種喋喋不休的聲音不斷地叨唸你有多麼不負責任、多麼自私。狄德羅罵道，你不僅對有德生活一無所知，而且「根本連學都學不會」。㉕「那再好不過了，」拉摩回道：「那種生活簡直會把我餓死、悶死、難過死。」要人習於過著粗衣淡飯、不聞聲色之娛又自責自勵的生活，拉摩說，根本就是自打嘴巴。這擺明是擁抱困苦而非削減貧窮，是故意要人否定自己心中的慾望。

這場對話使我們在抗拒與吸引之間動彈不得。拉摩的生活之道是要對他人需索無度，自己卻一毛不拔，這在道德上和邏輯上都令人瞠目結舌。可是我們實在很難不接受他替這種敗德生活厚顏無恥的熱烈辯護，也很難不臣服於艱苦生活確實比不上舒適生活的無懈邏輯。狄德羅藉由闡述拉摩的滔滔雄辯，帶我們見到了蟄伏暗藏在我們心中的那個拉摩，那個予取予求，對妨礙自己獲得滿足的阻礙呼天喊地，不懂為什麼自己要等待、要工作、要負責任的巨嬰。

拉摩之所以吸引我，是因為他膽敢為那個躲在我體內，羞於見人的懶惰蟲發聲。我夠好命能日復一日投入迷人而滿意的工作，要說還想偷懶實在是太假惺惺了。但是我想主張另一件事：我這種看似勤勉不懈的努力其實是扭曲了使工作歸零的那股強大重力。

「無論是什麼造成了世間的種種現象，」叔本華寫道：「都必定能夠不這麼做，繼而保持定靜不動。」㉖我時常覺得他這份洞見在我血脈裡蠢蠢欲動——不是在我實際活動時發作，而是在那些「造成了世間的種種現象」的種種日常事務之間的間隔浮現。無論是在清理桌子、爬上階梯或是走到車站的時候，我都會深深覺得自己可以不用這麼做，「繼而保持定靜不動」。我的內心忿忿不平地抗議行動、責任、目標的無盡壓迫，雖然大多時候的聲調都像奧博洛莫夫那般羞怯，但偶爾卻會帶著拉摩那種恬不知恥的語氣抱怨。我不想要工作、生產、參與、貢獻，反倒想要別人去做，我就不用做了。說不定，這正可以解釋我為什麼會那麼著迷於這時代的拉摩，那麼喜愛那個懶惰、浪費、不負責任又幼稚的偉大代表：荷馬・辛普森。

史奴比、加菲貓、荷馬——為什麼卡通會是充斥這種懶人、敗家子的豐沃土壤？我小時候狂看猛嗑的卡通和漫畫，讓我對懶惰鬼和浪費的人暗自產生了一種親密感。懶惰的人之所以會在卡通裡層出不窮，是因為雖然創造卡通的過程千辛萬苦，但是卡通卻是我們對於好吃懶做的想像中最成熟的果實了。

這說法聽起來有些違反直覺。泰克斯・阿佛瑞（Tex Avery）與漢納—巴伯拉（Hanna-Barbera）這兩家卡通公司的作品可都充滿了瘋狂的精力，每幀畫面都喧鬧無比、歡騰非常。但這就是讓人能安安靜靜坐下來看的關鍵。兔寶寶、達菲鴨、湯姆貓與傑利鼠所處的世界裡，可以輕易無視任何現實世界中的煩人限制——不管是物理法則、道德或是死亡。

莫里斯．布朗修（Maurice Blanchot）說，我們離擺脫現實枷鎖最接近的經驗就是活在藝術創作的世界裡。他寫道，藝術家「就像是活在一種靜定不動的狀態裡，因為他只是在想像中做主宰……但是其實他之所以毀滅了行動這回事，不是因為他搞些不實際的東西，而是在於他使得一切的現實都得以呈現出來。」㉗布朗修這段話的重點是說在想像力的世界中，我們可以隨意創造與消滅任何事物——而且沒有哪一種藝術形式比卡通動畫更能鮮活生動地表現出來。

現實生活很辛苦，因為有太多太多的事物阻撓我們從心所欲。卡通裡的生活消除了現實中的種種阻礙——包括身體與心靈的限制，還有物理世界與社會的規範——邀請我們進入一個可以毫不費力就創造或毀滅事物的世界，在那世界裡，困擾著拉摩的飢餓、無聊和責備全都可以煙消雲散。貓咪、鴨子、人都可以輕輕鬆鬆、毫無顧忌地切片重組、壓扁、拉長、爆炸、燒焦、揍扁，完全不用理會道德良心或邏輯法則乏味的指指點點。

這就是為什麼荷馬．辛普森的懶惰可以和瘋狂的過度活動相容並存的道理。荷馬可以完全不用管需要什麼事前訓練或經驗就當上太空人、搖滾巨星、遊民，或是黑手黨老大。荷馬徹底體現出了懶人和卡通之間的那份緊密關係——你可以完成任何事，但是完全不需要動手。

《辛普森家庭》的故事經常聚焦在荷馬是怎樣無恥地摸魚打混，以及他是透過哪些可笑行徑達成避免動手的目標。他會吃得那麼肥，是為了要獲得殘障福利的資格，把他的人生變成對理性與意義目標的長篇反諷。在某一集萬聖節特集〈恐怖樹屋〉裡，他更因為吞下一口外星黏液，變成了一團巨型食肉泥球，成了純粹有進無出的具體象徵。

荷馬活脫脫就是喬治．巴塔耶設想中的主權人（Sovereign Man）㉘在大眾文化中的具體化身。所謂的「主權人」是「純粹花費」這種新型經濟的具體表現，他們會拒絕「現實原則」所要求的延遲滿足，追求的是即時逞慾；生產製造的意志完全遭到消費花耗的意志所吞噬。《辛普森家庭》中的人物身上那種散發著嚇人尿黃的暖色光澤其實是一種特殊意象，表達在痛飲大啖達夫啤酒（Duff Beers）和豬油小子甜甜圈（Lard Lad Donuts）之後的那份空寂。那就是心滿意足而墮落的富人色彩，是易於饜足又隨意浪費的景象。

這大概也解釋了為什麼這節目會那麼熱中於描述環境末日事件，而且這些事件往往還出自荷馬之手。有一集節目的虛無主義感特別強烈，荷馬因為不想自己倒垃圾，所以出馬競選春田市環保局長，結果靠著「沒有別人能做嗎？」（其實就是「我幹麼要？」的巧妙變形）這句口號順利囊括所有選票而真的當選。荷馬的怠惰浪費很快就感染了春田市，整個城市的環保工作不只要倒垃圾，還得處理個人整潔了。在這個市民全體偷懶的美妙幻想中，會有一群穿著水手制服的人不知道從哪裡衝出來清除大家衣服上沾到的食物醬汁，還會偷偷處理掉陳年的色情刊物蒐藏。

荷馬的處理辦法其實只是徒然使他要負責的廢棄物暴增而已。他在一個月之內就花光了整個部門的年度預算，為了解決這個危機，只好把春田市的廢礦坑租給全美國各城市當作垃圾掩埋場。整個春田市很快就成了惡臭沖天的垃圾堆，各座公園、高爾夫球場，就連市政府大樓也處處都是從堆積如山的垃圾中噴出來的污汁髒水。最後大家沒辦法，只能全市遷移到五哩外的地方重新建起。

荷馬在這一集的內容中是世界的先驅，要帶領世界回歸到混沌無形的狀態。他的競選過程模仿了鼓吹各種政見目標的積極政治所使用的傳統說辭，卻掩蓋了潛藏在其中的虛無與不理性，而這暗藏的威脅終將使得支撐這世界的架構分崩離析。

荷馬讓我們明白為何懶人令人又愛又恨。在面對現實的要求面前，他會大喊：「我幹麼要？」然後更教人為之氣結的是，他就一頭鑽進我們人人都心不甘情不願地被迫放棄的懶蟲生活裡頭。

過勞的人對閒暇的喜愛會因焦躁、羞愧與罪惡感而破壞殆盡，但是懶散的人可就不同了，寡廉鮮恥的他們樂於擁抱這種無能狀態，更公開拒絕了在這個由工作與產出所定義的文化中，具備完整社會正當性的賣力要求與各種責任。

※　※　※

克里斯沒坐下來，他是整個人垮了下來。他步履蹣跚地進到房裡，看起來準備做出所謂坐下的動作——彎腰、緩緩俯身就座、調整成他喜歡的姿勢角度。不過他反而只是伸直了腿，任憑重力作用，一屁股悶跌下來，震得椅子搖搖晃晃，也震得我莫名其妙。

我現在想起來，在那電光石火的一瞬間，他的無意識找到了一種方式來傳達莫名震撼的過去，就像那聲重重往下的撞擊一樣撼動了他的身心。他穿著顯然太大件的運動服，抓著糾結在一起的頭髮，跟我說我大概會大吃一驚，因為不久之前，他還在倫敦市的某間投資銀行工作，一週工作九十個小時。他說的沒錯——在我能想到的畫面裡，還真沒有什麼會比看到面前這個步伐不穩的傢伙走在玻璃帷幕辦公大樓裡更不搭軋的了。

克里斯在巴黎的一所菁英金融研究所就讀時就被銀行挖角，一頭栽入銀行業的過度工作文化之中。接下來的兩年裡，他順利併購了幾間公司，就像過去得到耀眼出眾的學業成績和運動表現一樣輕鬆愜意。

直到某一天早上，五點半響鈴的鬧鐘怎麼也沒辦法讓他像平常一樣反射性地跳下床來。他反而伸手按掉之後就躺在那兒，直盯著天花板，決心不去工作了。在無夢的沉眠和空白的清醒之間飄蕩了六個小時之後，他披上了一套運動服，出門到星巴克咖啡與附近的特易購商場，拿了一整個菜籃的甜甜圈和微波食品當作接下來每天的正餐，每餐還得搭配一手啤酒。「這就是我變成這樣的經過，」他說這話的時候還帶著毫不設防的微笑，輕輕捏了捏自己上衣底下鬆垮的肌肉。從肩膀、胸膛到腹部——他整個身體就像他的靈魂一樣鬆垮癱軟。

事發至今已經三個月了。他丟了工作，還以迅雷不及掩耳的速度從積極上進的人變成癱倒在我面前的這副模樣。他什麼也沒做，也不打算找事情做。他和關心他或好奇八卦的親朋好友全都斷了聯絡，直到收到一封掛著他姓名的牛皮紙袋，裡頭是他的契約中止通知書。他覺得奇怪，自己怎麼對這份通知毫不在意。他完全不讓住在美國的父母知道他的行蹤。他父母知道他一向嗜工作如命，所以也不期待會聽到他捎來隻字片語，反正他從來也不會告訴他們什麼大事。

這三個月來，他就在電視光點和不斷增加的脂肪中獨自度過。「說來你不一定相信，但我以前也是個運動員。只不過我現在就是個專業肥懶宅男。」他對自己的食慾感到訝異。光是昨天，才中午十一點半光景，他單是吃早餐麥片就已經吃掉了整日卡路里建議攝取量。「我吃得肥滋滋的，」他笑著拉長語調說。我說他看起來是自願變成這副德行的，而且還不只是在飲食方面如此。「呃，」他帶著一絲絲反抗的語氣說：「搞不好我其實從來不想要那種好身材咧。」

克里斯是聖路易市富裕郊區人家的獨子。他還記得他的父母（現在已經離了婚）是怎麼將婚姻中愛情消散的挫敗轉化成要求他成就過人的努力栽培。他後來不僅科科成績頂尖，擔任棒球校隊隊長，更申請到長春藤盟校，但在他看來，這一切都是打從他出生就已經安排好的。

我什麼都沒說，他就自己回憶起十四歲那年，有一次父親帶他到了一家老式的理髮廳，他從鏡子裡看著父親舉起手指在他頭上比劃，叫負責的理髮師傅沿他畫過的地方修剪。「我告訴他：『可是，爸，我討厭那種髮型。』我想要留像搖滾歌手那種頭，才不要什麼海陸部隊的鬼三分頭。他沒破口大罵，口氣也沒變，只是直直盯著我，說：『你就剪這樣。』從那一刻起，大概就是這樣了。那就是我的髮型。」

「你的造型，」我說。

「我的造型。」

理髮師傅剪好之後，克里斯從鏡子裡看見父親滿意的微笑，決定以後盡力按照既定的這條路走，不要反抗。從他內心看來，父親或母親總是有一個人徘徊在自己身後，隨時準備好露出鏡子裡那份滿意的微笑。奇怪的是他這樣子陽奉陰違，居然還可以表現得那麼好。剃成海軍陸戰隊三分頭有其用心。「海陸特戰隊要聽命前進、開火，不會站在原地拍拍自己臉頰，考慮自己想不想做、該不該做。他什麼也不會亂想，照做就對了。」

他後來都用同樣無比服從的態度去處理生活的大小挑戰，從不會停下來問自己做這件事開不開心、有沒有興趣。他知道別人要他做什麼，這就夠他不用再不斷追問自己究竟想要什麼了。

不過，總有些時候，無論是他自己或是周遭的人都會覺得不太對勁。他在收到達特茅斯獎學金通知的時候，他盯著手上的通知書，突然感到一陣奇怪的恐慌，感覺這份通知書並不是要寄給他的。「你的感覺說不定沒錯，」我說：「你可能覺得自己雖然努力不懈做了那麼多，但是那份獎學金跟你沒有什麼關係。」他嘆了口氣：「大概吧。那時候也搞不清楚。我爸好像一輩子都在生氣，我媽則是一輩子都在難過。那才真的跟我有關係。我想說那封通知信可以多少改變他們一點。我爸看了信，拍了拍我的肩膀說：『兒子，很棒！』我媽也看了，也摸了摸我的頭說：『太了不起了，寶貝！』然後他們就又回頭繼續各自生氣難過去了。」

後來幾年，他更是心無旁騖地一頭栽進累積各種成就裡。而他父母那種揮之不去的存在感彷彿也消散了。他得到了學位、升職、各種獎金，敦促他的是某種無法饜足的慾望，但那向來就不是他的慾望，如今更似乎再也不是誰的慾望了。他漫無目標，卻也欲罷不能。

直到某一天，他在銀行裡突然察覺自己會在座位上花多少時間做奇怪的白日夢，妄想著能回到家裡好好睡上一覺。要是在發白日夢的期間電話鈴響或是聽見有人叫他的名字，他就會陷入無比的恐慌之中。「有一次，還有個人問我還好嗎，好像真的被我嚇到了一樣。所以我低頭看了一下自己，發現我整件襯衫都被汗水濕透了。過了大概三個星期，我就沒再去上班了。」

是什麼事情引爆了這場靈魂的末日毀滅呢？我們每次諮商都不斷回到這問題上，但似乎也總是只得出相同的說法：「我只知道我得停下來。」「我得停下來」——他每說一次，這個句子就更教我感到困惑。「停下來」在克里斯身上好像已經失去原本純粹中止的負面意義，反而獲得了一種屬於具體活動的不明性質，神祕得很。

溫尼考特認為，自我包含了兩種基本元素：「存有」（being）與「做事」（doing）。他寫道，存有的感覺「是自我發現和感覺活著的唯一基礎」。如果「做事」這元素過強，而「存有」卻又頻遭削弱，那就會出現精神失常。克里斯從有記憶以來，做事的強迫性格就一直取代他自身存有的感覺。他在工作時愈來愈常出現的緊張和心不在焉、突然明白自己不想離開床鋪的衝動、不斷靠著高油食物慰藉的心情，全都是對「做事」在他這輩子的霸道宰制表達抗議，表達想要讓自己恢復成一個會呼吸、會覺得疲累、會飢餓的生物，單純「存有」的願望。

他放鬆四肢、闔上雙眼，躺在沙發上說話，有時顯得怠惰退縮，有時卻又激切緊張。他這樣像個嬰兒一樣成天餓了就吃、睏了就睡的日子還能過上多久？星巴克、特易購、診所這裡——這就是他這幾個月所到過最遠的地方了。什麼時候會演變成緊急狀態？我又該在什麼時候決定必須介入？

我問他先前知不知道自己的狀態早就已經變得很糟糕了，知不知道他自己真正需要的就是他現在正在做的事。他整個人炸了起來：「你有沒有搞錯？我在幹什麼？我現在在做什麼？我什麼也沒做！」

我沒回答，我們就這樣保持沉默。諮商時間到了，我好像看到他露出一抹微笑。

過了兩天，他告訴我，他去了這幾個月來所到比超市更遠的地方。他原本打算到他家附近的運動場，開始重新鍛鍊身材。不過也許是突然察覺到了一月初的陽光正嫩，他開始散起步來，而且好像還停不下腳步。他走過了哈格斯頓（Haggerston）、海布里球場（Highbury）、布倫斯伯里出版社（Bloomsbury），穿過了肯頓市集（Camden）、圖福內爾公園（Tufnell Park），還橫跨了漢普斯特德荒原（Heath）。他就這樣一直走、一直走，直到最後整個人躺在長椅上，氣喘吁吁，心滿意足地看著太陽落下。

「然後我就笑了。我已經二十九歲了。我高中、大學都是短跑選手。我跑過的距離少說也有幾千哩。但是昨天，是我整個狗屁人生裡第一次這樣走路散步，完全不知道自己要走到哪裡去。」

「好雄偉的肉堆啊！」——奧森．威爾斯

五十八歲那年，奧森．威爾斯（Orson Welles）在他愈來愈常出現的談話性節目上對主持人馬夫．葛利芬（Merv Griffin）說自己年輕時候「試著變老」；現在是時候該「開始裝年輕了。但是我永遠不當中年人。我很輕巧地跳過那個階段了。」㉙

我們大多數人的老化都是線性增長，從一個生命階段進入另一個階段。威爾斯則是將之看成一系列可選的內在狀態：年輕既可以是合乎年齡，也可以大幅超前年紀，而其間不想度過的階段更可以乾脆跳過不要了。但要不是這段電視談話那麼精準地描繪出威爾斯本人的人生，我們很可能會無視他這種抹消生命過程的特殊方式。

威爾斯十六歲時就踏進了都柏林城門劇院（Gate Theatre）門檻，流暢地扮演許多重要角色，二十出頭就已經成了美國劇場與廣播界的當紅炸子雞。二十五歲那年，他得到一份前所未有，人人稱羡的好萊塢合約，得以全權製作他的第一部電影：《大國民》（*Citizen Kane*）；這部片從一九五〇年代起，就一直是眾多影評家口中最偉大的電影。

威爾斯才剛脫離青春期，就到達了通常只有垂暮之年的大人物才享有的特殊地位。可是到了上《馬夫．葛利芬秀》的時候，他已經不得不自己籌措電影資金與製作好久了，而且近來還更願意跟二十啷鐺、胸懷大志的電影新秀共同合作。

遲暮之年的光環不敵年輕小子的勇往直前。威爾斯當時正在拍攝他最後一部文獻紀錄片《偽作》（*F for Fake*），笑說他打算從頭開始，按自己的方式往下幹。在他精采的人生與職涯中，我們看不見中年，看不見穩健持續鞏固聲望的那段時期。他那時大概已經四、五十歲了，但是就像他說的，他從沒有當過中年人。他繼續拍片，但是卻始終沒辦法適應好萊塢製作那種講求效率的瞎搞；他結了好幾次婚，生了幾個孩子，但也始終沒辦法安於傳統的家庭生活。

要了解和記錄威爾斯的人生及作品，實在很難不令人自慚形穢。我思索他遇到的創作危機、揮金如土、放浪飄泊，想到他的酗酒、好色和貪食，我這中年人不免覺得難堪，覺得自己的人生根本一事無成。每天早上總是排好一系列精準計時的諮商會談，靜靜地坐在診療椅上，光是動腦不動手，構成心理分析師每日生活的這種種儀式與態度在他那麼廣大的人生面前實在是不值一哂。

威爾斯在我這把年紀時，正在奧塞火車站（Gare d’Orsay）的斷壁殘垣間拍攝《審判》（*The Trial*）。兩年之後，他在自己執導的《夜半鐘聲》（*Chimes at Midnight*）中演出痛心入骨的法斯塔夫（Falstaff），這齣戲的藝術價值就在於他在身心方面對角色的深刻融入，就連劇照都能夠傳達出入木三分的動人刻劃。那滿頭的直髮，一臉亂鬍，漆黑的斗篷罩在六呎三吋高，重逾三百磅的高大身軀上，無一處不印證威爾斯就是法斯塔夫的翻版。

約翰・吉爾古德（John Gielgud）在劇中飾演亨利四世，他說威爾斯因為濕疹發作，所以在拍攝期間一直無法洗手，還因為腰圍過胖而導致膽囊出狀況。威爾斯一向瞧不起方法演技派演員，可是《夜半鐘聲》反倒讓他成了方法演技派——法斯塔夫經歷的痛苦人生現在全成了他的親身經歷了。

在威爾斯最後傳記的第三卷中，西門．卡洛（Simon Callow）敘說了威爾斯對於無法快速吸收自己指令的人有多怒不可遏：「威爾斯就是永遠都受不了人家慢吞吞的。」㉚

「慢吞吞」是不是一種中年的同義詞？人到中年，我們的生活和性格都變得更好預測、更依循舊習常軌了。這讓我們變得比較不會驚訝，比較沒有突然爆發的創作能量和靈感，而這正是威爾斯導演工作所需要的動力。對威爾斯的指示反應慢半拍，就表示要花上一、兩段時間聆聽、處理、思考可能的選項。這種辦事方法的問題就在於當對方總算跟上威爾斯在想什麼的時候，時間已經浪費掉了。慢吞吞會打斷威爾斯的節奏，擾亂他創作過程中的完美連續。

相對於此，年輕則是迫不及待、雀躍興奮、衝動莽撞的。年輕會讓自己隨著時間浪濤前進，釋放衝動而不是耐心沉思。從這方面看，威爾斯從沒離開過他的年輕歲月。也許就像他所說的，他早年的時候都在「試著變老」，但是那樣的話，現在又要怎麼變得比那時更年輕？威爾斯和其他年輕人與眾不同的地方就在於他想要變老的瘋狂夢想成真了；他二十五歲那年的履歷內容之精采和廣泛，已經堪比他兩倍甚至三倍年紀的大夢想家了。

像威爾斯這麼熾烈的一把火，絕不會讓自己安於安穩平庸的生活。這把火不會縮為黯淡無光的點點火星，不會喪失理想，不會與我們所謂的中年妥協，反而會吞噬面前的一切，變得更加猛烈，直到肉體和心靈都像法斯塔夫那樣：肥胖、疲憊、懶散。

※

威爾斯的焰苗顯然從一開始就格外耀眼。不說別的，他從呱呱墜地開始就顯得格外大器。他母親碧翠絲（Beatrice）贊助藝術向來不遺餘力，更是基諾沙市教育委員會主席，早早就看出兒子早熟，殷管勤教，在威爾斯會開口說話之前就讀莎士比亞給他聽，讓他從小就沉浸在詩歌、音樂和高言闊論的氛圍之中。

威爾斯十九歲那年，母親碧翠絲死於一場痛苦漫長的黃疸病，黃疸當時還是絕症；母親死後，威爾斯覺得自己身上負有她為他鋪排妥當的特殊使命。我們很難想像，從這時候開始，在他身上就一直背負著這麼沉重的壓力。她還在世的時候，他可以試著調整、挑戰，甚至拒絕她投射在他身上的理想。但是她一死，這份理想就成了嚙噬他內心的永恆折磨；他從此一直覺得自己做得不夠多、當得不夠好，為此羞愧難當。安迪．沃荷對這種煎熬的回應是斫除慾望，但威爾斯則是拚了命地追求慾望，直到最後笨重到再也追不動為止。

他外表所展現出來的狂妄和權威其實都籠罩著一層反映脆弱內心的陰影，這不僅表現在他偶爾的沮喪崩潰，也會在身體上的病痛上反映出來，最麻煩的就是糾纏他一輩子的長年氣喘和濕疹。皮膚與呼吸道就是分開身體裡外的那層膜；而在威爾斯身上的這層膜彷彿特別的薄。但是他的聰明才智、狂熱激情，他超乎常人的行動力和那副高大而且迅速膨脹的身材終究掩蓋不住那層薄膜下血淚淋漓的傷口。

但雪上加霜的是，年輕的奧森卻也同樣得不到來自父親的照護訓誨。他的父親迪克（Dick Welles）是個從不出現的傢伙，他是個發明家，也是個縱情酒色的浪子；奧森四歲那年，母親就帶著他離開父親了。迪克雖然風流倜儻，卻也同樣無能，絲毫不能在奧森心中灌注一點清醒的現實感，替他擋住母親的殷切期盼。奧森也不曾有過激烈的手足爭執，好讓母親分心管教其他孩子；奧森的哥哥小理查（Richard Jr. Welles）比他大了十歲，桀驁不馴的他在奧森還在襁褓中時就被送進了寄宿學校。小理查一離開母親的視線，好像也就離開了母親的心裡；她的所有心力全都灌注在這年幼的小寶貝上。

從威爾斯出生開始，母親就一心替他安排好了成就偉業的人生規劃。他第二部電影《安伯森家族》（*The Magnificent Ambersons*, 1942）的開場橋段便暗示了他內心那種頤指氣使的氣息，而這就是這種特殊的育兒方式可能產生的效果。在電影裡，安伯森家族的年幼苗裔喬治．米納佛（George Minafer）駕著馬車嚇壞村民，又痛罵一名當地小童的父親；他一頭波浪金髮，胡亂披著件天鵝絨上衣，像蘇格蘭傳說中的劣紳土豪那樣穿著蘇格蘭裙，拿著藤杖，站得老高，背對著長輩不涼不熱的斥責，一副無所謂的樣子。

這幅小孩得天獨厚，恣意踰矩越界的景象實在有些令人不悅。但這也無疑暗示了威爾斯心中的自我形象。卡洛寫道：「任何限制、本分、責任，或是義務都令他受不了，會逼得他陷入恐慌，到處破壞。」[31]成年後的喬治．米納佛對未過門的妻子堅持他必須自力更生備感震驚；

他告訴她，他想要過的悠閒生活絕對得比「洗刷碗盤、賣馬鈴薯或是接案訴訟」更「高貴體面」才行。

從某方面來說，拿威爾斯來比較是搞錯了。年輕的喬治聽不進要他工作的勸告，但是年輕的奧森卻橫跨了舞台劇、廣播劇和電影，聽不得人家叫他別工作。不過，這廂對比倒掩蓋了更深刻幽微的一點類同；他們倆都深深自以為是：都對中年人的努力奮鬥、對穩健勤奮地追求中產階級的生活目標——收支平衡、生活安定、正直體面——他們都像貴族般不屑一顧。

威爾斯的青年時期正巧碰上消費社會和我所謂自我理想的口號（「我們辦得到！」）雙雙崛起之時。這句口號到處出現，從育兒手冊到大眾心理學，從廣告文宣到教室課本，無所不在。但正如我們所知，雖然這口號的目標是要喚起不當與羞愧的深層感受，卻也往往激發不可一世的優越感，因為這口號就是要我們睥睨所有加諸我們志願、慾望和能力的限制。「美酒」、「美食」、「美女」——威爾斯就像拉摩一樣，氣惱阻止自己追求享樂的一切妨礙。

威爾斯看起來既是這份特大號自我理想的受益人，卻也是受害者。這份自我理想刺激出了無邊無際的創作成就，卻也是使他身心如此脆弱的源頭。他那碩大無朋的外在自我其實和坍縮扁平的內心自我只有一髮之隔。

人若相信自己的能力沒有極限，會與現實形成一種奇特的關係，在馬羅（Marlowe）的《浮士德博士的悲劇》這齣戲中的刻畫尤其顯著；威爾斯一九三七年在百老匯的聯邦戲劇節上搬演了這齣戲，而他自己就飾演主角浮士德。威爾斯和浮士德一樣，都是頂尖的魔法師——從嚴格意義上說，威爾斯能在一生中的不同階段吸引那麼多觀眾確實是種魔法，而從寬鬆的一面來講，他在生活和藝術方面也確實花招百出。

這名魔法師渾身散發出一種特殊迷人的自大感，而這種像上帝一樣的氛圍也真的夠讓他呼風喚雨了。只要他開口，事物就會神奇地出現或消失。他表演給我們看的也許只是大家兒時最簡單的幻想，也就是擺脫現實的種種煩人叮嚀。教育最基本的任務之一就是灌輸孩子聽從這些叮囑，還要教他們別想反抗這些規定。這魔法師帶給眾人的樂子就在於他對這些教誨竟如此嗤之以鼻，能讓我們相信現實阻礙不了我們。

這就是浮士德的故事裡所實現的幻想。在馬羅的故事版本裡，浮士德召喚出了梅菲斯特菲勒斯，這惡魔一開口就問：「浮士德，汝今喚我，意欲何為？」㉜這名惡魔僕役的自我介紹就是要他的召喚者無拘無束地說出心中願望。浮士德說：

命爾終生伴我行，
聽吾命令遂吾願，
能使月亮自天墜，
能翻大海淹江山。㉝

所處世界能完全不受物理和道德法則所拘束的這種幻想，既像魍魎橫行般詭異，卻也有如孩童般純真，但這可是自古以來所有做白日夢的孩子共同的心願。

威爾斯的青春歲月彷彿就訴說著這份願望會如何實現。他確實像浮士德一樣，將身上所有狂野而危險的能量全都灌注到獲取各種魔法知識上頭。年輕的他也和浮士德同樣讓人有種印象，認為他的瘋狂努力其實只是為了掩飾他所有事情都能夠輕輕鬆鬆如願以償的事實。他十六歲在都柏林登台，旋即就在都柏林最知名的劇場演出；他才剛將H．G．威爾斯（H. G. Wells）的《世界大戰》（*The War of the Worlds*）廣播劇重新改編播出，外星人入侵的科幻小說梗就有千百萬聽眾信以為真。我們歷盡千辛萬苦還不一定能夠得償所願，但年輕的威爾斯卻似乎不費吹灰之力就能點石成金。

我們不妨回想一下浮士德如何反抗上帝要直接將他送入地獄烈火之中的神聖諭令。這齣戲最動人的橋段，就在於梅菲斯特菲勒斯這個邪惡的化身居然會因為浮士德遭受天譴時，求他在千鈞一髮之際救他一把而起了惻隱之心：

> 噢，浮士德！莫理睬那荒謬命令，
> 那會教我這虛弱魂靈膽戰心驚。

看威爾斯的人生故事，同樣也會想勸他別出賣自己的靈魂，而且這還不只是因為看他自作孽而受苦受難的緣故。對一個姓名就等於拒絕向消費主義投降的代名詞提這種勸告，也許是有些太過放肆了。威爾斯對自己的美學品味從來不肯妥協（至少在擔任導演這份天職上確實如此；畢竟身兼演員的他也的確演出過幾部奇爛無比的電影），但是從一個較隱而不顯的意義上來說，他倒也像是為了讓演出自我能受人歡迎而出賣了自己豐富的內心生活。

當代人物裡是有一些人的體格、姿態和語調比威爾斯的更令人印象深刻、更難錯認。但是威爾斯的獨特之處並不是來自於他的自我陶冶，而是對他人掌聲與讚嘆的無盡渴求。文化評論家彼得．孔瑞德（Peter Conrad）就說，對威爾斯而言，長大是件苦差事，因為這就表示要放棄大人的「一致推崇」。評論家對威爾斯在舞台上的成熟表現、他電影鏡頭與迷人音效的巧妙佈局深深著迷，卻也同時心生疑竇，不斷推敲這樣的高超技巧是否在掩飾作品實際上有某些難以彌補的空虛薄弱之處。

複雜的是，這份懷疑多半都集中在回頭反省他最完整、最受讚揚的作品《大國民》上。知名的阿根廷作家波赫士（Jorge Luis Borges）另一個較罕為人知的身分是影評家，他就曾經在一篇尖酸短評中痛批這部片「太浩大、太賣弄、太乏味」。波赫士所指的是威爾斯碎片式的敘事方式：整部電影「無盡、過分地」呈現出媒體大亨查爾斯．佛斯特．肯恩（Charles Foster Kane，即《大國民》主角）的種種人生片段，「還要我們將這些都給拼湊組合起來」。[34]

而這結果就是使肯恩的形象「光怪陸離、混沌不清」。套用他一句後來的知名評論（因為作家察斯特頓〔G. K. Chesterton〕引用了），這部片根本就是：「一座沒有中心的迷宮」。這篇評論的直白語調可能是由於波赫士討厭在欣賞電影和觀看威爾斯本人故事這兩件事之間的緊密連結，但是這說法倒也成了後來對《大國民》和威爾斯最常見的扼要評價：他只是個自詡為肯恩的空心大老倌，靠著他人的幻想而存在，而不是真有什麼價值。對大眾而言，威爾斯本人也同樣是幅支離破碎、必須重新拼湊組合的馬賽克拼貼畫。

當浮士德讓亞歷山大大帝死而復生，好讓整個宮廷都能見到他殺死宿敵大流士時，他警告亞歷山大千萬不要見到自己復活就得意忘形，因為他和大流士雖然看起來和活人沒有兩樣，卻「只是影子，沒有實體」。㉟威爾斯一直將浮士德這名魔法師當作藝術家的典範，能從虛無中變化出其他毫不實際的幻象，好愚弄容易上當的觀眾。這兩者都需耗費極大心力，透過各種紀律與方法才形塑出這些虛假的影子，還得保持一副舉重若輕的模樣。

換句話說，藝術家這種人就是無所不能，擁有能創造出自身世界的神奇大能，但是在此同時，他們卻又完全無為，毫不觸及他人所處的現實世界。從我們這世界的觀點來看，藝術家運用想像力的創造活動似乎只是在浪費時間和資源；投入創作藝術的瘋狂能量只是一種放縱的怠惰罷了。

威爾斯一九三七年在水星劇場（Mercury Theatre）製作《凱撒大帝》（*Julius Caesar*），雖僅年方二十一，卻已經名滿藝界；霍華德・泰希曼（Howard Teichmann）是當時的舞台總監，他對威爾斯這種兩面性格做了極為生動的描述：威爾斯會坐在劇場中央走道的工作桌，對著麥克風輕聲下令。那張工作桌大約兩張餐桌大小：「他要是餓了，就會叫人去買吃的，他們會幫他帶疊得像座小山一樣高的牛排、薯條、冰淇淋、幾壺咖啡，讓他大快朵頤。」㊱

排演的節奏是按照威爾斯那個還在青春期的生理時鐘來進行，通常這就表示是從半夜開始，直到日上三竿為止。事實上，威爾斯的青年時期簡直就像是青春期少男最刺激的幻想成真。年輕人渴望的權力、食物、性愛、名聲、無限的創作自由，往往只是他們在自己房間裡做的白日夢，但是對威爾斯來說，都是在這現實世界中取之不盡、用之不竭的東西。所以他的成年時期也同樣籠罩著一層童年時期才有的迷離氣氛——彷彿是專屬於這名魔法師的大遊樂場，整個世界都能隨他擺佈。

等他征服了整個美國文化圈——劇場、廣播、電影，甚至到後來還包括政治期刊和公眾演講——他都還能夠同時在這些領域維持那副巨人形象，那才真是了不起的把戲。「光是從量的層面來講，」卡洛說道：「他的產量就幾乎是非人能及了。」[37]在威爾斯身兼多職的時期裡，有一名記者記錄了他在百老匯的阿德爾菲劇院（Adelphi Theatre）搬演《環遊世界》（*Around the World*）這齣受《環遊世界八十天》所啟發的大型歌舞劇時，究竟怎麼同時完成那麼多事情。在這份記錄裡，威爾斯除了執導與主演這齣歌舞劇之外，還出席了一場在柯帕卡巴納（Copacabana）的夜總會開幕活動，擔任當天傍晚的開幕秀，所以他在《環遊世界》的劇本裡也必須要讓自己避開前半場的戲份。夜總會那邊表演完一場之後，他馬上要趕回阿德爾菲劇院繼續演出剩下的不同戲份，「然後他又得飛奔回到柯帕卡巴納去演出兩場晚餐秀」[38]。威爾斯還在《環遊世界》沒有安排下午場次的日子裡演出下午場的《李爾王》（*King Lear*），接著又馬不停蹄地計畫重演《五王紀》（*Five Kings*）——也就是他改編莎士比亞歷史劇的經典濃縮版本。

在排演和正式演出的空檔，威爾斯還會抽出幾個小時來撰寫週五晚間半小時廣播劇的劇本以及週日廣播要用的演講稿。

這麼不受控制的超量工作意味著什麼？雖然威爾斯會接下這無以數計的工作，往往是為了支付他累積的債務，包括他個人在創作事業上的投資和接踵而來的每日開銷，但這樣說只是在重複問題，我們還是不懂他怎麼會把自己困在這個開銷總是過大，事業也總是過度擴張的循環裡頭。

這兩方面的過度增長也使得威爾斯的自我形象膨脹起來。他滿心以為自己在創作上的宏大抱負得以實現，或是想塑造他一往無前的大眾神話，終不免開銷透支。為了擴張版圖，他在幕前幕後都塑造出許多自己的不同形象。而既然人忙事雜，他就不得不花費更多在舞台、銀幕、廣播、報章雜誌上，而這些林林總總的驚人錢坑，正是他如何對待自己空洞內心的具體表徵。

一九六二年，威爾斯接受琴．克雷（Jean Clay）採訪時，在克雷的持續追問下坦言，他自比為某種東方或基督教的隱士，認為「自我」是「某種敵人」。他還說，他自己的作品「恰恰就是能使我走出自我之外的東西」。㊴他一針見血地澄清這個想法：「我喜歡我做的事，不喜歡我這個人。」

他所「做」的事，也就是在舞台銀幕上下不斷搬演自己，是不是一種逃避面對他是什麼人的誇張方式呢？「問我問題就像是判我死刑一樣，」威爾斯解釋說：「我怕死了心理分析。弗洛依德那套會殺死人心裡頭的詩人。他會殺掉矛盾——但那可是人最重要的東西。」

這些矛盾層出不窮地出現在他所扮演的自己和其他角色身上，在「我這個人」這片空間前播放出一幅幅眩目而忙亂的影像。威爾斯既然要透過自己所做的事而非自己這個人來理解自己，便將自己化為一個永遠受外在凝視的物體，只有藉由無數他人投射在他身上的種種凝望與幻想，他才能體驗到自己。可是一旦拉開這些表演的簾幕，除了他的自我曾經存在過的那片駭人空無之外，還剩下些什麼呢？說不定，掌聲與罵名就是威爾斯僅存能夠確認自己存在的管道了。

大家可能會認為心理分析師應該要警告逃避自我可能對創作生涯帶來什麼樣的不堪後果。可是威爾斯這例子，還有許多藝術家也一樣，警告我們，在蓬勃創意與健全自我意識之間容不下輕鬆並存的空間。事實上，他生涯最後也是最受低估的長片《偽作》正是在興高采烈地打破這兩者之間的關聯。

《偽作》是一部環繞著藝術與自我同樣都是幻象、詐欺、贗品這個概念的散文電影。電影一開頭，是威爾斯站在火車月台上表演魔術，一群小男孩圍著他看得目不轉睛，一名女子則透過火車窗戶望著這一幕。「再秀一次你那招！」她笑著對威爾斯喊。那就是歐嘉・蔻達（Oja Kodar），來自匈牙利的年輕演員，也是威爾斯晚年的伴侶。肥胖年邁的威爾斯和這名小他三十歲的美豔女星之間不言可喻的關係又再一次令人對這名魔法師驚訝不已：你到底怎麼辦到的？

這個問題隨著電影裡真有其人的匈牙利贗仿畫家埃爾米爾・德・霍瑞（Elmyr de Hory）和為之作傳的放蕩美國藝術作家克里佛・爾文（Clifford Irving）那一層又一層的欺瞞詐騙，不禁再次浮現。德・霍瑞在伊維薩島（Ibiza）上過著流亡生活，和靠著他驚人仿作致富的藝術品掮客生活在一起。爾文也住在這島上，受僱替德・霍瑞撰寫《假貨！》（*Fake!*）這本傳記，但很快被拆穿他就是靠著偽造的私人文件捏造霍華・休斯（Howard Hughes）生平的傳記作者。不過，休斯本人其實也是騙術高手，經常派替身假扮自己來混淆媒體的鎂光燈。

這錯綜複雜的虛幻構詐建立在威爾斯對他自身事業的種種虛假偽造所進行的反省上，從都柏林城門劇院中大放厥詞要成為紐約巨星（這番大話後來倒是成真了）的小角色，到在《世界大戰》廣播劇嚇得百萬民眾以為美國真的遭到外星人入侵，再到模糊虛實人生界線的威廉・藍道夫・赫斯特（William Randolph Hearst）與查爾斯・佛斯特・肯恩的故事。隨著這張網逐漸擴大，威爾斯也逐漸揭露原來《大國民》中主角的靈感源頭其實不是赫斯特，而是霍華・休斯。

威爾斯既然身為導演，本來就該是騙子，不會老老實實地敘述那一對不老實的敘事者的故事。在這層層疊疊的勾心鬥角之下，個人的身分認同、藝術、人生本身全都變得虛浮不實。威爾斯自己就說了：「藝術世界本身就是個龐大的信任把戲。」所謂的專家有可能自信滿滿地將贗品當作真跡，反倒對真品的出處來源質疑再三；威爾斯笑道，專家其實也只是「神棍」罷了。

《偽作》這部片戲謔地串連起專家技藝，又眼花撩亂地展現出各種假扮假冒的人物與事件，在這個英國脫歐、川普在位、「假新聞」大鬧的世道裡，倒成了空谷跫音。這部片預見了我們一向習以為常，以為恆久穩固的政治與文化常態會怎麼樣地徹底扭轉、突然崩解。

電影裡的最後一段透過細膩的運鏡技巧，讓威爾斯將一名扮演蔻達祖父屍身的老人飄浮在半空中，再用一塊床單裹住，接著就使出了魔術師般的手法掀開床單……底下什麼都沒有。

就在這一刻，威爾斯揭穿了藝術的虛無，也戳破了他自身的空虛。但是這份藝術家的空虛並不讓人害怕，反而透過藝術家的巧手化成了迷人的輕快愉悅。法國的一份小報在頭條激昂地批評德．霍瑞在電影中某處「將靈魂賣給了惡魔」。就像浮士德的故事一樣，塑造作品的作者將實實在在、帶有沉重文化地位和經濟價值的事物都變成「只是影子，沒有實體」。但是這場鍊金魔法並沒有將施展法術的魔法師拉進浮士德的地獄，反而送進了威爾斯的天堂。

※

《偽作》裡展現出來的活潑輕快絕不是事情的全貌。魔法是一種危險的技藝。只要在繁複的施展過程中出了一點小紕漏，原本自在飄浮的輕盈馬上就會變成跌墜落地的尷尬。儘管威爾斯有迷惑觀眾的無比魅力，這位現代浮士德也難免在使出全力創造奇觀的時候偶爾失手砸鍋。

隨著透支預算、拖稿延期和疏遠製作人的名聲逐漸傳開，威爾斯也愈來愈難籌措拍攝電影與舞台劇的資金。他的生活愈來愈像手忙腳亂的雜耍劇目，一部又一部的電影、寫作、廣播、表演、趕場，就像一顆顆急速拋上半空的球，隨時都可能砸了下來。拍片途中要是資金用罄，威爾斯就只能被迫中斷，再度前往各個歐洲電影劇組軋戲，在各齣史詩大戲中演出以換取高額酬勞。

威爾斯苦於在創作上和經濟上無以為繼，不免感到左支右絀，深深自責自己應該做到更多更好，終究陷入了一連串的憂鬱崩潰。這些時刻讓我們得以見到他原本試圖藉由瘋狂工作來逃避的那些羞恥不堪、自我厭惡的窘況。威爾斯之所以受不了慢吞吞，說不定正是因為這會讓他有時間獨處，有時間面對自己。

一九三八年，威爾斯開始演出威廉．吉列（William Gillette）的笑鬧劇《真假強森》（*Too Much Johnson*），這是將電影改編為舞台劇的首度嘗試，但是演出時卻因觀眾不滿，紛紛朝舞台怒擲物品而草草中止。這無疑是從小備受嬌寵的他長期以來心中種種疑慮不安的最終證明。才過不了短短幾天，那個在紐約舞台界叱吒風雲的神童就成了人人口中的笑柄。

在《排練》（*Run-Through*）這本記述當年在威爾斯身邊擔任舞台夥伴的回憶錄裡，約翰．豪斯曼（John Houseman）描述了威爾斯對《真假強森》一劇慘況的反應：「他回到他在瑞吉飯店的冷氣房裡，躲在黑暗中整整一個星期，身邊就只有兩萬五千呎的電影膠卷……他相信自己這下真的要死了，會被氣喘、恐懼和絕望折磨致死。」⑩威爾斯的其他友人也說他在這種危機之中會毫不留情地自我抨擊。在這種時刻裡，他的氣喘發作會特別厲害，彷彿他每一口呼吸都是要表達他對自己有多厭惡、多憎恨一樣。

打威爾斯四十歲起，各種病痛就隨著他急速增寬的腰圍纏綿而上。他的關節和雙腳始終疼痛不已，嚴重的氣喘更是經常併發扁桃腺炎。瘋狂工作和病倒臥床間歇交替的情況愈來愈顯著——「這個，」卡洛寫道：「才是他經常神祕失蹤的真正緣故。」

這些突然無故失蹤的情況都帶著一種不對勁的酸楚，彷彿在他創作不倦與自我膨脹的背後潛伏著一片混亂崩潰。在威爾斯的龐大身材後，掩著一份不自在，而這種雙面性格在他的舞台劇表演中更是表露無遺。他會變本加厲地對每個細節下令，從設計、燈光到音效，全都要牢牢掌控，好讓他自己的注意力能夠在排演的每個時刻都被各種概念和實務需求滿滿佔據。

既然他要這樣勞力費心，自然就沒有多少時間排練自己的角色了，所以他只能和其他演員在排演的最後階段才真正同台合作，而這對他和其他演員來說，都是糟糕到不行的麻煩。畢竟他要扮演的總是像奧賽羅或李爾王這樣的角色，而這就表示這個角色在整齣戲先前的排演中全都缺席；就算有另一名演員在排演時替他的角色唸台詞，也很難猜測到威爾斯最後演出時究竟會採取什麼樣的節奏、聲調和動作。

一名演員有什麼道理會故意讓自己和劇組在表演時陷入如此不利的情況？威爾斯的大膽冒進可能終究只是他掩飾自我懷疑與羞愧的遮羞布罷了。他在舞台上下的各種自我表現遮住了他對自己演出的深刻不安。為他作傳的卡洛不僅是作家，也是位傑出的演員，他就說威爾斯的表演總落在雄辯與煽情兩種模式，而這兩種方式都「否定了真情實感；只求讓觀賞者印象深刻，不求揭露內心真情。這些方式都是外在功夫，用來遮掩情感上的欠缺。」㊶

而一如伊亞哥（Iago）和戴斯德夢娜（Desdemona）這兩個莎翁筆下的角色只能在威爾斯缺席的狀況下演出那樣，威爾斯也同樣只能在自我缺席的狀況下行動。或許他之所以會推遲與同劇演員排練，就是怕那些精於情感掌握與觀察的演員看穿他的魂不守舍。威爾斯在電影製作人理查・弗來雪（Richard Fleischer）一九五九年執導的《迫不得已》（*Compulsion*）中，扮演李奧波德（Leopold）與婁卜（Loeb）一案的辯護律師，弗來雪對威爾斯的描述可說證實了我們的猜想。

威爾斯堅持要拍特寫鏡頭，還會要求反拍鏡頭外的對手演員。「他會在整場戲裡對著假想的對手演員演出，」卡洛寫道：「對沒人說的台詞做反應，做出他自己的各種詮釋：搶話、大笑、生氣，就好像真的有人站在那邊跟他講話一樣。」㊷如果不得不必須跟其他演員同台，他也會避免與他人的眼神接觸，要是真的不小心四目交接，威爾斯還會忘詞。在一場法庭戲裡，他要對著劇組裡的另一位演員馬歇爾（E. G. Marshall）發表陳詞，所以只好要求馬歇爾閉上眼睛，然後要求其他坐在馬歇爾身旁扮演助理檢察官的演員也一一閉上雙眼。「他們只得全都排排坐好，」卡洛引述弗來雪的話寫道：「專心聽講，雙眼緊閉。」

威爾斯沒有舞台恐懼症或類似問題，所以出現這些焦慮症狀才更令人訝異。他反而從年輕時就一直在成千上百，甚至十萬、百萬名的觀眾面前演出，而且還經常沒排練過幾次，甚至還得即興演出，從來沒有一點怯場或動搖的跡象。所以看起來他所害怕的，其實是對著單一觀眾演出。坐在安全距離外的大批觀眾會受他的表演魅力蠱惑；只有對著全神貫注的單一對象表演時，他要的那套花招才有可能露餡。

威爾斯過度花耗的拚命程度堪比他的過度生產，而且很可能也是出於同樣的緣故。他酗酒、暴食、濫交，拿著自己和他人的錢亂花，害得別人也得和自己一起負債累累。一九四六年那部《環遊世界》的舞台布置花了金主三十萬美金，「而當時製作一齣大型音樂劇的平均花費是十萬美金」。[43]劇評家沃考特・吉布斯（Wolcott Gibbs）在評論這齣戲時就特別提到技術上的龐雜繁複和眾多的演員人數「開銷會讓《環遊世界》吃不消」，接著還說：「當然了，一個不太可能發大財的行業，特別會對心思繁複的天才有著格外難以抗拒的魔力」。

吉布斯可能只是隨口亂猜，但是這番話卻直指威爾斯事業上的創造力與破壞性彼此交雜的癥結。但要說威爾斯的創作成就完全敗在他自己的自毀傾向上，反而忽略了這兩者之間更曖昧難解的關係：威爾斯顯然深深著迷於破壞性的創造潛力，也沉迷於創造力的破壞潛能之中。

百老匯和好萊塢各自都有對藝術和藝術家的不同要求。粗略地說，藝術家不可以冒犯大眾的道德或品味標準，也不能脫離敘事和類型常規。除了這些道德與美感責任之外，還有財管責任，也就是開銷不要過度超出原本預算。藝術家創作的商品要符合基本的經濟原理：收入要比支出多。資助的金主要能夠看到自己的投資獲得回報。

然而，這卻是威爾斯死命抵抗的大眾藝術「中年」責任觀。這種觀念根植於基本的資本主義原理，投資要獲得成長與擴張，或者我們也可以稱之為健全的回報。由此觀之，吉布斯說一齣戲注定是要賠錢的這個看似詼諧的想法就格外危險了。這讓人想到喬治・巴塔耶（George Bataille）的「普遍經濟」（General Economy）；在一般傳統或「受限的」（restricted）經濟體系裡，因投資增加的回報會用來促進更進一步的投資和生產，但在普遍經濟的體系裡，既沒有投資，也沒有回報，唯一有的就只是純粹、無限制的消耗與浪費。

拿威爾斯與巴塔耶相提並論是有點過度延伸了。但是看到威爾斯不斷反抗著中年經濟的健全回報，實在令人很難忽略巴塔耶的喃喃話聲。威爾斯的抗拒從早年在水星餐廳時期起就已經成了他的職業危機，等到一九四二年他接受美洲事務辦公室拍攝促進美洲團結的電影合約，因此離開好萊塢前往巴西時，更成了他的生活方式。這部《千真萬確》（*It's All True*）原本是要當作增進與南美洲關係的大型外交計畫中主打的文化核心產品，但是由於接連不斷的透支和延期，終究成了一場壓垮威爾斯事業的致命災難，也是他自此江河日下的先聲。

當美洲事務辦公室抽斷計畫銀根時，威爾斯也早已經疏遠了美國各地區劇團，並且和家鄉的製作人沒了聯繫。《千真萬確》的四個段落沒有一段完成，其中兩段更是只有漫長而混亂的記錄影像。雪上加霜的是，威爾斯的第二部片《安伯森家族》的後製工作才正開始進行，他就又得離開好萊塢，妄想著能在南美搞定後續的剪接。在多次長途來回交寄之後，最終版本（或者不如說是最終刪減版，因為這過程中搞丟了一個小時片長的膠卷）總算剪接完成，而且不管他的強烈抗議就配好了音效，趁他人在巴西時發行，還有點觸霉頭地跟《墨西哥怒漢見鬼啦》（*Mexican Spitfire Sees a Ghost*）這部搞笑片聯映。

在這段時期所遭遇的艱苦困境和魯莽無謀的自尋麻煩——將他精緻風格的電影拋給工作室的粗人處理，自己還將下一部片的預算花到其他地方去——後來成了終其一生不斷循環的常態。最令人沮喪的是，這段不停重複的情節總是發生在後製工作期間，但這個透過剪輯、配音的繁複變化過程向來都是電影創作的核心要務，也是他最能夠彰顯個人印記的主要管道。

他的電影一部接一部，卻都是同一則故事的不同翻版：威爾斯總是在最可能破壞電影美感和敘事連貫的那一刻失去對創作的掌控能力。如果他沒從遠端遙控剪輯，就要在合約裡將最終剪接權讓出去，結果就導致工作預算超支或是作業延期，最糟的是，他甚至還會故意在手上這部片還沒搞定的時候就開始下一部片的計畫。

計畫總是因熱情而生，在執行過程中則是要靠著美感直覺和技術知識來投資，但最後總是功虧一簣，東西交出後，卻在對整部片一知半解甚至是討厭他原本構想的外人手上給搞砸了。彷彿一開始的創作靈感飛得愈高，就注定最後的無力崩潰會摔得愈重。

我在想，這樣的起伏是不是也同樣描繪出威爾斯身材的悲哀命運。他的高大身材在年輕時就是驅動他無饜野心的動力引擎。一輪又一輪的牛排、冰淇淋、白蘭地，看起來和他的創意遠見與性格也搭配得天衣無縫。但是要抑止這樣大吃大喝造成的後果實在太難，終不免拖垮了他的身心。巴塔耶說不定曾經描寫過威爾斯的身材，說那副身材絲毫不差地展現出了自然的規律。威爾斯的身材就像巴塔耶眼中的那株植物一樣，「按著太陽升起的方向昂立，然後朝著地面的方向崩毀」。

彼得．孔瑞德也寫過威爾斯發脾氣時帶來的恣意破壞：他有一次氣到把整個房間的垃圾都倒在紐約的瑞茲—卡爾頓飯店地板上；還有一次他把烘碗機砸向豪斯曼，結果把好萊塢雀森餐廳（Chasen's restaurant）的窗簾給燒了。孔瑞德說，他這種暴怒「是對現實那份僵固不化的一種抱怨。這種暴怒能讓威爾斯回到一切都還未定型，什麼形式和規矩都還沒加到我們頭上之前的那種柔韌狀態……。」㊹

這種一般稱之為混沌的狀態，恰恰正是威爾斯的人生與工作始終落向的境地。我們以為堅固可靠的一切架構在這裡分崩離析，這是我們的靈魂與軀體最終潰散沉淪的不歸之處。到了中年，我們大多數人都會試圖暫時停止這波運動，想要在這宇宙中刻畫下自身的痕跡，就算是僅有片刻也罷。威爾斯寧可「輕巧地跳過這階段」——至少在藝術上可以有時飄浮在上頭，但是更常見的是他不敢重力的拉扯，最後不免翻墜落地。

威爾斯一九五八年在墨西哥邊境拍攝的驚悚片《歷劫佳人》（*Touch of Evil*）精采地摹演出漢克．昆蘭（Hank Quinlan）這名貪腐惡警的形象，他把自己的身體拍得像是某種不停溢出畫面之外的龐然大物，像要凸顯那份邪惡就藏在這堆肥肉之中一樣。為了扮演昆蘭這角色，他還特地在原本就壯碩的上半身上頭再加上厚厚一層襯墊，好讓這角色的體型看起來更令人不寒而慄。

昆蘭碩大無朋的身軀與威爾斯扮演迷人自恃、自利虛偽、懶散混亂又可笑的約翰．法斯塔夫爵士時那身孱弱鬆垮、垂垂老矣的模樣恰成對比。有不少評論家都認為威爾斯對法斯塔夫的深刻認同，讓他演起莎翁筆下的其他角色都不如扮演法斯塔夫來得豐富充實。《夜半鐘聲》裡的法斯塔夫不像在其他人的戲裡那種晝夜狂歡的派對動物，而是一個身心飽經摧殘，對命運接下來的安排憂懼厭煩的普通人。他的笑容有氣無力，總帶著無可救藥的哀傷，對他自己和他的人生所處的境況萬般失望。

在法斯塔夫自吹自擂的豐功偉業裡，倒是暗示出關於威爾斯的一些事，他這個塑造自身神話的急先鋒，也同樣在各個電視脫口秀節目上編造許多關於自己年輕時候的各種事蹟，而且還往往彼此有所矛盾。孔瑞德寫道，一九五〇年，威爾斯正當三十五歲壯年，就覺得「自己揮霍了大把青春，浪費了寶貴光陰」。這份自我苛責可以從《午夜鐘聲》中法斯塔夫疲憊的雙眼中看得出來，但是最令人印象深刻的，還是莫過於他在火車上羞慚至死的那個經典場景。

在那個場景裡，哈爾（Hal）與龐斯（Poins）不斷激法斯塔夫吹噓自己在蓋茲丘（Gadshill）公路搶案裡的英勇表現，最後才揭曉他們是針對他而來的；畢竟他們就是設計他和他同夥的那批蒙面人，「而且，只靠一個字就嚇得你們屁滾尿流」。在嚇倒法斯塔夫之後，哈爾問「這雄偉的肉堆」：「你現在還有什麼把戲、什麼辦法、什麼去處可以逃得過這麼公開明白的羞辱？」

這也正是威爾斯了解到自己總是一次又一次遇上自己造成的災難後所面對的問題：你這次還能變得出什麼老把戲來？

在莎士比亞的《亨利四世》裡，法斯塔夫還是那套老辦法，用新的謊話來圓舊的謊：他一直都是在開玩笑而已呀！「老天在上，我認得出你，就像上帝也認得出你呀。」但電影裡倒是把這個狡猾的藉口變得難以入耳。那個鏡頭由下往上拍，法斯塔夫坐在他的桌子後頭，露出一臉奸笑，直到一切真相大白；剎那間，這場景裡的主人翁就變成了眾矢之的。在這百口莫辯的當口，他臉上的笑容頓時僵住，直到想出能夠回答的話來。

那瞬間凝結的奸笑，那個死命想抓住早已殘破不堪的尊嚴的形象，就是威爾斯最令人驚奇的魔法伎倆。從他臉上微微僵住的肌肉，流露出他破敗內心的僅存殘餘。而在那副頹墜鬆垮的身軀上方，那張臉實在像極了象徵著虛榮之樂的中世紀雕像。在我看來，他一生的恥辱就在那一刻完全揭開，也同時徹底償清了。

第 II 部
反重力

Antigravity

第 3 章

做白日夢的人

The Daydreamer

我翻著家裡的老相冊，看到相簿裡頭那個滿眼白日夢的男孩回望著我，心裡怪不自在的。我一直想看看我印象中的那個小白癡，而不是這個瘦小乾癟的小鬼靈精。

這個小男孩看起來像是迷失在詩一般的白日夢裡，但我記得的小時候卻像是個肥老頭一樣步履蹣跚地在這世界上跌跌撞撞，一邊埋怨這身負擔一邊前進。當年我腦海裡的思緒也同樣遲緩，彷彿是要模仿我不協調的肢體動作。數學和歷史都是左耳進右耳出，沒在認知和記憶裡留下半點痕跡。我的童年實在是乏味至極。

儘管如此，人生總有些美好事物：讀書、說故事、作詩、唱歌、看圖、畫畫，都有趣極了。我只有在這種主動興趣大過實質努力的活動裡，才能夠掙脫身上的煩悶枷鎖，找出通往另一片天地、成為另一個人的路徑。

我那時好像對其他事都不感興趣。我會對該做的事拖拖拉拉，別人都要開始做了，我才慢吞吞地開始學著怎麼動手。參加田間賽跑時，人家都衝過終點線了，我才跑兩百公尺；打冰上曲棍球時，冰球總自如地穿過我的雙腿，直接砸中我的指尖，然後才落地。我總是要等到踏遍了整座大城市、確定了活動日期、標明了重要機關所在，才知道自己究竟身在何時何地。

至於科學，唯一讓我有感覺的概念就是重力。重力就是我的本質，我就是重力活生生的證明。整個宇宙都在想辦法將你往下拉——這不是物理，這就是人生。我總是會不斷重看《史奴比》連載漫畫的最後幾格：露西在最後一刻將查理布朗的球搶走；查理布朗斜飛出去的身體、他飛高高時大叫的「啊啊啊啊」、他暫時停在空中的模樣，全都加強了他重重墜地的那聲

「咚」！

我那時候還沒讀過巴塔耶的書，但是等到許多年後我開始讀了，看到他描寫花朵是「按著太陽升起的方向昂立，然後朝著地面的方向崩毀」，將潰不成形的崩壞看成宇宙的宿命，真是當場讓我茅塞頓開。查理布朗早就教過我，無論身體或靈魂飛得再高再遠，都早就注定是要墜落的。

在我的白日夢裡，我會在雲朵上方翱翔；就算偶爾清醒的時候，我也會努力稍微讓自己飄離塵世。我的鋼琴彈得奇爛無比。即使過了幾十年，到了這把年紀，偶爾都還會突然被自己從前沒有認真練琴的愧疚感深深刺痛。因為我都沒練習，當然也就無從進步；因為沒有進步，我就更不想練習。這份羞恥感是我始終無法逃脫的牢籠。對啦，我是能練習，但是我的手眼老是不協調，有誰能受得了我一再重複彈錯的五音不全？

我每個星期都得忍受一小時鋼琴老師的凌厲目光，手指老是按在琴鍵之間的縫隙上。我幾乎可以感覺到他對我的笨拙有多麼不耐。我有時候會抬頭往上偷瞧，幾乎都能聽見他那副表情傳來的無聲抗議，彷彿在說：「我是在威格莫音樂廳演奏李斯特的人，何苦來賺這筆家教錢？」

「你的魂怎麼老是飛了？」老師們這樣講的時候，總是覺得又好笑又好氣。但是這答案就連在當時都很明白啊——白雲上頭多好玩，塵間俗世有夠爛。在雲端之上，球都不會被人搶走，我還能一腳踢進外太空。我在這世間的身體——瘦小笨拙又遲緩——再也束縛不了我，能讓藏在這小男孩身體裡那個英勇強壯又聰明的詹姆士．龐德翩然現身，當然也可能是壞的那一面跑出來啦。地面上的生活總是一連串阻撓我和心中願望的無盡障礙。生理、智力和藝術創作有著各種嚇死人的要求，我自知永遠也沒辦法達到那種敏捷、嚴謹和善於變通的水準，所以總是一副孤僻退縮的模樣。我有一位體育老師在教跑道賽跑時，看到我拖拖拉拉的模樣，不禁大嘆：「我知道有些人會覺得這很難，但是我真搞不懂怎有人連試都不試？」我倒是一直都不覺得不想做一件你不喜歡又不擅長的事有什麼難懂。就算到現在，我仍然搞不懂這究竟是我的問題，還是那位體育老師的問題。

我的體育老師就跟我遇到的其他大人一樣，都只看到我輕易投降的一面，還像個懶惰鬼一樣不肯好好振作，努力向上。他們看不見，也從不在意在我額頭後方那塊微小卻無限的空間裡，我一直創造的各種神奇變化。

問我的魂怎麼老是飛到天上去？但我幹麼不飛呢？難道你還真的能給我更好的選擇嗎？我就跟每個會做白日夢的人一樣，才不相信咧。在我的經驗裡，現實世界就是叫你像奴隸般做得半死，卻只能換來些微酬賞。那幹麼不另覓去處，別開洞天？

但偶有幾次，我空曠的內心生活也會染上些俗世塵緣。十一歲那年的某個下午，我們班那位精神矍鑠的音樂老師把我們帶到體育館裡的長凳坐好，然後宣布說要開始演戲，徵求自願者即興演出獨幕戲，一人飾演所有角色。我一反往常地搶先舉手，自告奮勇。

我飛奔過整個教室，大氣不喘地馬上演起小短劇，講的是一個控制狂父親帶著小孩到公園野餐，結果被這群小鬼搞得人仰馬翻的故事。我的聲調姿態把那名父親、那群野孩子，還有無辜遭殃的路人演得活靈活現，輕輕鬆鬆就能從馬尾小女孩甜膩的聲音換成退休上校扭曲著臉的嘶啞叫喊。在全班哄堂大笑之餘，我彷彿看得出他們不敢相信我竟然能夠這麼認真表演，不是歪打正著的笨拙搞笑。

要不是因為這場戲給了我一份輕鬆愉快的感覺，我還以為自己永遠也不會記得這次表演了。我的舌頭和四肢都擺脫了過去一直扛著的千斤重擔，發現了從前只有在白日夢裡才有的靈活敏捷。在那當下，我真的活在這世上，是在這地面上飛翔跳躍，而不是拖著腳步蹣跚打滾。

學校裡的戲劇表演——莎士比亞、蕭伯納、狄倫．湯瑪斯（Dylan Thomas）、王爾德——後來也都讓我能熬過中學時代的苦日子。但是即使我扮演的角色身材大小性格脾氣各自不同，我的快樂仍舊是來自在小學體育館表演那天的同一個來源：舞台能讓我變成刺客、鬼魂、小偷、狐狸精，卻不用刻苦努力才能變成這些人物。

當然了，演戲本身也需要下苦功，而且就像其他的技藝一樣非常講求天分、努力和技巧。但是演戲也和其他的藝術項目一樣，這些苦功都是為了想像世界而不是為了現實生活而下，是屬於一個沒有重量與實體的世界，沒有哪個國王會在那個世界裡真的被刺死，也沒有哪個不幸的人會真的受人訛騙，這一切都只存在於演員與觀眾之間有意的共同幻想之中而已。

從這角度來看，用「演戲」（acting）這個詞來指稱戲劇表演實在是有點令人啼笑皆非。在拉丁字源裡，*actus* 是從 agere 演變來的，意思是行事、驅動、造成，所指的對象是有人完成的事項，或是已經發生的事情。但是在戲劇裡的演出並沒有造成什麼事情發生。如果你在戲裡殺死了國王，大家還會鼓掌叫好，要你隔天晚上繼續同樣的演出。演戲這回事，就是在成為他人時仍然維持自我，佯做某件事，實際上卻什麼也沒做的一種方式。

這不就是藝術真正的魔力嗎？藝術會引領我們進入想像的世界，讓現實世界裡掌管生活的一切規則邏輯與事實全都有如夢幻泡影般瞬間消滅。在現實世界中要做事是樁苦活兒，因為現實界只允許我們在世界的一個小角落裡活動，還會給我們帶來無數的障礙——包括我們身體與心智的有限能耐，以及在物理世界與人文社會中的種種鐵則。但是白紙、乾淨的畫布、空曠的舞台都歡迎我們任意扭曲、扳折、重塑、毀滅世界，讓超越我們自身之外的無數自我與不同時空都出現在這裡頭。

即使是再怎麼紀律嚴謹、再怎麼多產的藝術家，似乎也總是很難避免讓這世界對他們的無所事事指指點點。這看似有些矛盾，但是對那些被人說成天做白日夢的人倒是顯得無比貼切。我坐在教室裡的時候，腦子裡會不停迸出各種瘋狂又複雜的故事、人物與猜想。可是如果那時候黑板上不是剛好在算三角函數或抄寫拉丁名詞變化，老師大概會覺得我就只是在偷懶吧。他猜的也不算錯；鑽進我腦中的幻想世界當然比學習、記誦、處理俗世中各種麻煩事輕鬆多了。

從現實世界的角度來看，藝術家的想像世界就算再怎麼瘋狂，基本上也沒有什麼建樹；事實上，正如布朗修所言，想像世界「消滅了行動」。如果你在真實的戰鬥中遇上了敵人，很可能會受傷甚至送命；但是我在腦海裡的戰鬥就不用冒這種風險。我可以神準無誤地擊中任何敵人，或者就算中了槍，也仍然可以起身，拍拍灰塵了事。這就是我那麼喜歡演戲的緣故——可以讓我擺脫這個小心眼的世界，不用只是當此時此地的這個我。行動的國度有其界限，演戲的世界廣闊無垠。

我在中學裡繼續試鏡、排演和演出，一直到大學一年級還在演，沒想到夢想成真，我真的當上了《浮士德博士》的主角，在一片沒有布景、沒有擺設，只有浮士德召喚惡魔的隱形法陣的地板上，演給少數觀眾看。

如果說那時得到浮士德這角色還不算諷刺，如今可就令我哭笑不得了。浮士德在戲裡不要世俗生活的那套卑微滿足，也就是必須努力工作才能試著獲得欲求之物，而且還未必能得償所望，他要鍊金生活帶來的無限愉悅，只要開口就能實現夢想。浮士德是我的自畫像，像鏡子般映照著我的幻想，要什麼有什麼、想當誰就當誰，完全不用費勁出力。

暗藏在浮士德這個偏執的學者心裡頭，汲汲於一個又一個知識領域的，是一個妄自尊大的傢伙，幻想著能夠不費吹灰之力就立刻心想事成，所有阻撓慾望和夢想的障礙全都移除得一乾二淨。

我也同樣抱著這份幻想，也相信我心裡那個妄自尊大的傢伙，這讓我的表演有了活力，但結果反倒可能是興奮過頭了。我到現在還依稀記得我對幻想中的海倫（引發特洛伊戰爭的那位）發表的激情演說，還記得她變成了留著鬍子的梅菲斯特菲勒斯時是怎樣嚇壞了我。但是我現在更清楚記得的，是燈光暗下來之後的那片寂靜，不知過了多久，我從浮士德那副身軀裡回過神來，聽見我在腦海裡對自己說：「我再也不演了。」

這內心的聲音如此清晰，實在令我又震驚又安心。我信守了這份諾言，而且除了假裝扮演我自己之外，我真的再也沒上台過了。這是我一輩子極少數行動勝過思考的確切例子，雖然做出來的是一份否定。我到現在還不能確定我明白了那份決心和隨之而來的堅定。說不定這就像浮士德突然察覺海倫只是個幻象一樣；我也偷偷窺看了我那份自信滿滿的抱負後方，卻只發現那份堂皇只是紙糊的，沒有任何事物支撐。

我心裡豁然開朗，原來我並不是想當一名演員，我只是想表演然後得到稱讚而已。我頓時看清這兩者原來是那麼不同的兩回事。我了解到要從我大部分都不認識的付費觀眾那裡騙來掌聲，就意味著要學會踢踏舞、武打、默劇、朗誦——還有遭到拒絕——當然說不定也包括我突然發現原來我其實演得沒那麼好。

時隔多年，現在看來，那份決心倒是顯得有些反諷。我以為自己在演戲裡可以找到浮士德想在鍊金術裡找到的東西：不用歷經好好做事所需的艱苦挫折，就能馬上獲得幸福快樂的祕訣。但是當合唱的眾人圍著我演的浮士德屍身，呼喚觀眾看著我「沉淪地獄」時，我旋即感受到浮士德的那份惶恐，只不過這份洞見與其說是來自悲劇，倒不如說是鬧劇所生：完滿成功沒有捷徑。

我鬆了一口氣，下台一鞠躬。

※

在拍攝電影《霹靂鑽》（*Marathon Man*）其中一幕時，達斯汀・霍夫曼告訴勞倫斯・奧立佛說他自己要七十二小時不睡覺，讓自己陷入筋疲力盡的狀態，據說奧立佛問他幹麼不「試著演出來」？①

演戲可能會讓演員從現實生活的嚴格中抽離出來，但是表演戲劇這項活動並不比現實中的其他活動輕鬆。在日本能劇或默片演出裡的體能與形式訓練更是要求方法演技派演員得刻苦臨摹日常生活中的行為與情緒。

我在《浮士德博士》劇中四腳朝天扮演死屍的那幾秒裡，一定是察覺到了這種現實要求，才會連我的身心都像那副死屍一樣宛若槁木死灰。我花了將近三個小時在唸誦伊莉莎白時代的台詞，一下欣喜一下憂愁，一下歡鬧一下癲狂。我一直在整場演出活動的中央，這對一個壓根兒討厭行動的人來說還真是罕見的情況。

不知是否天意安排，差不多就在那段時間裡，我也正在課堂上討論王爾德一八九一年以對話形式寫成的〈當藝評家為藝術家〉（The Critic as Artist）。沒多久，班上就幾乎全都對那篇文章說「行動基本上是庸俗的」這個主旨大表不滿。「別談行動了，」藝評家吉爾伯特（Gilbert）在對和他對話的恩斯特（Ernest）這麼說時，流露出一種貴族般的不屑：「那是種盲目的東西……它本質上就不完整，因為會受到意外狀況的限制，而且對其方向也一無所知，只能永遠隨著目標變來變去。它的根本就是欠缺想像力。」②老師讀這段給我們聽時，還隨著這些批評一邊側著點頭。王爾德是「菁英主義者」、「妄自尊大」，完全不講理——「我的意思是，要是大家停止採取行動，那這世界又會怎麼樣？」

我向來不是個害怕辯論的人，但是在面對大家那麼義正辭嚴的敵意時，我還真不敢站出來幫王爾德說話。我其實很想告訴其他人，他們那種太過嚴肅，老是望文生義的反應，反而比我能提出的論證更支持王爾德的論點，但是我實在不敢說出口，只好緘默以對。

偏好藝術的人傳統上往往被當作愛做白日夢的逃避者，在德文裡稱為*Luftmenschen*，「空氣人」。但是王爾德他甘冒大不韙地倒轉了傳統說法，認為所謂講求實效的男男女女反而比藝術家更擔得起這名號。熱中於行動其實只是為了巧妙掩飾自身的空虛。王爾德說得再漂亮不過了：行動「就是沒事幹的人的避難所」③。

我們確實三不五時就會因為受不了沒事可幹而去做事。王爾德這句話恰如其分地描述了偏執狂的困境。而正當王爾德發表這篇文章時，弗洛依德也正在推想偏執狂對行動的盲目執著說不定是一種逃避方式，讓我們能抵抗獨自思索時可能帶來的恐慌。④王爾德說：「什麼都不做才是世上最難的事。」⑤因為這會讓我們無法藉由忙碌與追求目標來輕易脫身。要是懷疑這句話，只消到周遭一般的咖啡店、列車車廂或甚至家中飯桌上繞一圈，看看大家是怎麼樣避開眼神或肢體接觸，遁入電子郵件、串流影音和電玩軟體的焦躁呼喚之中就得了。

我覺得演戲好像能讓我脫離王爾德鄙夷至極的那種盲目行動。站上舞台，我就能甩開現實世界的污濁塵囂，在想像的世界裡覓得棲身之處。

這彷彿就是王爾德自己能夠明瞭演員的力量和迷人之處的緣故。不老不死的多利安·格雷（Dorian Gray）愛上演員席波·凡恩（Sibyl Vane）的時候，他愛上的不是隱身在面具背後的那名女子，而是她那種能夠轉化自己的神奇魔力。「我愛妳，」他對她說：「因為……妳讓大詩人的夢想成了真，讓藝術的幽影有了形狀和實體。」[6]但是當她一發現她對多利安的愛多過愛戲劇，她易容變身的天賦旋即消逝無蹤，成了他眼裡只剩下卑微平庸的可憐蟲：「妳沒了那份才藝，就什麼都不是。」[7]換句話說，他最不希望愛人變成的模樣，就是她自己。

多利安這麼無情地將藝術的縹緲幽影看得比活人的沉重現實更有價值，實在不愧是王爾德的親生兒子。他們倆都說，藝術只有在不受現實人事物的玷污沾染之下，才能夠成就意義與永恆。

演戲就是我從前逃避行動的辦法。只要是在演戲，我就不太會陷入現實世界的束縛之中。我樂於扮演工程師和醫生，但是更樂得讓別人去造橋搭屋或是治病開藥。跟這些認真嚴肅的活動一比，演戲實在是啥也沒做。

我放棄了演戲這個念頭，但並沒有去追求比較現實的東西，而是改走研究美國文學的學術路線。當然了，學術研究就跟其他工作一樣，也要求資格、審查、面試和行政管理——（就像今日所有學術人員都會說的一樣）這些活動都像極了現實工作和隨之而來的種種麻煩。在當今學術界重視數據、評量表、引用次數、學生像客戶一樣上網「評鑑」老師給分太苛、量化研究成果和對廣大社會的「影響」這種文化下，那種安安分分自己躲在房裡捧著精裝本鑽研米爾頓如何思索改善中世紀印刷的老派學究，大概除了報章雜誌上的幻想外，恐怕是不存於世了。

約莫在九〇年代中期，我就已經察覺到這條路線不太妙了。但是我發揮了自己視而不見的功夫，反而看出只有成天埋首書堆才有出頭的機會。更何況，也沒有多少事情會比成天讀書更能脫離講求行動與目標的現實世界了。

讀小說、劇本，甚至是讀詩，都是能從現實要求中抽身而退的好辦法。在極為有限的閒暇時刻裡，將閱讀當作一種休閒活動，可以當作消除工作苦難的良藥。閱讀能讓我們轉身背對這個世界。可是如果每天都要花上大部分時間閱讀那些縹緲不定的故事、人物和種種概念，可就完完全全是另一回事了，這表示自己寧可投入非現實，拒絕回應現實世界要你參與發展、為進步做出貢獻的聲聲呼喚。

大概有很多人會說未必真是這樣，我也可以了解他們的反駁不無道理。我對藝術如何打破日常現實的僵化教條，如何開啟嶄新未來、開拓人生與政治新局面的例子也算見得夠多了。可是我們之所以創造出種種虛幻世界，難道不也同樣正是因為真實存在的這個世界總是充滿苦難、令人失望嗎？

我不是唯一這樣想的。寧可拋棄真實世界，轉而追求無數想像世界的這種想法由來已久。打個比方，一七九〇年，法國貴族軍官薩維耶・德・梅斯特（Xavier de Maistre）就因為與皮埃德蒙的一名軍官決鬥，被判在杜林家中囚禁四十二天。他靠著撰寫囚禁生涯的日誌《在自己房間裡的旅行》（*Voyage autour de ma chambre*）來打發這段獨居時日，而我們則可藉由閱讀來隨他穿梭在臥室中的牆壁地板之間，沿途還會遇上各種日常物品。

這本書一開始，作者滿心期待著可能展開通往自我內在的旅程。這是一趟極屬於庶民百姓的朝聖之旅，途中不用做任何捐獻或服務。「孤苦、患病、無聊的人都跟我來吧——」德・梅斯特說：「全世界的懶惰鬼都一起**起身**吧——還有你……在房間裡想著要拋棄這世界，才能**好好生活**的你也來吧……」⑧（重點為德・梅斯特所標）

但是要從哪兒起身，又要做些什麼？當然了，假如懶惰鬼真的爬起身來，他們不就變成積極、有目標的那群人，不再懶惰了嗎？答案是懶惰鬼並非從床上起身下來，而是待在床上，讓他們的想像力穿越無限的空間，但不用動到手腳半分，什麼動作都不必做。德・梅斯特說，懶惰的人宣稱要拋棄外在世界，絕對不是要放棄人生的意思。相反地，懶惰鬼待在床上「才能好好生活」，要將想像力從日常俗世生活的鎖鍊中解放出來。

德・梅斯特的囚居生活弔詭之處在於這其實是真正的解放，放他飛向比外頭城鎮更廣闊迷人的境界中。「今天，」他在獲釋的那天寫道：「是有一群人決定我命運的日子，他們照說會還給我自由——但這豈不是說他們曾經從我身上奪走自由！……他們或許能禁止得了我在城裡或什麼地方遊走，但是他們反倒讓我擁有了整片宇宙：永恆的時間和無限的空間可都任我號令啊。」—⑨

我在讀德·梅斯特的文字時，實在沒辦法不聽見我童年時的自己。周遭的大人總是用一種無可奈何的口吻叫我別再做白日夢了，回到塵世生活裡繼續下去才是正道。我那時所表現出的溫順聽話，背地裡其實掩著你在德·梅斯特身上能夠看見的那股傲氣。我心裡暗自回嘴，我也許不擅運動，也不是教室裡頂尖聰明的，但是我哪管這些？其他小孩都只是教室裡的奴隸，全都被黑板、作業本、足球場給管得死死的，我可是自由自在地遨遊在隨我所欲的宇宙裡，而且還不用離開我這張椅子咧。

德·梅斯特的旅程串起了發呆與充滿想像力的生活之間的連結。但是在這過程中，就不免要再度質疑我們文化中特別重視現實與必然的道理。再早約三百年前，荷蘭的天主教神學家德希德留斯·埃拉斯謨（Desiderius Erasmus）出版了《愚者頌》（*The Praise of Folly*），這位在當時人文主義方興未艾的領袖人物以女性扮成小丑的愚者為敘事主角，嘮嘮叨叨地講述一篇滿滿反諷意味的佈道文章。

這愚者使出渾身解數來說服聽眾在生活中愚蠢的那一面反而更優越。她細數她家族淵源，說自己是富裕之神普魯圖斯（Plutus）和也是眾多仙女中最美豔的聶歐特絲（Neotes，即代表青春的仙女）的後代。她出生在極樂島（Isles of the Blest），那是個富庶悠哉的夢幻天堂，「沒有工作、不會變老、沒有疾病」⑩，她的奶媽是醉酒仙女梅特（Methe）與愚蠢仙女阿珮蒂亞（Apaedia），其他仙女則輪流照顧她，尤其是遺忘仙女蕾特（Lethe）、懶惰仙女蜜索坡尼亞（Misoponia）、快樂仙女海敦妮（Hedone）、奢華仙女崔麗芙（Tryphe），還有美夢仙女聶格列敦修普儂（Negreton Hypnon）。

換言之，愚者就是由各種擬人化的遺忘在單純的懶散氛圍中養成的生物。在這片土壤上長出來的，是最安逸度日的典型，只顧嬉鬧和幻象，不理嚴肅與真相。愚者要我們別理會真理的嚴正性，追求渴望的想像與自我欺騙。她向我們保證，照這樣子過活，即使到老也不用怕會陷入困擾許多年輕智者的人生倦怠（*taedium vitae*）之中。

渾渾噩噩、醉生夢死的生活會不如通達洞徹的人生來得幸福快樂嗎？看著自己「格外醜陋」的配偶，卻宛如見到西施或潘安一樣的那種笨蛋，是不是就真的比配偶美若天仙的那些人來得不幸？要清晰準確地明察、判斷、思考，標準總是十分嚴苛，而且往往令人洩氣。幻象是我們對抗厭煩倦怠唯一有效的解藥，是能夠讓人擺脫智慧這副重擔的反重力。

不到一百年，我們就看到最能象徵愚者的代表人物出生，也就是那位以西班牙鄉紳之姿，自稱吉訶德閣下的愁容騎士。藉由《堂吉訶德》這本著作，塞萬提斯（Miguel de Cervantes）創造出了小說這種讓所有懶惰的蠢人（塞萬提斯在小說開頭就寫道：「無聊的讀者」）打發時間的最佳良伴，因為對他們來說，想像世界中的天馬行空可要比現實中的死板法則迷人多了。⑪

《堂吉訶德》若是邀請我們站在理智與理性的巔峰嘲笑英雄主角的癲狂，那肯定早就亡佚無蹤了。它不是這樣做，反而是細細描繪出吉訶德閣下的妄想——把風車當怪獸、拿臉盆當頭盔、將酒囊當作巨人的頭顱——和我們自己的妄想之間的那條細線。吉訶德閣下在旅途中所遇見的清醒仕紳、惡徒和憂愁的閨女，也都和他一樣困在他們各自的幻想世界中。唯一的差別僅僅在於他們能將自己的幻想和現實調和起來，而吉訶德的那份妄想則老是和現實起衝突。

年輕的貴族費南多閣下在轉瞬之間就從浪子損友變成德高望重的君子樣板，難道會比吉訶德從鄉間老農搖身一變成為流浪騎士這故事更可信嗎？事實上，費南多確實是無恥可鄙，就像吉訶德說穿了也還是個農夫一樣；但是費南多的親朋好友會願意相信他洗心革面，卻沒有人會相信風車真的是怪獸，也不會相信吉訶德放走的那些匪徒真的是惡政下的可憐受害者。我們之所以都不是吉訶德，正是因為我們沒有瘋到能叫別人把我們的妄想當真；相反地，我們就像費南多和他那夥人一樣，一邊安安靜靜地發著夢，一邊還彼此拍胸脯保證一切都非虛妄。

塞萬提斯提醒我們自己其實和吉訶德相去不遠，我們也同樣容易耽於幻想之中。我們都是「無聊的讀者」，是偏好各種故事的消費者，格外喜歡想像力提供的方便捷徑，更勝現實所鋪設的艱辛路途。看到洗碗槽裡堆積著的碗盤或是樓梯下壁櫥裡倒了一半的架子，總能讓我想起我還有哪本小說沒看。

這聽起來也許太像是把故事當作逃避現實中種種痛苦、困難與無聊的老掉牙說法了，這樣說並不為過，但也太過簡化了。德．梅斯特、埃拉斯謨、塞萬提斯、馬羅和王爾德讓我們看到，這世界並不能化約成人在其中只有付諸行動與追逐目標的生活這麼狹隘的範圍。套句畢卡索的話：「你能想像出來的都是實在的。」⑫世界是由我們訴說與聆聽的各種複雜而豐富的重重故事交織而成。

懶惰的人抗拒外界壓力的辦法就是隨重力拉扯而向下沉淪，做白日夢的人則是否定重力，任自己飄浮在現實日常上方的雲裡霧裡。做白日夢就是拒絕將人生與平凡存在劃上等號。

但是想像力並不是由做白日夢的人所獨佔。工程、醫藥、計算，還有所有旨在創新和改變外在世界的事項，也都是想像力的運作成果，就和書本、繪畫、戲劇一樣。但是做白日夢的人和那些行動家不同的一點，就在於他不會想將白日夢化為對這世界的貢獻。

※

現實如果要成長、轉變，就需要想像力。但是這份依賴並不能避免現實與想像力相互扞格。做白日夢的人展現出對現實要求的頑強抵抗，拒絕臣服在社會與經濟效益的淫威之下。這就使得他們成為眾人輕蔑與發火的對象。柏拉圖有條著名的教誨，就是在任何追求正直生活的國家裡都不能有藝術家存在，搭造床鋪的木匠要比畫出床鋪的藝術家更接近真理。在柏拉圖眼中，荷馬與悲劇作家的迷人魅力只會讓人低估熱愛藝術對道德與人性的傷害程度。

蘇格拉底說，藝術與藝術家之所以危險，是因為他們會誘使我們朝向虛假，會誘使我們迷戀世界底下的幽影，而不顧上方真實的世界。這個論證有個較晚近也較沒那麼形上學的版本，就是說真實世界充滿了饑饉、虐待、壓迫、疾病與忽視，還有各種凡人的悲慘情況，而將時間與心思投入不真實的人物、故事和影像，其實就像發呆放空一樣邪惡缺德。

時至今日，好像只有宗教狂熱份子和自稱忿忿不平的納稅人才會願意公開表示對藝術和藝術家的敵意。在我們這個講求自由的文化中，說藝術是虛華、敗德頂多只會引來一陣不屑的訕笑，我這時當然也不落人後。

不過，我也察覺到自己的立場對這種態度會有些戒備，會壓抑我在看到令我完全浸淫其中的小說或繪畫時，在那當下想到有某個人挨餓、受虐甚至被殺害所興起的那份情不自禁的羞恥感。也許，追求藝術中的崇高愉悅與深度還能夠讓我在這個現實世界如此奮力哭嚎的時候，免於面對因過度投入虛幻世界而充耳不聞的那份尷尬。

法國哲學家艾曼紐．列維納斯（Emmanuel Levinas）在當代思想家中獨樹一格，因為他是真的認真思考過反對藝術這回事。如他在一九四八年的〈真實與其幽影〉（Reality and Its Shadow）這篇文章中所觀察到的，藝術並不是一種真實的行動，反而恰恰相反。在行動中，「我們會與真實對象維持一份真實關係」⑬；但是藝術既然不是由真實對象所構成，而是那些對象虛幻不實的反射幽影，便「抵銷了這份真實關係」。列維納斯說，在這個幽影世界以及我們對這世界的迷戀之中，有著某種「非人性的怪誕」。力主幽影世界比現實凡俗來得優越的王爾德也同樣看到了這份非人性的怪誕。多利安．格雷對美的追求同時也是對道德、愛與人道精神的嚴正棄絕。

還好，我可以放心說我不是多利安．格雷。我躲到白日夢、文學故事和戲劇表演裡並不是——至少一開始不是——因為我自覺比現實更了不起，而是因為我覺得自己與現實格格不入。但是我後來總算明白這些遁逃方式有個更曖昧的動機：我在想像世界中可以盡情享受報復現實世界與其他人的樂趣。我之所以會逃到想像世界裡，其實有一部分原因是我在那裡可以比其他人更傑出——而不是更糟。

弗洛依德說這就是成為創意作家的方式。他在一九〇八年的〈文藝作家與白日夢〉（Creative Writers and Daydreaming）中開宗明義就說了，文藝作家為了逃避現實的繁重苛求，便沉浸在白日夢與幻想那種無牽無掛的氛圍裡，將自己化身為故事與其中人物，為那些在忙碌生活中偷得半日清閒的人們提供愉悅消遣。這份追求幻想的努力就是區分藝術家與科學家的份際，而弗洛依德也把自己歸在科學家這類超級現實主義者之中。

當然了，這種將文學視為無害的退縮舉動，「是童年遊戲的延續與替代」⑭的說法是有些刺耳，所以才會讓我想要起身捍衛藝術的嚴肅性。

不過這股捍衛的衝動說不定反而讓人不易察覺弗洛依德話中的一項重要意涵。無論說藝術有多嚴肅，終究都不是科學的那種嚴肅。在科學裡，即使是再怎麼玄妙深邃的理論終究還是關係著這現實世界，而在藝術之中，就算是小便斗或是一張亂七八糟的床鋪這麼具體的東西也都隸屬於想像世界。

翠西．艾敏的床鋪周遭那堆用過的衛生紙和你口袋裡揉爛的那團衛生紙雖然看起來根本沒有差別，但兩者其實截然不同。它們確實都沾滿了骯髒不堪的體液，但是艾敏的那些衛生紙只是毫無重量的幽影。這就是它們何以價值不菲的緣故。收藏家不是花幾百萬元去買一堆噁心的衛生紙，而是買下其中將衛生紙轉變為想像世界的物品——也就是我們所謂藝術作品——那種無從察覺的元素。

《我的床》是重力的抑鬱力道的一種表現。在那凌亂四散的雜物堆裡，我們可以瞥見一個靈魂正在沉淪下墜到純物質的混沌之中。但是這件藝術作品在表現出其情感面與物質面上的混亂一片時，卻神奇地散發出一種迷人的快感。那張髒床單、那堆爛衛生紙就像是聖人遺骨一樣，散發出一種縹緲謎樣的抽象意義，使它們從現實事物的低等層次超脫拔升。

正是由於藝術有這種能夠與日常現實脫離的能耐，所以弗洛依德才會說藝術儘管迷人，卻沒有科學的那種嚴肅。他喜歡藝術，甚至尊敬藝術，所以他才不相信藝術會有能力干預、改變我們的周遭世界。

我又想起馬汀．克里德用投射燈打在各個公共建物的門面與牆壁上的那條公式：「全世界＋作品＝全世界」。我們對藝術作品的崇敬就在於它們毫無工具價值，在於它們無從行動。這道公式意味著，正是因為藝術作品的虛無縹緲，才不會在世界上增添一分一毫——世界也不會為之減損半分。想像世界就像是我們在現實世界中呼吸的空氣一樣。

進入學術界七年後，我的人生突然出其不意地轉了個彎，我決定轉行當精神分析師。如果弗洛依德對精神分析這項職業的概念是正確的，那我這就是宣告拋棄白日夢，轉向追求科學真理的一步。想當然耳，聆聽他人的內心生活肯定比閱讀小說詩集、寫作論文來得更貼近現實吧？人是有血有肉、活生生的存有，會有成長變化，也會衰退患病，但藝術作品則是似乎永遠維持在相同狀態裡的虛幻事物。這又教人不禁想起列維納斯的話：「似笑非笑的蒙娜麗莎永遠永遠都不會開口咧笑。」

弗洛依德堅稱精神分析是一種科學，隸屬於現實原則的領域。而且精神分析也和其他科學項目一樣，要求耐心等待，而且沒有確定結果。科學之所以是種苦差事，就是因為必須在沒有捷徑可循的現實世界中運作。

但是精神分析這一行之所以吸引我，而且至今依然如此，是因為它挑戰了行動的霸權。精神分析的個案在面臨人生兩難的時候很少不發出挫折感嘆：「對啦，好啦，但是我該拿這件事怎麼辦？」有時分析師不給直接回答，而是一起陪個案坐在那裡，他很可能就是在努力試著坐好，靜靜地看著個案在自己的不確定裡不斷搖擺。

對某些人來說，包括我自己有時候也會覺得，改行受訓成為精神分析師看起來並不像是投靠科學精神，反而比較像是我一路以來盡量讓自己啥事都不幹的集大成者。畢竟，每次五十分鐘的諮商療程都是沒有結論、沒有確定方向的安靜對話，幾乎不受外界的任何干擾。個案通常會躺下來，有時大談特談，有時則不發一語。如果說諮商療程有什麼目標，那就是讓人把所有的目標都導向對「我該怎麼辦？」提出一個確定的猜想。

王爾德告訴我們，行動是「受限而且相對的」。行動只會關心此時此地，扼殺了我們的想像力。「輕鬆坐著的人所看見的景象」，對照之下，則是「無限制而絕對的」[15]。精神分析是要將自我從行動的壓力中掙脫出來，所以極度放大了我們能思考與感受的範圍。精神分析談話，或者說「自由聯想」，最廣為人知但不失其重要性的特點，就在於它能鼓勵個案跟隨自己的心思游移飄蕩，毫不暗示究竟要走向什麼地方。

當然，這就表示我反而要隨著個案的心思路徑走，就像一個四處找路的人跟在另一個四處找路的人後頭一樣。電影和電視節目片段往往把我們演得像是某種機敏的追蹤者，獵尋個案提供的資料中遺落的線索；現實世界的心理治療沒有這麼戲劇化，反而往往如墜五里霧中。精神分析師就像王爾德想像中的藝術家一樣，「輕鬆地坐著看」，這讓分析師的眼界能像藝術家一樣打開，看見「無限制而絕對的」範圍。分析師不會建議個案要做這個那個，而是會試著擴展、增強個案的各種想像可能。

然而，要在沒有任何具體建議下做事並不總是輕鬆愉快；這說不定還更像是在沙漠或叢林中抛錨，手上又沒地圖、羅盤或GPS。分析師與個案之間要通力合作並不容易，就是因為這份合作拒絕驟下任何行動的決定。

從某個方面看，精神分析是幾乎沒在做事；陌生人和親戚朋友都會譏諷我什麼都沒做，只消坐在那裡，用一種體貼的語調喃喃咕噥著一些陳腔濫調就好。但要是知道我們得花費多少力氣專心記憶不同人的人生樣貌，才能將不同個案漫長而複雜的過去與現在連結起來，就有不少人會瞠目結舌了。

他們兩邊都沒錯；精神分析師是沒做什麼事，但也是一份艱苦非常的工作。我受訓初期，曾在某間醫院精神科當榮譽精神分析師，當時有一位陷入嚴重低潮的個案說想要跟我擁抱一下。我那時沒回應，他馬上激動尖叫起來，兩眼瞪大了盯著我：「你為什麼不他媽的抱我一下？你這沒心沒肺的，還好意思叫自己專業人士！我是不是說了『專業人士』？歹勢，我說錯了，是死魚眼婊子！」這真是最能讓人明白什麼都不做其實才是最難的一課教訓。要我這種老好人個性，就去給他一個擁抱有什麼難的呢？真正難上加難的是不動如山，他強任他強，清風拂山崗。只要一個擁抱，就可以很快消除他的憂傷和怒氣；相對地，淡定不動則是讓他自己去接觸那些感受，接觸他從小就長期遭到剝奪與忽略，而讓他花了大半輩子試圖遺忘與否認的種種情緒。

弗洛依德在一九一二年〈給採用精神分析療法的醫師之建議〉（Recommendations to Physicians Practising Psycho-Analysis）這篇文章裡談到精神分析師的聆聽工作時，他稱之為「平均懸浮的注意力」，說這就是一種不作為的持續演練。這是一種無定向的警覺狀態，是不囿於偏見與期待的好奇與開放心態。

真誠的開放心態會要求分析師放下平時有目標取向的聆聽模式——也就是別再想著要聽到什麼——而是讓自己能夠迎接未知的一切。分析師一旦想要在個案的話裡導向什麼路徑，「就是從他面前的材料做出選擇」，而這「正是絕對不能做的事」⑯。選擇性地聆聽就是放棄驚訝的可能性：「如果分析師順著期望去聽，就會陷入除了原本就知道的事外，別無新奇發現的危險之中。」

從這份對於已知事物的謹慎小心之中，我們可以聽到什麼是更廣大意義下的創造力。沒有什麼比努力過度更容易遏止創造力了。我們用力有心的觀看、聆聽與思考模式很少能帶領我們走向未知之境。耳朵、眼睛和其他接收器官一旦失去了感受意外的能力，就變得笨重遲鈍：畫家就成了模仿照片的平庸畫匠，劇作家筆下的人物也都只會講些陳腔濫調。

這些困境並非藝術創作所獨有。一個急忙煩躁，草草開出處方，很少從座位上抬起頭來的家醫科醫師，除了病人嗓子啞了之外，根本看不出也聽不到其他症候；班上鬧得天翻地覆的小學老師也只會把精力放在叫整個教室安靜下來，看不見有哪個孩子身體不舒服或是展現出什麼天分來。

對心理分析師來說，這種與他人的無意識同步的功夫是一項明確的要求。弗洛依德指出，心理分析師必須「像是接收器官」般敞開自己的無意識，才能與個案的無意識溝通。⑰但是這其實也是各種創意生活的隱性要求——工作、運動、持家、友情、性愛——只要我們會與他人或自己進入一段關係，這些領域就會有這份要求。

過度工作、過度刺激、持續對話、焦慮、失眠：我們每天生活中的社會與物質條件都與這種維持各種創意生活所需的被動耐心背道而馳。身心的忙碌勞累會加深令人無力的一成不變，而未知與意外也就無從生起了。存有就是治療做事這種永無休止的無力的真正解藥，是能夠抵抗重力將我們向下拉扯的一套辦法。

※　※　※

在第一次短暫諮詢時，葛蕾絲在椅子邊上坐得直挺挺的，好像隨時準備走人一樣。但是她下垂的眼神倒是和那筆直的姿勢形成了強烈對比，彷彿整個人正在緩緩沉入流沙之中。

我可以看到有些氣泡從她那份沮喪的污濁表面上不斷冒出來。當她說到小時候展現出音樂天賦時，眼角嘴角總算流露出了一點笑意，那是籠罩在她整個人身上那片濃密烏雲僅有的一絲金邊。二十四歲時，她就把所有能將日常生活基本運作搞得烏煙瘴氣的事情——藝術、性愛、友情、創意——全都狠狠割捨得一乾二淨了。

怎麼會走到這地步？原來她始終帶著童年的創傷，主要是因為她出生的國家裡烽火連天，而她妹妹在一次轟炸中不幸慘死。在學期間，她似乎找到了一套能夠撥雲見日的辦法，可以巧妙抗拒在家中揮之不去的憂傷和在學校裡得面對的重重敵意——她會在自己房間裡的鏡子前瘋狂練舞，確實是個有模仿天分的孩子。但是她心頭那份幾乎永難抹滅的焦慮卻始終有如烏雲罩頂，不減威脅。

音樂——唱歌、打鼓，最後到自己作曲——就是她的人生之路，是她能記得並超越六歲那年全家逃離烽火家園的方式。這讓她進了音樂學校，讓她一頭栽進這口火爐裡，在友情和創作夥伴之間敵對而岌岌可危的三角關係中飽受煎熬。她不停寫下許多短則幾秒，長則數小時的樂曲，將持續高音、古典樂片段、暫停、樣本曲全都拼湊起來，狂暴而無言地見證她是如何在那恐怖境地裡逃出生天。

她在學校最後一年的團體表演中一枝獨秀，隨即離開學校，急著寫歌演奏。在此同時，她夜復一夜地因極端暴戾的惡夢而驚醒，這些惡夢大多是她死去的妹妹滿臉鮮血地向她逼近，宛如控訴著什麼。

畢業幾個月後，她著手指揮《天空》這首新曲，這曲子運用銅管樂器、弦樂和人聲，傳達出她想要飛身脫出幼年時充滿鮮血與恐懼的生活的那份夢想。有一位相當挑剔的當代樂迷非常喜歡這曲子，找她談了簽約合作的計畫。

那晚之後，過了四年，她來找我諮詢。但在這段期間裡她不只沒寫歌，連個音符也沒唱過。那晚表演得到的掌聲不僅沒鼓勵到她，反而還讓她覺得不堪負荷，連著好一陣子都只能走來走去、和人講話。

現在回想起來，這個案例實在很難不令人聯想到伊卡魯斯，那個象徵著浪漫不羈，無視於父親殷殷告誡，高傲地向太陽飛去的藝術家。巴塔耶寫過這則神話是如何將太陽一分為二的——「一個是在伊卡魯斯向上高飛的時候發光照耀的太陽，一個則是在伊卡魯斯靠得太近時將蠟融化，導致淒慘墜落的日頭。」⑱

葛蕾絲飛向了美與照耀心靈的太陽，卻被塵世的日頭灼傷，使她重重墜入無底的海洋。和伊卡魯斯不一樣的是，她游了上來，設法漂浮在海面上求生，回歸到平靜得甚至不算生活的生活，那是她現在覺得可堪忍受的唯一一種生活方式。她不要什麼抱負，不要情愛慾念，也不要一直定義她這個人的創意靈感。她在酒吧工作，兼差當個私人家教，讀讀報紙。

她再也受不了聽任何音樂了，不管是自己的還是其他人的作品都一樣。她能幻想自己被環抱在某個愛侶的臂彎中時的甜蜜，但是一想到真正的情愛關係就會嚇得她六神無主、呆若木雞。因為這時的她心裡只要起了點漣漪，就會引發一連串無情的反撲。

沉浸在想像中的生活反而成了帶來創傷危害的事。這種生活讓葛蕾絲呼吸時會換氣過度、四肢僵硬、無由啜泣，甚至將她逼到發瘋邊緣。她只想睡覺、保持不動，這種平靜無事的生活就算太過陰鬱，想來也還是好得多。但要是真能睡得著也罷，偏偏她就是難入眠，她的內心始終起伏不定。她睡時無夢，但是焦慮與渴望卻排山倒海而來。這就是她來找我的原因：她真的覺得求生不得，求死不能了。她已經限縮到只能在狂熱費勁的想像生活和淡漠死板的現實生活中做選擇了。

溫尼考特曾寫過，一名個案從小就把所有創意和情感全都發揮在做白日夢上，甚至到了「什麼都不做的時候，她才像是真正活著」的地步。

他寫道，那名個案會試圖將日常生活填滿「無用的活動」，比方說「菸不離口、玩各種無聊而費力的遊戲」。這樣做的效果就只是為了「填滿溝隙，而這道溝隙就是她在做各種事情的時候其實什麼也沒做的基本狀態」⑲。我在讀到這段文字的時候，馬上就覺得跟這名個案心有戚戚焉，或許正是這份同感讓我很快就能對葛蕾絲的無力退縮感同身受。「做各種事情的時候卻什麼也沒做」，實在是一語道破了做白日夢的人那種奇特而無為的忙碌樣態。白日夢是創意的一大來源，只要做白日夢的人能夠設法將腦海中的東西傾瀉到外在世界的媒材上就行了——無論是紙張、畫布、實驗室，就連運動場都行。

溫尼考特說他那名個案在分析諮商的過程中被嚇到了，因為她發現自己居然那麼輕易就「把自己的人生丟到心裡的醫院養著，無法自主，無用無力，動彈不得」⑳，同時卻又是自己密封的內心裡那些「神奇事物」的萬能作者。她的麻煩就在於她不願意在自己的腦袋和外在世界之間搭起橋梁來，這當然是因為這樣做肯定會帶來某些失望的緣故。創作活動往往很痛苦，因為你所創造的東西幾乎永遠比不上你在想像自己創作時的那些「神奇事物」。

可是拋棄創作，也就是不再寫作、繪畫、建造、比賽等等的，並不能治好這份失望。溫尼考特就說了，在這些情況下，白日夢最妙的好處就在於它與現實的貧瘠恰成反比。這肯定就是葛蕾絲所遇到的情形。在她寧靜的內心裡，總是有無數樂曲正在不停創作、演奏；但一想到要將這些旋律付諸筆墨或形於聲色，與他人共享，任她的同儕羨慕、嫉妒、批評、仇視——她實在不知道該怎麼承受這隨之而來的焦慮。而白日夢就是那個可以成就與滿足創作的奇妙世界，讓她能夠徹底避開平板無味、怨憤會集的現實世界。

我和她一起努力，每週五天，將近十年的時間，試著將這兩個世界拉近相觸，讓她的想像生活能夠在她的現實生活中堪可忍受又有所用處。這表示一開始我得先鬆開重重環繞的緊密圍籬，好探進她的夢想與幻想。她的這些幻想經常是關於冷酷的性操縱與暴力情節，而隨著療程進展，我愈來愈常成為那些幻想中的人物，有時候是受害者，有時候則是加害人。

隨著葛蕾絲進入精神分析療程，那些幻境夢想的奇怪表象也開始逐漸顯露出它們其實反映的是一種更可怕的情境，她完全被拋棄，宛如無盡空洞的虛無裡的一個孤單小點。那些縱慾雜交的幻想其實是為了要遮蔽更恐怖的虛無，而她的身心靈在那片虛無裡完全沒人注意、沒人碰觸。

分析療程讓她有個能夠收納在過度與空虛之間搖擺不定的這些恐懼，讓這些恐懼有地方能夠宣洩出來、能有人聆聽。這是她未曾有過的體驗，父親總是奚落她的脆弱，母親則是苦於自身的傷痛過往，無法聆聽與安慰女兒的恐懼。他們因小女兒的死而飽受打擊，哀慟到無法看出葛蕾絲失去妹妹的憂懼，更甭提要予以安慰了。如今，這個過程總算在這諮商室裡開了頭。

在她無意識生活中的那些瘋狂無序一直不曾消失；但是它們找到了字詞、形狀和聲音，讓她的夢境與幻想能夠成形，變成創意的來源，而不是被當成內心裡的仇恨力量切割乾淨。無意識的那一面永遠也沒辦法成為穩固的盟友，但是至少不再是敵人了。我一路陪著她，看她從一個飽受自己內心生活摧殘的無助受害者變成她內心的好奇對話者。

這實在不容易。重複面對她內心最害怕與憎惡的那些東西會引起極度的痛苦和暴怒，而我就常常得首當其衝。在她還小的時候，她父親就會拿非常困難的問題逼她必須馬上回答，讓她總感到一道恐懼的陰影；到了青春期，她的母親會責備她一副被動懶散的模樣，要她去幹點什麼。葛蕾絲花了好長時間才接受我不會像她父母那樣聆聽、那樣說話。

後來，她逐漸了解到精神分析師是提供她一個可以對話，但不要求她有什麼答案或行動的人。她的談話內容可以從工作閒聊裡的細微末節、日常飲食，一直談到新室友的各種心機詭計。她心裡的危機還是蠢蠢欲動，但是已經不再鋪天蓋地而來，不會再嚇得她不敢探索自己了。

當我們後來進入到她無意識生活的其他層面時，她在這諮商室外頭的生活也發生了同步的變化。一開始是在她回家途中的公車上，在瓦斯帳單信封的背面寫下了幾個音符和歌詞。這些音符愈來愈多，和她的緊張不安一同變成她電腦裡的加密檔案。開始分析療程五年後，她將這些內容整合成作品集，成功申請到了作曲碩士學程。

接下來的幾年裡，她在諮商室裡裡外外的生活都還有一大堆變化騷動。但是這些騷動現在不再是一個封閉的恐懼心靈得承擔，而是完整現實生活的一部分了。精神分析對葛蕾絲的無力崩潰所提供的回應並不是哄她去採取什麼行動，而是要去除「行動」對她造成的不安，創造出能夠讓她自由回歸世界的種種條件。這個世界同時既是她先前所處的世界，卻又不是同一個世界，因為現在這個世界能夠容納得下她的創意自我和日常自我，讓這兩者彼此接觸互動了。

我們最後一次療程要結束時，她給了我一個包裹。等她離開後，我深深呼了一口氣，打開包裹來看。裡頭是一張感謝卡和一張ＣＤ。ＣＤ封面上用黑色麥克筆寫著：「天空與海之間」。

「我居住在可能裡」：艾蜜莉・狄金生

一八八四年三月十一日，身兼麻薩諸塞州最高法院退休法官與政治家的歐提斯・菲利普・洛德（Otis Phillips Lord）突然中風，兩天後就與世長辭，享壽七十一歲。

七年前，洛德才剛喪妻不久，就對愛德華・狄金生這位已故好友兼同事的女兒示愛。她當時四十七歲，謎般地隱居在安默斯特（Amherst）；而洛德當時壓根兒沒想到這名女性在下個世紀裡會成為美國最偉大的詩人。

他們之間的信件是我們對艾蜜莉・狄金生回絕求愛與細思婚姻的唯一鐵證。洛德直到死前都還一直向她求婚。但她之所以沒有答應，並不是因為不愛他。她對洛德一往情深，這一點可以從她導師湯瑪斯・溫特沃斯・希金森（Thomas Wentworth Higginson）對她喪禮的描述中一覽無遺：「……文妮修女（在她棺木裡）放了兩株香水草，讓她『帶給洛德法官』。」[21]

狄金生寫給洛德的回信裡流露出直接而溫婉的柔情。一八七八年，她寫信告訴他：「我受夠偽裝了。」[22]這暗示出她先前一直偽裝著迴避與男性交往發展。「我承認我愛他——」她繼續寫道：「我因愛他而喜樂——我感謝天地造物者——讓我愛上他——教我欣喜若狂。」

但是她的高調示愛卻帶來了一個難解的問題：為什麼他們仍然各自生活？為什麼她會一直拒絕接連不斷的求婚與求歡？我們從她同一年寫給洛德的另一封信裡或許可以拼湊出些蛛絲馬

跡，她說：「難道你不知道你在我猶豫不決的時候最快活嗎？——難道你不知道『不』是我們在語言中最狂放的字嗎？——你要求的糖霜可是會毀了整塊麵包呀。」[23]過了兩年，她又寫道：「奇怪的是，雖然我從未曾與你共枕，我卻在夜裡如此想你——」[24]

一邊是激情的追求者，一邊是欲迎還拒的女士；而這些信件之所以不只是對性與性別的老套諷刺，更是因為信中對於守貞一事突如其來的情慾描述。「不」所表達的與其說是道德節操，毋寧說是狂放的性慾。她的床鋪會因為從來不曾靠近的他而躁熱難耐。這種永恆的分離、禁慾和飢渴，讓激情這塊「麵包」能夠不被圓房這份「糖霜」給「毀了」。

又過了四年，一八八二年，狄金生的母親過世後，她深情款款地答應了洛德的求婚，願意嫁到薩蓮（Salem）。她後來胖了一些，洛德便笑著給她取了「胖妞」（Jumbo）這小名，她回他：「艾蜜莉『胖妞』是個甜蜜的名字，但是我知道有個名字更甜——艾蜜莉．胖妞．洛德。您意下如何？」[25]長年以來，這現實世界總礙著他們倆結合——洛德這方面是因為原本是他遺囑主要受益人的姪女那份難平的怒氣，而狄金生則是得照顧她年邁體衰的母親。然而，儘管她答應求婚，卻始終沒搬到薩蓮去。她依舊住在安默斯特，依舊躲著他的追求，直到一年多過去，他的突然中風才將他們的故事劃下了句點。

終其一生，狄金生的信件始終充滿濃情蜜意。信裡各種脆弱、勇敢與羞怯的不同語調，流露出對朋友、對導師、對不知名甚至是虛構情人的激情邂逅、溫柔繾綣與性愛渴求。

這些信件至少給我們留下了一絲難言的曖昧。最權威的狄金生傳記作者理查・蘇沃（Richard B. Sewall）寫道：「艾蜜莉・狄金生的情史細節始終費人疑猜。」㉖一八五八年到一八六二年這段期間裡，她用「黛西」（Daisy）這個名字寫了三封信給一位「大師」，信中滿溢著滿心歡欣、異常脆弱卻又楚楚可憐的激情。學者專家對這位收件人的身分議論紛紛，卻始終未有定論。不過，我們其實沒有證據證明這幾封信曾經寄出，也不知落花之意是否付諸流水，更不知那收信者是否真有其人。換言之，我們其實根本就不知道這份戀情是否公開、是否兩情相悅，是真是假，更不知道這些信件是愛的宣言、是文學創作，還是兩者兼而有之的某種成果。

也許狄金生其實喜歡寄情文字更甚於雲雨巫山。但是她的情書——還有情詩——卻鮮少只是舞文弄墨的空洞之作。實在很難想像有誰會讀了這些作品之後不會震驚於其中露骨、糾結，而且往往激烈粗暴的濃情色慾。

一般大眾所熟知的狄金生是個避居新英格蘭的老處女，日復一日地在她窄小的書桌前寫作，將自己情場上的不如意付諸文字，彷彿將詩詞當作是得不到愛情的女子的安慰獎。但是她與洛德之間始終未曾圓房一事，儘管看起來有那麼一點幸福結局的味道，卻似乎暗示著是狄金生自己寧可錯過這回事。說不定，她之所以會過著這麼遺世獨立的生活並不是因為戀情失利所致，而是為了追求個人獨立、文學自主和想像力的自由所付出的極端代價。

她的拒絕讓人想起法國心理分析師皮耶拉・奧拉涅（Piera Aulagnier）的一個想法，亦即在心靈中會有一股朝向她所謂「無欲之欲」（desire for non-desire）的原始驅力，也就是企圖消除激情的矛盾激情。這就是狄金生在她曖昧堅稱「『不』是我們在語言中最狂放的字」時所暗示的那份激情。

每位替狄金生作傳的作家都不能避談她一輩子有多麼平淡無奇。「實在很難找到有哪位作品可等量齊觀的美國作家在生活上的落差會這麼大，」㉗辛西亞．葛利芬．沃爾夫（Cynthia Griffin Wolff）如此說道。林朵．高登（Lyndall Gordon）也寫道：「在所有認為隱居避世才能尋獲真理的偉大詩人裡……沒有誰像狄金生隱匿得那樣徹底。」㉘

她的詩也在在證明了她的隱蔽難測。在一八六二年的自敘詩（no. 486）中，我們只能透過描述她在家中與他人心中所佔的窄小空間裡，隱約見到敘事者本人。她這首詩如此開頭：

我在家中最輕微——
我的房間最狹小……
我從不說話——除非人家指名——
在那時候，才會簡短低吟——

這首詩的結尾反倒變得更像狄更斯（Dickens）而非狄金生：「我時常在想／當我死去時——有多籍籍無名。」儘管這首詩充滿了自怨自艾的愁緒，但其中對於即使佔據這世上最卑微角落也備感羞怯的言論，卻不免因那份明白宣示的口吻而露了餡。她對自己的自謙自抑有著一種怪誕的自滿自信。

消失、侷限、索然獨居……狄金生愈是強烈擁抱這些狀態，就愈是無情斬斷自己通往十九世紀文化中的女人味之路：結婚、生子、敦親睦鄰，說不定甚至還要設法避免冠上當時女性能讀能寫的大眾情詩與小說的作者之名呢。

狄金生的人生挑戰了社會普遍接受的基本預設，而這些隱然的教條對我們影響之深，足教我們甚至不知該從何質疑起。對我們來說，出外探索的生活要比坐在房裡發白日夢來得好，跟另一個人談場真正的戀愛要強過自己孤單幻想。可是這些我們不假思索接受的準則真的是那樣明白確定嗎？成天活在白日夢裡，把想像世界看得比現實生活更重要，難道就永遠該被人當作是種病態嗎？溫尼考特在提到他有個高度人格解離的個案，會退縮到白日夢裡逃避現實生活中的種種風險與刺激的故事時，提出了這些質問。他說這名個案漫遊在幻想世界中時，那種蒼白無力的夢境是一種「她在做各種事情的時候，其實什麼也沒做的狀態」。

狄金生拒絕外在世界的無止盡擴張，所以也無止盡地將自己關在房裡、囚在腦中。「大腦——」她最有名的一首詩開頭這樣寫道：「比天空更廣闊——」（no. 632）。她從小就在隔壁房子裡長大的姪女瑪莎寫過，艾蜜莉阿姨曾經坐在房裡，拿著一把隱形的鑰匙假裝鎖門，然後對瑪莎說：「小瑪莎：這就是自由。」從世俗的眼光來看，狄金生「什麼也沒做」，但是在她自己心裡，她可是「在做各種事情」，一往無前地邁向各種可能經驗的至遠極限——性愛的狂喜、創傷的疼痛、瘋狂，以及死亡。

然而，儘管狄金生的著作之豐頗令人詫異，縱貫她一生與著作的主軸卻始終未曾因此改變——棄絕外在世界，獨居想像國度。這份棄絕即是成就詩人與詩作的關鍵——這讓她成了詩人，也是她那些詩作的本質。

英國心理分析師葛雷果利歐．寇鴻（Gregorio Kohon）對某些同業假定內向退縮永遠是一種病態傾向的看法（他的同行約翰．史坦納就說這是種「心靈退縮」）多所質疑。他認為，內向退縮只有在「極為嚴格」㉙的形式下——也就是會因此截斷一切創作衝動的情形下——才能稱為是病態。

溫尼考特本人就認為，我們創造力的多寡其實取決於能否持續接觸心靈中「穩定、寧靜的部分」㉚。而世界上沒有幾個藝術家會比狄金生更能證明這份洞見了。套句沙特（Sartre）的名言，狄金生也許是個愛做白日夢的人，但不是每個愛做白日夢的人都成得了艾蜜莉．狄金生。最能證實這個看法的鐵證，就是她身後留下的一千七百七十五首詩作。若是讀過這些詩，還有誰會說她「什麼也沒做」？

退縮回自己房間獨處是本書中一再出現的主題：對翠西．艾敏來說，那就是向下墮入沮喪的末日深淵之中；對年輕的繭居族來說，是對工作、社會以及社會成就壓力的抵抗；對薩維耶．德．梅斯特來說，是受迫在窄室中意外發現的無窮樂趣。退縮象徵著反抗我們在投身某個活動或組織時——例如國家、職業、婚姻——加諸於己的種種限制。住在這裡，就不能活在那邊，做了這份工作，就不能做那份工作，和某個人結婚更不只是放棄其他人，就連獨立自主都得拋棄。對狄金生來說，嫁到薩蓮的洛德家是意味著擴張她在這個世界的地盤，但卻是對她想像生活的侷限。十九世紀的新娘無論再怎麼溫柔婉約，對丈夫不忮不求，也絕沒有辦法期待婚後能夠保有在獨居房裡無上的恆久自由。

所以她才會一再推託，拚命延後兩人的結合，過著實質禁慾的情愛生活，直到他死，她才總算得以從這兩難中解脫。屢屢遭挫的新郎似乎沒有讀過她多少詩篇，但要是他讀過一八六二年（在他們公開戀情的十六年前）這一篇的話，或許就可以不用因屢遭搪塞而備感失落了：

我居住在可能裡——
這是比散文更優美的宅第——
窗口也更多——
門戶——更闊氣——

廳堂如雪松搭砌——
望眼非可穿——
屋頂高聳又恆久——
天幕做頂棚——

來客——最嬌麗——
光臨——蒞此地——
盈盈掌中握
納洞天福地——（no. 657）

「散文」是狄金生拿來暗諷俗世生活的字眼。但她不是用「詩歌」來對照，而是用了更大膽的詞：「可能」（Possibility）。寫詩就是住在「可能」這座大宅第裡，無數的窗口向著四面八方敞開，望向不同視野景象。同樣在這房子裡的，還有難以侵探的關閉房室，不讓目光穿透窺伺，而其屋頂更是以天為幕，直透雲霄。到來的訪客不是打亂她天職的親友或登徒子，而是啟發靈感的繆思女神，張開充滿詩意的雙臂，將絕美的天堂裹入詩句裡。

隨著年歲漸長，日趨孤僻，狄金生對俗世訪客愈來愈不耐，倒是對靈感想像來者不拒，甚至還時常渴求盼望它們到來。她和報紙編輯兼作家山繆．鮑爾斯（Samuel Bowles）通信日切——有些評論者認為鮑爾斯也是她連串無果戀情的對象之一——她便求他到安默斯特來訪，但只能待在她房裡，或是像他後來做的那樣，在她家外頭痴痴等候。「你也許認為我不在乎，」她在一八六二年寫給他的信中說道：「……但我真的很在乎，鮑爾斯先生……只是有件事困擾著我——我知道你需要光——還有空氣——所以我沒現身。」㉛

那年稍晚，鮑爾斯在歐洲過了七個月療傷後，又回到此處來。狄金生仍舊待在樓上，但寫了張字條叫人拿下來：「我不能見你。」㉜後來，類似的情節仍不斷重演。他一八七七年又再次來訪，她又再度說自己不能見他；據說，鮑爾斯對著樓上大吼：「艾蜜莉，妳這該死的賤胚！別再搞這荒唐的把戲了！我可是千里迢迢從春田（Springfield）來見妳的。馬上下來。」㉝照她後來的編輯兼立傳作者湯瑪斯．強森（Thomas Johnson）所說：「據說她就乖乖聽話，不敢再耍花樣了。」但她對鮑爾斯和對洛德都一樣，之所以不肯現身露面，不是因為自己不想見對方，反而恰恰是因為她想見才不能見面。

梅蓓兒．魯米斯．陶德（Mabel Loomis Todd）和艾蜜莉的哥哥奧斯丁．狄金生長期過從甚密，最終也導致整個狄金生家族為此失和，但她卻成了艾蜜莉死後整理她未出版的詩作與信件最重要的編輯。她曾在日記裡寫到一八八二年開始與艾蜜莉來往時，艾蜜莉那令人發噱的模樣：「她穿著一身白，還盤著十五年前剛退休時的髮型。她要我來唱歌給她聽，但她卻不肯見我。她經常送我些花啊、詩的，我們的友誼就是這麼愉快。」㉞

儘管梅蓓兒與奧斯丁愈來愈常在艾蜜莉房間下方的起居室裡定期幽會，但是梅蓓兒與艾蜜莉卻始終不曾見上面。陶德偶爾會看見艾蜜莉遠去的背影或是聽見她的腳步聲，但是從來不曾有過當面對話。陶德對這故事的戲劇性描繪可說是相當吸引人。艾蜜莉始終不肯見陶德一面，只透過沉默怪異的方式與陶德對話，因而在這種空缺中發展出一種關係。無論是與鮑爾斯、陶德或洛德的關係，狄金生都希望維持活在字裡行間的那份虛幻之中，而不是實際露臉現身。

不過，狄金生倒不是完全不曾見過洛德法官。他在她還只是個小孩子時就已經認識她了，而且鰥居之後更常到訪。照艾蜜莉的嫂嫂蘇珊（Susan）的驚人證言所說，在他們倆奇怪而從不止歇的追求過程裡，雖然始終不曾圓房，倒是在樓下的起居室裡打得極為火熱。

早在洛德還未求婚之前，狄金生就委婉地提醒洛德她自己絕不會為了任何事而放棄獨居房裡那份海闊天空。最諷刺的是，說不定正是狄金生這種不食人間煙火的氣質才格外吸引洛德。蘇沃指出，要證實這項猜想，可以參看洛德在一八七一年獻給阿薩赫爾．杭亭頓（Asahel Huntington）這位艾塞克斯郡檢察官兼「眾人敬愛的地方顯要」㉟的悼詞。

這篇悼詞中最令人吃驚的莫過於洛德在讚頌亡者的種種美德中，最慷慨激昂的段落。他說，杭亭頓是「非比尋常的無能」㊱，但這並不是說他麻木不仁、冷感淡漠，而是「心若止水——不會將自己的反應波及他人——是明白的有所不為……」

如果他認為這些特質值得眾人敬愛，那就不難想見為何狄金生會令他魂牽夢縈了。洛德那篇悼詞中，克制是一種尊貴的氣質。我們總是習慣抱怨與我們對話的人「心不在焉」，苦於猜不透他們在想什麼、有什麼感覺。「非比尋常的無能」若套在其他人身上，那就是象徵著不切實際，甚至是異想天開。

約莫就在洛德寫出這篇悼詞四十年之後，弗洛依德也用了驚人相似的方式來描述精神分析的聆聽作法。他說若要明白個案無意識的溝通，心理分析師就必須採取一種「不帶任何預設」的心靈狀態，帶著不受自己「期待與偏好」左右的耳朵，進入「平均懸浮的注意力」的模式

（可以對照洛德所說的「明白的有所不為」）。對洛德與弗洛依德來說，這種分神狀態會在內心創造出一個敏感與接納的特殊空間。照這看法，心理分析師其實也是「非比尋常的無能」的人。我們的詩人也是。她縮回自己上鎖房間裡的靜寂之中，「什麼都不做」，才能比受到責任與婚姻傳統所束縛的女性飛得更高、走得更遠。

狄金生的人生和詩作都受到一連串的侷限所形塑——無論是在地理空間上、肉體上，或是情感上皆然。除了她十六歲那年，也就是一八七四年，她在離安默斯特家中南方十哩外的曼荷蓮學院（Mount Holyoke Female Seminary）待了十個月，還有一八六四年為了治療不知名的病症而到波士頓過夜數次之外，她一輩子都住在同一幢房子裡，現在這座「家園」已經改成了艾蜜莉．狄金生紀念館。到了一八六〇年代末，她除非必要，否則絕不出門，就連客人來訪也不離開房間見客。

她的人際網絡也同樣侷限，主要都是她的日常生活所及之人，包括她母親、艾蜜莉自己、姊姊拉薇妮亞（Lavinia）、哥哥奧斯丁（一八五六年婚後就與妻子蘇珊搬到隔壁房子），以及艾蜜莉的一名密友（有時會狂暴激動起來，但卻是第一個看見艾蜜莉詩作的「知心好友」）。在她童年與青少年時期裡，擔任律師與輝格黨人的父親愛德華隔一陣子就離家幾個月，一開始是選上了麻州議會議員，要到波士頓就職，後來又選上了參議員，得前往位在華盛頓的國會赴任。

雖然她母親娘家偶有來訪與通信，但畢竟他們住在二十哩外的蒙森，這就表示在艾蜜莉的童年家裡，父親家系這邊的形象更鮮明。艾蜜莉從小在安默斯特長大，始終脫離不了父親家系的陰影，尤其是祖父巍峨雄偉的身影更是影響深遠。艾蜜莉的祖父山繆．法勒．狄金生（Samuel Fowler Dickinson）生於安默斯特的一支小家族裡，從小就受信奉三一教派的保守主義教養，後來則受到強納森．愛德華的清教徒教誨影響。安默斯特是三一教派對抗橫掃新英格蘭地區的一位論派自由主義的灘頭堡，而山繆在二十一歲從一場幾乎喪命的大病痊癒後，就成了三一教會狂熱堅貞的信徒。

他的宗教激情表現在頗具遠見的教育計畫上。一八一四年，他建立了安默斯特學院（三十年後，艾蜜莉和兄姊也都在此就讀），接著又立志要成立一所三一學院，替新一代的牧師提供頂尖的菁英教育。但儘管他胸懷壯志，安默斯特學院的計畫卻因無處籌款而陷入困境，而且還與波士頓一位論派和敵對的三一學院仇隙日深。山繆．狄金生由於心心念念都想著要實現自己的計畫，放棄了法律事業，將所有經濟資源全數投入興建學校，最終卻落得房子沒了，戶頭破產，連職業聲望也砸了的下場。

父親的激切熱情也逼著長子愛德華早早就必須負擔起成年人的責任。愛德華從小就被要求必須恢復家族聲譽，所以不得不一再為了負擔家計而中斷大學學業，後來總算成了一名好律師，更踏上了從政之路。他讓安默斯特學院有了穩固的經濟基礎，還買回了家族舊宅。

這故事聽起來像是個盡孝盡忠的光明故事，但是為了彌補老父所造成的傷害，倒是讓兒子吃盡了苦頭。儘管父親山繆是個有遠見的大才，愛德華所負擔的重任卻使他養成了不苟言笑的性格。「愛德華這一輩子裡，」沃爾夫寫道：「沒有哪一件事情能在情感上與心理上比山繆·法勒·狄金生的願景更稱得上意義重大。」[37]

而要知道愛德華有多不諳感情，最顯著的例子莫過於他追求艾蜜莉·諾克羅斯（Emily Norcross）時的笨拙了。他們之間的信件顯示出他對她的欲迎還拒、渺無音訊和頻頻拒絕實在是茫然無措，困惑挫折。他的語調裡充滿了遮掩不住的怒氣；但是我們從字裡行間可以看得出來那絕不會是出自火熱情人的怒嗔。他事事要講理的脾氣看起來也只是逼得她更氣惱被動。這份情感糾葛後來也連累到艾蜜莉姊弟三人身上。祖父巍峨雄偉的宗教情懷陰影猶在，但在父親手中的家卻只剩下空餘傳統而無靈魂的空殼。

艾蜜莉的母親為狄金生一家更增添了一層緊張的情緒。一八八七年，艾蜜莉在寫給湯瑪斯·希金森（Thomas Higginson）的一封信中說：「我小時候要是發生什麼事，總是跑回家裡大呼小叫。他（譯註：原文用 he，似為狄金生刻意使用，暗指其母未善盡母親職責）是個糟糕的母親，但是我寧可要他也不要沒媽。」[38]希金森也記得艾蜜莉當面對他說過：「我從沒有過母親。我猜母親就是你苦惱的時候會急著去找的那個人吧。」

狄金生這是暗示說她母親人雖在那裡，心跟耳朵卻不知道在哪裡，沒辦法給孩子真正活在彼此心中的那種感覺。她這種顯然讓幼時「苦惱的」狄金生難以親近的感覺，使得狄金生長大後對她毫無印象，只是個空有軀殼卻沒有靈魂的人。

法國精神分析師安德黑・格林（André Green）在一篇廣為流傳的論文裡用「亡母」（dead mother）一詞來指稱這種母親缺席的內心經驗。他認為，孩子若太貼近母親漫無止境的哀戚沮喪，會在心中形成一種難以抹滅的印象，覺得母親是「某個遙遠的人物，悶不吭聲，形同槁木……這母親雖然活著，在她的孩子眼裡卻只是具行屍走肉。」㊴這個描述與狄金生說自己「從沒有過」母親的印象十分雷同。但是，究竟是什麼在支撐著艾蜜莉的母親那份憂鬱慵懶的特質呢？她在漫長而痛苦的戀情中所表現出來的那份哀怨被動，似乎暗示著她對未來的婚姻抱著一份尚未具體成形的抗拒心態。說不定這是因為她並不想嫁給愛德華・狄金生，或者是因為她感覺到他其實沒有真正的熱烈情愛，她之所以步入婚姻，似乎只是因為出於無奈接受，而非主動渴求。結婚之後，她就跟年幼的孩子被晾在一旁好幾個月，任丈夫去波士頓和華盛頓追求自己的事業。她的人生不是她的選擇，更不是她衷心所求，她只是個困惑徬徨的主角，從來沒有機會去發掘自己究竟想要什麼樣的人生。

這也許可以說明當愛德華長久以來要恢復父親名聲的不懈努力總算有了成果，重新買回父親失去的大磚屋（後來改稱「家園」），並在一八五五年舉家遷回宅裡時，她所表現出來的反應。根據沃爾夫所記載，她並沒有和丈夫一同慶祝此時此刻，反而在這時陷入了一種「失能的無名冷感」㊵。這使她終生陷入難癒的憂鬱之中，在小艾蜜莉的眼裡看來既不解也無解。「母親躺在躺椅上，或是坐在她的安樂椅上，」小艾蜜莉寫給她那時候較為年長的朋友伊莉莎白・

荷蘭（Elizabeth Holland）：「但我不知道她究竟是生了什麼病。」㊶為什麼買回狄金生舊宅會在艾蜜莉．諾克羅斯．狄金生身上造成這麼嚴重的反應，現在當然不得而知了；不過，這倒是符合她與自己人生的斷裂，她找回了她自己，發現自己不能或不願認同這個因丈夫之名而留給她的家。原本在她周圍堅固安穩的世界轉眼變成了一條她無法掌控流向也無力抵抗的滾滾大河，帶著無助的她往下游奔騰而去。她長年的慵懶其實是漫無目標、怕得只能隨波浮沉的一種可見跡證。

所以難怪她女兒小艾蜜莉所選擇的人生道路會與她自己的截然相反。艾蜜莉．狄金生抗拒了婚姻與社會禮教的迷人呼喚，堅定地守著自己的自主與隱遁，她很確定，若無意外，她會掌握自己生命河流的走向直到最後。

狄金生也許避開了母親不幸的命運，但是她沉浸在想像遭逢不幸的能力也確實令人刮目相看。她的許多詩作中都帶著濃濃的厭世感，好比一八六二年的這一首：

生命中有份倦怠
比痛苦更迫切逼來——
它接在痛苦後頭——當靈魂

再也無法承載——

睏意——瀰漫——
朦朧如霧一般
蒙蔽了意識——
好比濃霧——將峭壁掩藏。

醫生——不會臉色發白——當他面對痛苦——
他的習慣——是要嚴肅——
告訴他別去感受——
躺在那裡的生物——

他會告訴你——他無力回天——
有比他更厲害的——
動手在他之前——
生機已然不見。（no. 396）

「倦怠」在磨難痛苦後接手人生。神經在強烈刺激後燃燒殆盡，由毫無殘餘的「生機」接替，生命中的怠惰懶散沒有任何醫療手段能起死回生。

狄金生的許多著名詩作都試圖要跨越死亡這道門檻，甚至要一探死後的世界。這一首詩倒是將我們帶回生命最單純、最基本的層次，到那瀰漫著濃霧，令意識完全無法察覺自己之境。這也塑造出一種怠惰的氛圍，麻痺所有感覺、消除所有意義，這彷彿就像是籠罩著她母親的那種氣氛。這首詩中濃霧掩蓋著內心生活的景象映照出後來反烏托邦想像中那種荒蕪空洞的外在世界——好比山繆・貝克特（Samuel Beckett）的《終局》（*Endgame*）和寇麥克・麥卡錫（Cormac McCarthy）的《長路》（*The Road*）。

同一年裡的另一首詩（no. 305）由兩首區分「絕望」與「恐懼」的四行詩所組成。恐懼是一種在「遇難當下」出現的情感，而絕望則是要到「逢劫之後」才出現。在絕望的時刻中：

心靈平靜——無動作——
猶如胸像額頭處
雙眼凝望心已足——
自知——無從見一物——

絕望竟然變得與滿足難以分辨。遭逢劫難的景象對觀看者帶來的創傷彷彿造成了一種精神上的目盲，這症狀看起來像是因禍得福，心靈得以平靜無波，結束了我們生命中的種種紛擾。

隔年的另一首詩（no. 786）裡，狄金生自述她因與某個對象分離而悲慟逾恆。但是她不像過去那樣沉浸在茫然慵懶之中，而是選擇了「填滿可怖的虛空／在你身後拋下的空洞——」，瘋狂地找事情做：

我努力動腦與骨頭——
要煩擾勞累
那神經的閃亮跟班——
教生命疲憊

這種懲罰性的過度勞動不是為了振作，而是要搞到筋疲力盡，讓自己累到感覺不到失去的痛苦。不過，這首詩格外淒涼的結尾倒揭穿了這層假象：

哪有靈丹——予意識——
萬般無救惟死亡
大自然唯一妙藥
存在之疾的解方——

換句話說，每個有意識的人所患的大疾，就在於無論自己怎麼努力也逃避不了痛苦與情緒波動，就算再怎麼賣力，也終究徒勞無功。一個多世紀之後，安迪．沃荷也用了比較沒那麼高雅的方式說了類似的事：「活著就是要做許多不是你老想著要做的事。」我們注定是背負著重力的生物，被迫扛起「擁有意識」這份重擔。說不定，再也沒有比她母親日復一日的茫然眼神裡更能令狄金生發現這樁真相之處了。

在狄金生那些怠惰厭世的詩作中有個悖論，就是這些詩居然如此鮮活地展現出那些狀態。在句子中間插入的破折號還有每一行突然的結尾，都打亂了句子的韻律節奏（「醫生——不會臉色發白——當他面對痛苦——／他的習慣——是要嚴肅——」）；但是正因攪亂了這節奏，才讓想像中的那種虛弱與震驚顯得那麼栩栩如生。僵死的軀體與靈魂在這樣的詩裡注入了恐怖但鮮活的迷人氣息。

狄金生更深入走進內心經驗的邊陲角落，凝塑出一種我們會以為是宗教體驗般的譫妄景象。如果說母親的慵懶瀰漫在她的詩裡，那祖父的激情也同樣洋溢其中。但是山繆．狄金生對福音的那份確信不疑在艾蜜莉對宇宙奧祕的摸索中倒是完全不見蹤影。她的祖父認為有個仁慈公正的上帝在掌管世間的秩序，但她只看到一片濛昧的混亂與模糊。在她的許多詩作裡，永生並不是一種正直的獎賞，而是將靈魂打入無盡迷茫險惡的詛咒。

狄金生在詩裡頭找到了另一條超脫的出路。她的祖父扛著要在地面上施行上帝工作的重責，她則是在字詞的輕靈飄逸中尋找脫俗飛昇的去路。她在詩裡最愛用的譬喻就是雪，這種最潔白、最剎那生滅的事物，在我們伸手握住的同時就融化消失了。詩也無法掌握、無法衡量；它就是反重力最基本的媒介。

從這方面看，詩的豐富多樣也正與我們在俗世生活中所追求的事物恰恰相反。詩人的榮耀不在於獲得名聲、財富或是任何象徵俗世成功的具體象徵，反而是在於貧困，正如一八七七年的這首小詩所描寫的：

誰都想要的——極致喜悅
獨屬那未知的祂——
節制的這場盛宴
教酒筵慚無顏色——

在伸手可及處，卻尚未掌握住
那是慾望的完美目標——
別再靠近——以免成真——
如此才能解放你的靈魂——（no. 1430）

在這字裡行間幾乎已經可以看得出她隔年寫給洛德法官的那封奇特的情書模樣了。「極致喜悅」不是在達成「慾望的完美目標」時體會得到的，而是在想要的時刻才有。實現慾望其實就是背棄了慾望——真正盛宴的精髓並不在於美酒佳餚，而是在於「節制」。

不過，狄金生的節制並不是佛教修行的那種靜心止慾，反而是一種盼望著終結的激烈慾望。這聽在我們耳裡挺像是虐待的操作定義，但是狄金生卻視之為我們所能期盼最極致的狂喜境界。她將生命的真實本質寄寓於想像力的純粹空間裡，完全不受半點現實世界中難以避免的妥協與敗壞所玷污。我們不該懷疑她對洛德法官說自己有多想嫁給他的那份真心。她對他的那份夢幻激情並不是某種漫長而殘酷的欺騙，而是實實在在表示了她在情感與精神上都認為渴望比擁有更美好的信念。

要當一名詩人就是要與自己訂下一份怪異的合同：要在「想像」這國度裡累積無數財寶，好棄絕「散文」國度或外在現實的種種財富。我們不可以把這種縮往追求更私密、更不可見的榮耀誤當成謙遜的表現。這是對重力的一種反抗，是要凌駕掌管塵世生活的各項法則規矩。對狄金生來說，做白日夢不是縮回了無生氣的消極不動，而是追求更高志向的墊腳石。

在沃爾夫看來，這種態度很接近許多老掉牙的故事中那種安靜保守的老姑婆形象，同時卻也是種最強烈的褻瀆，拿詩人縹緲輕盈的創作對抗上帝那些堅固不拔的造物：「上帝在詩人身上發現自己所造之物竟能唱跳出自己所不能夠。」㊷不過，這種反抗倒不是撒旦那樣的逆天之舉，因為詩人並不想也不能在能力與力量上勝過上帝。

她唯一的能力就是一種有意的無能。從她在「想像」這個國度裡的無窮能力可以推論出她在行動與變化的國度，或者我們一般所謂的現實世界裡，什麼也辦不到。她一八六二年的另一首詩似乎就可以當作這個詩人概念的某種宣言：

這位曾是詩人——是那個
從平凡意義
萃取驚人感受——
有股濃郁玫瑰香氣

來自那些熟悉物種
在門前消散無跡——
我們懷疑自己不曾
在過去——真的聞及——

揭露圖像的——
詩人——是他——
讓我們得聞——藉以對比——

無盡的貧困——
那份財物——如此不為人知——
搶奪劫掠——傷不了——
他——對他來說——真正的寶藏——
在——時光之外——（no. 448）

屬於「熟悉物種」的花盛開在門前，就像我們日常語言中的「平凡意義」一樣，乾乾癟癟，了無生氣。詩人的鍊金術則是能夠從我們以為既無香味也不重要的花朵中萃取出「感受」——或「香氣」。她是怎麼辦到的？不是透過創造出我們其他人難以觸及的圖像，而是「揭露」出某種我們以往沒有察覺到的隱約香味。詩人的字詞釋放出來的沉眠花香在我們聞到的當下，對我們來說是確切無疑的存在，所以我們會不禁懷疑為什麼「我們自己不曾／在過去——真的聞及——」

詩人是一道方便法門，省卻我們的時間與力氣。狄金生揭露事物的豐沛天賦讓我們能夠看到原本藏匿於我們周遭的無窮事物，「讓我們得聞——藉以對比——／無盡的貧困——」；換句話說，正是因為她做了，所以我們就不用做了。她的豐富想像力讓我們有權能享受某種想像力的怠惰。我們可以不停地「搶奪劫掠」她所揭露的圖像，或者說是讀她的詩，但是她卻不會因此更加貧困。

我們可以對她予取予求，是因為我們其實並沒有真正奪走她任何東西。她的圖像庫是一份「財物——如此不為人知——」，「真正的寶藏——／在——時光之外——」。這正是完美精準地未卜先知（*avani la lettre*）了弗洛依德對無意識的定義：「無時間性」（timeless）㊸。而這層比較也不僅只在表象層面而已。無意識的那些內容就和詩的內容一樣，並不像其他事物一樣存在於我們這個由時間束縛的世界裡。金錢與名聲都是有限的財貨，一旦失去就不一定追得回來，但詩中的想像與無意識卻有無窮無盡的內容，可以任我們取之不盡，用之不竭。

這裡我們可以摸索出狄金生還拋棄了另一件事。除了婚姻與社會地位外，狄金生還拒絕了出版，因為出版會讓她以詩人的身分聞名於世。她對出版的態度相較於她最強硬的宣示顯得曖昧許多。她一開始曾與鮑爾斯和希金森這些前輩接觸過，想聽聽他們對她詩作的評價，鮑爾斯也獲得了她的同意，在他的春田《共和國人》（*Republican*）刊載了她的六首詩。除了這六首以外，在她有生之年，只有另外五首詩曾經付梓。

在她與希金森之間的信件裡有明顯的線索可以看出她確實希望獲得他的鼓勵出版。她一八六二年寫給他的第一封信裡就問他：「說說我的詩句能否入眼？」㊹但是當他對這麼黑暗模糊的詩篇能否受到讀者大眾青睞表示懷疑，建議延後出版時，她倒回嘴說「我從來沒這念頭，就像問魚要不要飛上天空一樣——」在同一封信裡，她又不失乾澀尖酸地回應他的嚴格評論：「您認為我的步伐『抽搐不穩』——我有危險——先生——／您認為我『桀驁不馴』——我實

在無從評斷。」㊺

這信裡的傲氣不言可喻，但是說不定希金森要她寫些比較委婉正規的詩作，也確實證實了狄金生對於必須有所妥協才能出版的懷疑。也許正是這份懷疑刺激了她在一八五八年到一八六五年之間寫出了四十「卷」或「冊」，大約有八百首詩的作品，一直到她死後，才由姊姊意外發現。

她每一卷都大約有二十首詩，親手寫在四、五張紙上，細心地線裝封存妥當。她這麼費工夫的手工保存，究竟是對正式出版的嚴正抗議，還是恰恰相反，是為了確保出版而做的準備，各方專家一直爭論不休，沒有定見。

這個謎團或許也只是個假象。狄金生花了那麼大的功夫整理保存她的詩作，一輩子都藏得好好的，可是她也讓人能在她死後找得到這些作品，似乎是要將出版這件事和追求名聲財富這回事劃分開來。狄金生想讓這世界肯認她的詩，但是也同樣希望這份肯認不會受到世俗的野心慾望所玷污。在她心裡，有生之年就成為舉世聞名的大詩人肯定是那種為了糖霜而毀了麵包的最壞例證。

照這樣看，狄金生的詩卷是份大膽的賭注，因為要祕密籌備自己見不到的死後出版，她得要十分相信後人能夠賞識自己的作品才行。照她這辦法，屬於詩的榮耀和屬於個人的聲望就能安全地區分開來。她一八六三年的這首知名詩作寫出了對出版的猛烈抨擊，就是在強調這一點區分：

出版——是拍賣
人的心靈——
窮困——得以證明
正因如此污穢的事情

有可能——但是我們——卻寧可
從我們的閣樓走向
雪白——走向白雪的創造者——
而非投資——我們的白雪——

思想屬於創作的那個人——
然後——是接受
其具體描繪的人——顯露出
那皇家氣息——
包裹裡——是商人

有著天恩眷寵——
但不會將人類的精神
賤價出賣——（no. 709）

要投資「我們的白雪」就是要從詩的無形語彙裡弄出可以賣得出去的商品。這些詩卷確保了這些詩作可以流傳給後代，同時也避免了讓詩人的靈魂「賤價出賣」。

※

狄金生繼承了她祖父的高瞻遠矚，但是他那份遠見能力得歷經中間世代才能傳到她身上——也就是說，得經過她父親那份平板嚴肅和她母親的焦慮慵懶才能得竟其功。山繆．狄金生眼中閃耀非凡的上帝創作，在艾蜜莉的凝視裡倒成了遠為曖昧的力量所造。天與地、生與死，都同樣籠罩著一片濛昧混沌。

有些基本的宗教信念還是傳承了下來，但是形式卻有了大大不同。比方說，一八六二年的著名詩作（no. 501）一開頭就信誓日日地宣稱確實有來生：「此世非終結。」但是這首詩裡所想像出來的彼岸世界可不是《天路歷程》裡的那個上帝之城。思索來生所得到的不是關於天堂的景象，而是感官的混亂扭曲。在我們這個受限於時間的世界「後頭」之永恆是「看不見的，好比音樂——／但卻實在，猶如聲音」。迴盪在彼世宇宙中的聲波不是天使的合音，反而更像是「召喚和……迷惑」的白噪音。

整首詩最後幾行經典詩句更是（字面上）狠狠咬了她祖父那個傳統復古宗教的福音狂熱一口：

牧師比出好多手勢——
晃動高呼哈利路亞——
麻藥遏止不住牙齒
一口口地囓咬靈魂——

這一年是她產量最豐的一年，寫出了三百六十五首詩，而美國當時也正歷經人類史上最血腥的戰爭。南北戰爭還有工業化與都市化帶來的重大改變，在在重擊了她祖父那一代人對光明慈善的上帝掌管著世界運行的信念。這些天搖地動的變革所造成的動盪與恐慌，可以從她的詩裡那些詰屈聱牙的韻律與滿目瘡痍的景象中聽聞得見。當然了，我們還是不免會想問，這些重大的歷史事件怎麼會使她不肯積極出版，反而縮回她一八七七年詩中所謂的「極端的私密／讓靈魂回歸自身」（no. 1695）。外在世界燒成這樣，你怎麼還能夠鎖在房裡做你的白日夢呢？

反過來說，你又怎麼不會這麼做呢？正如我試著證明的，做白日夢並非總是憂鬱退縮和絕望的表現。狄金生用她的人生和作品向我們顯示了做白日夢其實也可以是愛情、懷疑和叛逆的深刻展現。

第 4 章

遊手好閒的人

The Slacker

一九八〇年代中葉，我總設法讓班上的校外教學行程能夠去我朝思暮想的卡納比街（Carnaby Street）偷看那些龐克樂團，翻查我最愛的樂團唱片和紀念品。但是在其中一趟旅程裡，我看到了一張海報，不禁停下腳步：有一名女子慵懶地朝左邊斜躺，從一團漆黑的被褥中探頭出來，雪白的雙肩暗示著底下什麼都沒穿。但是她看起來就像是睡美人一樣，完全不記得自己原本打算做什麼。她誘人的身軀散發著一股淡漠不耐。沿著她那頭蓬鬆的秀髮仔細瞧，會看到它完全融入黑夜的無盡虛空之中，吞噬了一切，只剩下沉沉睡眠。

那張海報就釘在牆上，上下各有一排潦草的字跡，訴說著一份懺悔，一道命令，也是一種誘惑：「我今天沒去上班……」、「我想我明天也不會去／掌握自己的人生，痛快地活吧！」

那張圖讓我覺得難過又瘋狂，彷彿有一顆隱形的飛彈打穿了我那青少年的胸膛，攪亂了我對人生意義與目的的想法。在那個女孩子訴說的那種懶臥床褥的愉悅裡，說不定隱藏著一份想要與床外的世界訣別的心願呢。

等我回到家裡，我的那份憂鬱就漸漸散了。原本讀來像是告別人生的那串字眼，現在卻像是在歌頌著某種奇特的希望：你不用乖乖遵照這個世界或是你自己的期望來過活。你不是非得照著父母、學校、老闆或甚至你自己所訂定的計畫做事。如果你不喜歡人家幫你做的安排，大可擦掉另起爐灶，選個你自己喜歡的去做。

「痛快地活」——這真是一針見血的實踐哲學名言，叫我去做我這輩子都被人家說不行的事，也就是去做讓自己爽的事。接著我靈光一閃，突然開竅，發覺原來我真正渴求的自由其實是什麼也不做，拋棄一切責任與義務重擔的自由。沒錯，賴床聽起來可能像是種沮喪退縮的表現，但是換個角度想，這其實是一種解放想像力和恢復整天精力的辦法。放掉一整天的工作與約會，讓整天行程空白，想做什麼都行。當然，「什麼都行」也包括了成天躺在床上擺爛，只是不像去上學或上班那種至少像是個選項的事。昨天去上班意味著今天也要去，而這又意味著明天還要繼續去。相對於此，躺回去睡則是讓你接下來幾個小時什麼都不用做。工作會扼殺這一天的開放性；打盹、睡回籠覺反倒保存了這種開放性。

那個女生就那樣定在將睡未醒之際，堅實的現實世界彷彿投射在晃動銀幕上的影像般抖個不停。說不定，她寧可睡覺也不想要上班日那份清醒意識的這種偏好並不是虛無主義，而是對人類可能性的肯定。把我自己的每日行程都當作可以選擇的項目，就能緩解那份令人窒息的逼迫感，鬆開現實世界對我年輕身心的緊攫狠握。

過勞的人也會寧可選擇睡覺與退縮，不願去工作和社交。但是說他們做選擇恐怕是誤會一場。過勞的人所處的困境是他們既承受不了必要性，卻也扛不起自由。如果去上班工作是墮入重複苦刑的地獄，那躺在床上其實也不是待在甜美仙境。對過勞的人來說，所謂自由日子所提供的可能性與其說是解放，倒不如說更像是種折磨。任何一個選擇，如果真的是有意義的選擇，就都需要有個慾望來推動人去做，而這股慾望恰恰就是過勞的人所欠缺的東西。他們之所以會賴在床上，是因為他們對自己究竟想去哪裡和幹些什麼還沒頭緒。

相較之下，懶散的人會享受陷入凌亂床鋪中的沉眠，而做白日夢的人則是跳進自己的幻想之中，盤桓在床鋪上方的半空中。但是這些都只是寄居在同一種不動姿態中的不同方式罷了。筋疲力盡、怠惰懶散、魂不守舍都可以確保我還能保有選擇，但不得不把放棄行動當作代價。在人生的岔路上，過勞的人、懶散的人和做白日夢的人都不敢選擇該走哪條路，深怕這樣一來就失去了選擇其他道路的機會。

他們的擔憂不無道理，幾乎每個有正常工作，規定每天都必須上班幾個小時的人都懂。當你替公司打官司、清理倉庫、輸入資料或治療病患做到累得半死，你可能會夢想要活得更自由，能夠決定自己今天或明天要不要上班，可以痛快過活，但是到頭來你卻總是撞牆碰壁，得替家庭、老闆、客戶、病人和你自己咬牙扛起種種責任。

所以你就放棄了穩定薪水的工作，改當長期接案的自由業——寫小說、創造發明、豪賭狂博，甚至是寫鬼故事部落格。你現在一醒過來就有大把的時間，卻渴望著自己蠢到拋掉的固定工時和明確任務，覺得自己漸漸失去了急迫感、方向感和明確的目標感，而這些都是你過去知道該去哪裡、該做什麼的時候再自然不過的東西了。

當我們的時間不屬於自己的時候，我們會想從別人手上要回來；但是一拿回來，我們就又想還回去了，結果就是我們的時間成了一份總是來來去去不停換手的禮物：不在我們手上時就格外想要，一到手上卻又承擔不起。

這就把我們帶到第四種人的生活方式，這種生活大概也是我個人最有共鳴的一種：遊手好閒。

看到那幅瞌睡女孩的海報七年之後，我覺得自己愈來愈能體會她那種心態。我那時剛開始讀博士班，而且因為有一份研究委員會獎金，讓我可以在求學期間不用擔心生計，這份優待還真與我當初所預料的不太一樣。不過，雖然我已經在讀英國文學研究所了，但我偶爾還是得去上些聽講課和討論課。我這時已經跨出了任何單位與個人的管轄區，沒有人會管我應該做些什麼、要去哪裡。我可以翹掉幾天、幾星期的課，甚至幾個月不出現，而且還不會有人發現。

第一個學期剛開始那幾週裡，我一睡醒就不禁想到，假如我一個字也沒讀沒寫，對其他人來說也根本沒差，這念頭實在令我一則以喜，一則以懼。儘管我感到滿腹的焦慮，但是我也明白察覺到一股不受任何人、任何事物羈絆的狂放快感。我就跟那張海報裡的女孩一樣，可以從床鋪外紛紛擾擾的世界中消失，只要閉上眼睛就好了。

但是過了幾個星期，那份一開始會因為無所事事而讓人有些提心吊膽的快感就被焦慮給徹底淹沒了。我常常一早就坐在客廳的椅子上睡著，或是恍神地看著房間裡的影子，結果讓從廚房窗外呼嘯而過的火車嚇了一跳。我會去沖個澡，吃點東西，然後漫無目標地在尼斯登（Neasden）周遭灰色的街道上閒晃，內心裡冒出一大片毫無意義的迷霧，遮蔽了我很清楚的一件事：我根本不知道自己在幹嘛！

在大約離當時四年之前，我也沒料到自己會因為那名年輕憔悴的法律文書抄寫員巴托比的故事而從自己的無能中振作起來。這一次拯救我的救生索則是電影。理查．林克雷特（Richard Linklater）的《都市浪子》（*Slacker*）是少數幾部你第一眼就知道自己會永遠記得的片，就像初次見到夢中情人那樣，教人忘了呼吸。我花了兩塊五英鎊，這價格比現在看電影便宜了大約十英鎊左右，只是得坐在一張稍微焊在黏膩地板上的破椅子上看。不過，看這部片時，破爛的舊戲院倒像是精心設計過的環境，讓人更能融入電影情節裡頭。

不用多久，我就看出林克雷特的這部電影映照出了我漫無目標的生活：在德州奧斯丁的次文化圈裡拼湊出來的各種詭異而隨機的情節，到處都是不著邊際的假形上學家和瘋子、陰謀論者與街頭藝人、臨時工和小混混、無政府主義者與裝腔作勢的人，這些人之所以會串在一起，就只是因為他們徹底拋棄了「必須藉以謀生的那種工作」。

我懶懶地坐在位子上，怔怔地看著銀幕，電影一開頭有個看來友善的男生（我後來才知道他就是導演本人），他搭著公車到站下車，背著背包，信步招了輛計程車。幾秒鐘後，他就開始發表一篇獨白，鏡頭在擋風玻璃前方沒有中斷地輪流拍著司機和他兩個人，年輕人有氣無力的幻想跟司機的靜默彷彿在一搭一唱，而這種徹頭徹尾的不協調反倒是順理成章的連結一樣。他們雖然同處一車，但是卻各自活在不同的世界裡頭。

那名年輕人訴說著各種夢想與幻境，也講了日復一日的人生選擇。就像現在，他可能會困在公車站，然後被一個漂亮的陌生人搭訕帶回家，另一串在這個當下所發生的事件可能會在另一個現實世界裡成真。他抵達下一個場景下車後，慢慢走了過去，這時鏡頭就不再跟著他了，這片裡的每個情節都既是隨機串連，卻又彼此與前一個巧妙掛鉤。故事就這樣有個開頭，然後分裂，再重新開始，然後又再度分裂，如此循環，但是這整串破碎故事的無縫串連卻似乎也在訴說著同一個相同的故事。

鏡頭翻滾過奧斯丁的草原與水泥地，向上一抬，遇到了岔路，選哪一個畫面都隱然是要放棄另一個，所以我看的這部片似乎也隱約受到其他我沒去看的無數部片子所糾纏。但這不是個負面經驗；恰恰相反，其他畫面的陰影給了我一種彷彿每一刻都會生出其他不同時刻的奇妙感覺。對我一個這麼毫無目標的人，這麼一個「醉生夢死的人」（用哈姆雷特的話）來說，這個想法倒是充滿了一種瘋狂的生命力，而且這部片裡各人有氣無力、病懨懨的姿態語調反而還更弔詭地強化了這種印象。

我不是自比為戲裡那些四處遊蕩的人物，也不是受他們漫無目標的可笑人生所吸引。我可沒有打算在某個叫作「終極魯蛇」的樂團裡表演，也不打算寫本叫什麼《陰謀論阿哥哥》的書，更不是那種會狠損女友「妳做的每件事都是妳的死因之一」這種話的人。

真正啟發我的，是那個鏡頭的精神，是它那種散發出懶散、分心、好奇與自由的氣氛。我被那鏡頭在各個鬆散畫面之間的移動迷住了，那種遲疑、緩慢地從某個離去人物的背影轉到另一個無動於衷的人身上，彷彿它只是為了繼續拍下去在走一樣。這部電影的片名與其說是在談劇中人物，不如說是指電影本身，它本身與各個主題之間的鬆散關係既迷人又煩心，既活潑也死寂。

「遊手好閒」這個詞一開始是拿來貶損在二次世界大戰期間逃避兵役的人，後來漸漸演變成包括了各種對生活與工作冷淡漠然的形式在內的用語。遊手好閒的人看起來可能很像是個典型的反對派，專長就是做出各種形式的拒絕——工作、活動、情緒波動、選擇、信念統統都被他那個蠻不在乎的黑洞吞噬進去。那這種懶散消沉的象徵怎麼會讓人覺得那麼積極正面？

看《都市浪子》這部電影打開了我看待自己人生的另一種方式，原來我的人生不用靠外在的目標與成就來評價衡量。這讓我們得以一窺羅蘭・巴特（Roland Barthes）所謂的「自修韻律」（idiorrhythmy），「每個人都按照自己的節奏過活」①。以這種方式過生活，就意味著拒絕用工作與休閒的非人性化力量來安排自己的時間和空間，讓你照自己獨特的衝動、嗜好和慾望來調節你的步調與風格。但是這同時又是一種社會理想，讓我們每個人個別的生活節奏能夠同時並存而不相干涉。

如果我們所謂的烏托邦是指在一個社會裡，所有的工作都彼此和諧地共同促成同樣的道德、社會、經濟理想，那電影《都市浪子》裡的景象就不是烏托邦。可是這部片卻讓我們明白這種同時既分離又共同，在物質與心靈層面都不必遵守某種單一至上的節奏或習俗的生活看起來會是什麼模樣。這激勵了我尋找自己的自修韻律，讓我發現找出這個節奏才是我真正需要的東西。

我過去一直苦於自感無比羞愧。我會指責自己居然隨意浪費寶貴的時間與金錢，不好好去讀書寫作。不過，看了《都市浪子》這部片讓我明白，這問題其實在於我的好奇心步調和一般工作日行程的安排彼此並不搭軋。在就讀博士班這種開放自主的學程時，其實是照我心裡那些無定漫流來安排最好。

如果我每天早上固定幾點坐下來要讀書，用不了幾分鐘，我就會開始眼神渙散，或是不斷來來回回看著同一段落。相對於此，我反而搞不好會在晚上洗碗時豁然頓悟呢。

後來這幾年，我總算了解刺激我生產力的最好辦法不是靠規矩紀律，而是靠某種穩定的無紀律。我的讀書、思考與寫作可能是靈光乍現，也可能是通宵達旦的成果，間或休息一刻鐘的午茶時間，或者是整個星期都得無所事事來沉澱。我當時正在做的事，就是七年前走在卡納比街上時夢想的事，也就是隨心所欲地痛快活著。這故事的啟示就是：如果我照著自己的自修韻律走，順著自己慾望的不定流向而去，我就不會迷失在某種內心空虛之中；事實上，如果硬逼著我去工作，反而更可能教我不得不迷失。

當然，有時候你的自修韻律的確沒辦法和他人的節奏截然二分，例如必須遵照外在強加的工作制度節奏，或是和情人、子女或寵物的自修韻律彼此競爭的時候，難免就會如此。不過也許這就是最該把持住自修韻律那份無紀律和拒絕精神的時刻，堅守這份對不按任何目標目的來行動（或不行動）的體悟。如果你讓自己全然淹沒在其他人所規定的要求與章程之中，那用不了多久，你就會失去讓人生活得津津有味的那一面了。

讓我們回想一下從古希臘時代首開後世哲學懷疑主義先河的皮浪（Pyrrho），會繞什麼樣的迂迴路徑來避開承諾的吸引和信念的引誘吧。他會走到懸崖邊上，會與猛獸互瞪，冒著生命危險反抗自然定律而不接受這套定律就代表了實際。皮浪的懷疑主義可說是種極端的弱化心志，刻意要避免所有的確切行動，令人對自己的命運不動心、不掛懷。

皮浪主義所接受的關鍵前提是，經驗已經向我們昭示出自然和道德沒有可靠的真理標準：年輕人覺得溫和的氣溫對老年人來說可能會太冷，某個人認定的惡行在另一個人眼裡可能是善舉。皮浪從這個普世的非確定性中推論，既然我們可能覺得沒有哪個行動或存在狀態比另一個行動或存在狀態更好，就連活著本身也是如此，那麼我們就同樣可能任憑自己受機運所擺佈，一籌莫展。

對大多數人而言，這種生活方式實在太不可行。過了大約五百年，身兼醫師與哲學家的塞克斯圖斯．恩培立克斯（Sextus Empericus）一槌定音地稱懷疑主義是一套思想流派，並且將皮浪的思想在日常生活中實踐力行。雖然塞克斯圖斯也嚮往透過暫停判斷與拒絕一切確切的真理說法來達致不動心這個目標，但是他也了解到實踐起來時必須遵循「由天性所指引，靠感受來規範，依法律風俗與諸聖先賢的教誨來約束」的要求②。換句話說，如果我們沒辦法知道該按照什麼真理過活，至少還有規則可循。

我們可能不知道什麼是真，什麼是善，但是風俗與感受讓我們能活得像是知道一樣。我們沒有辦法確定天氣是不是真的冷，但是我能確定的是我覺不覺得冷，而光這一點就能夠讓我穿上外套了。因此，塞克斯圖斯不必與皮浪那麼極端的懷疑主義立場爭辯，就能為我們找出調節那套極端作法的可行方式來生活。他就像個好醫生一樣指出「我們不能完全不活動」③；延伸來說，我們也不能放任自己沒入撲面而來的冷漠淡然之中。

林克雷特片中的浪子視非確定性為生活基本條件的這種懷疑精神，就跟他們心裡所想的狂妄想法和計畫一樣鮮明，但這種訴求並不能形成論證，至少從我們自以為優越的反思觀點（這種觀點讓我們有辦法採用科學方式與儀器來測量氣溫）來看，實在荒謬至極。在今日這個鼓勵臉書牆上自戀偏好與意見的文化中，懷疑主義的吸引力反而是在於其緘默沉靜，慎言寡語的立場。在社群媒體上，意見就是新的貨幣，也是象徵我們自我的本質。我們所公開主張的立場如今已成了一種確認我們確實存在於這世上的方式。在這個時代裡，我嗆故我在。

塞克斯圖斯說了一個故事，描繪出一種在懷疑論者與真理和道德正確之間較和緩的關係：畫家阿佩雷斯（Apelles）要畫一匹馬，而且想在馬的嘴邊精準地畫上口沫橫飛的模樣；他試了半天老是失敗，氣得把海綿往畫上一甩；「他就這麼一甩……就巧妙砸出了馬匹嘴邊的泡沫圖樣。」④

只要我們還想繼續靠做出判斷、解決問題這種積極的方式來達到不動心，我們就只會不斷累積緊張與挫折感。但若放掉自以為是的狂熱，不動心就會「不期然地」降臨到我們身上，「如影隨形」⑤。在上述這則故事裡，儘管我們再怎麼盤算擘劃，想說想做的那些事反而可能徒勞無功，這擺明了是精神分析的弦外之音。而這則故事也同樣暗示出懷疑主義與倫理學之間的關聯。塞克斯圖斯讓我們看到最令人嚮往、最能令我們免於不滿足之苦的生活之道，就是放棄自以為是真理主宰的那份妄想。

正是懷疑主義的這一面刺激了羅蘭・巴特，讓他發現懷疑主義表現出一種他稱為「中立」（Neutral）的狀態：「中立……就是一無是處，自然也無從宣揚任何立場或身分。」⑥這裡的中立不是指在政治上或道德上兩極之間溫和的中間點，而是一種活著的狀態，一種人生的態度，暗示了在我們身上有一種羅馬尼亞哲學家蕭沆（E. M. Cioran）所稱「漠然的感官」（*faculty of indifference*，重點為蕭沆所標）。

蕭沆論稱，當人在想法中注入過去人類冠諸神明的狂熱激情，那要命的意識形態與運動也就不免生根茁壯了：「一旦人失去了漠然的感官，就成了潛在的兇手。」⑦漠然不僅是我們原本的生存態度，更是我們活著的基本面向之一，努力避免讓我們在教條與意識形態的洶湧浪潮中滅頂。

對蕭沆而言，沒有什麼美德比得上所謂「懶惰與多疑」這些惡習，因為這些惡習能避免我們受到狂熱盲目的迫害和唯一真理的欺凌。「只有懷疑主義者（或發呆者、審美家）才能逃過」狂熱盲目這種傳染病，「因為他們不提倡任何事物，因為這些真正造福人類的人會破壞盲目信仰的大計……我覺得與皮浪在一起要比和聖保羅在一起安全得多，因為詼諧幽默的智者總比義無反顧的聖人仁慈多了。」⑧

懷疑主義的立場，至少在蕭沆的詮釋底下，是要反對將人類當作提言倡議的動物，拒絕把人看成由其主張的信念和公開的行動所定義的存有者。體認到漠然的感官或是中立性，就是堅持不能將人化約為這些身分戳記。懶惰與多疑這兩種遊手好閒者同時擁有的心境，反而能保護我們免受義無反顧的聖人所欺壓。

遊手好閒的人挑戰了行動和目標這兩者在我們這講求積累與競爭的無情文化中原本毋庸置疑的優越地位。遊手好閒的人直指問題根本：究竟是什麼讓人生值得活下去？舉例來說，我們拿什麼來對抗新自由主義所創造且加劇的社會分工、經濟不平等、非人性化和混亂世局呢？對這種種壞事，我們可以用一大堆帶著進步價值的目標與政策來回應：保障社會福祉安全網、重分配稅制、生活津貼，如此等等。這些政策可能的確是為了要改善我們生活的處境，但是它們並沒有指出我們可能真正想要活著的意義。社會政策提案強調了人做為有所行動的生物，以及做為某些特殊連結與身分的產物這方面的需求。而「不提倡任何事物」則能默默地鼓勵我們思考、體會自我本身，不是只把自己化約成所做所思的總和，而是當成超越各種行動與成就之外，單純為了人生而活著的生物。

從這個角度來看，遊手好閒者懶惰多疑的生活其實並不是以這個或那個之名而為的反抗，而是單純為了活著這項權利，為了活在像哲學家費德希克．葛洛斯（Frédéric Gros）所稱的「未定之自由」⑨（suspensive freedom）之中，不受個人、職業或任何身分所約束。在現今這時代裡，這項權利飽受威脅。資本主義的瘋狂生產、社會地位的要求期許還有產業主義的機械化節奏，全都把我們困在一種永遠處於焦慮卻服從的狀態之中。

從近代歷史以來的每個階段中冒出頭來的所謂「反文化」，其實就是為了反對這些異化的機械化節奏所形塑出來的不同生活模式。十八世紀後半有浪漫主義，十九世紀有唯美主義與頹廢主義，二十世紀有披頭族、嬉皮、龐克族，他們全都在設想社會、創意與性愛生活的新模式，可以說涵蓋了我們在共同生活、吸食鴉片、藝術形式與日常風尚等各種領域中的自修頻率體驗。

浪漫主義者是這一長串反文化份子的濫觴，他們反對強迫行動從事的指令，不願配合工業社會與其不停生產的制度。在浪漫主義的詩文中，這類抗議往往以幻想形式出現，作者會從某種崇高景象中深入自我內心，超脫外在世界與其層層負荷。在這一刻裡，現實世界的緊張刺激獲得消解，讓作者得處在一個轉瞬即逝卻完美無瑕的平靜之中。

雖然在浪漫主義文學中有那麼多作品，但沒有幾部能比得上盧梭一七七六年的未竟之作《一個孤獨漫步者的遐想》中的〈第五趟〉那麼言之鑿鑿、那麼一針見血。盧梭這時已近風燭殘年，在這幾「趟」散步中思索著他的孤獨流放，認為這就是他畢生顛沛流離，飽經風霜的理想解藥。

在這第五趟裡，盧梭正避居在位於瑞士中央碧煙湖（Lac de Bienne）上的聖皮耶島上，因為他家才剛遭附近墨帖村的暴徒扔擲石塊襲擊。聖皮耶島的孤獨靜謐確實是此時飽受欺凌的他所需的最佳良藥。他為了投入在「寶貴的無所事事（*far niente*）」⑩中，成天過著無所作為的生活——漫無目的地蒐集植物品種、在湖畔靜坐，或是乘著小舟划向湖心。這種沉潛的生活帶來了徹底的寧靜：

若說有某種狀態可以讓靈魂安穩，讓它靜定下來，歸元抱一，不需回首前塵或眺望將來，超脫時間，以當下為永恆，不覺韶光之逝，不感盈缺悲喜、苦樂慾懼，只感自身存在，充塞靈魂之中；只要持續這種狀態，處於其中的人就能自稱幸福，並且不是人在生活樂事中獲得的那種殘缺貧瘠的相對幸福，而是完滿自足的全然至福，讓靈魂再無任何空虛闕漏可言。⑪

在這幸福時刻裡，有個令人痛苦的弔詭之處：儘管這一刻完美永恆，卻不能持久。那種涅槃悟道的喜樂，能夠永遠解脫日常生活中種種起伏動盪的感受，都只是那片刻轉瞬剎那的效果而已。這個純粹自我的泡泡只有在我們閉處其中，對外界無視不管的情況下，才能夠維持永久完美。但是塞克斯圖斯早在一千五百多年前就已經說了：「我們不能完全不活動。」只要太陽升起，只要湖上微風將我們叫醒，提醒我們船仍須靠岸，我們終究還是得回到喧囂匆忙的日常世界，回到那份挫折之中。

不過，儘管這一刻終究要過去，並不意味著該將這種時刻棄如敝屣。有些意義深遠的事就發生在那條小舟上；順水漂流的盧梭發現了在自我之中的極端自由，而這份自由若用當代德國哲學家彼得・斯洛特迪克（Peter Sloterdijk）的話來說，可以定義為「無可用處的喜悅」⑫。若從為了使人有所用處，而將人的體力與創意而榨乾的工具化世界這角度來看，在自我之中的這份自由實在相當危險。斯洛特迪克寫道：「〈第五趟〉（裡的盧梭）就像個核子反應爐，會突然朝周遭放射出純粹無序的主體性。」⑬

無用、無能、一無是處——我們拿來詆毀遊手好閒者的這些說詞用語，其實正顯示出他們勾起了我們心裡的恐懼。他們「純粹無序的主體性」一出現，不管是浪漫主義式的幻想、波希米亞式的狂醉、嬉皮式的嗨翻，或是龐克式的虛無，那種肆無忌憚的敷衍取巧、不負責任和拖沓延宕馬上就會到處肆虐。我們這執迷於生產製造的文化一直努力要我們相信自己是積極、有目標的人，所以一旦看到與此信念相反的證據就總想要抹消毀滅——叫遊手好閒的人穿上制服、找份工作，別領救濟津貼，當個有用的人。就算他們的無用可能不足為害，但是我們還是會厭惡、害怕這種人，因為他們顯示出了我們自己無用的那一面，喚醒了我們心裡「今天（或明天）就別去工作了」的衝動。

那股要我們從現代世界的節奏裡重新找回屬於自身個別節奏的衝動始終盤桓不去。對困在這世界不斷行動、不停分心這組孿生要求中的我們來說，日常生活的所有基本元素——睡覺、吃飯、性交、移動、思考——全都處在一種長期匱乏的狀態。我們不停遭到打擾、催促、中斷、混淆，整個人的身心似乎總是很少真正屬於自己。諮商室是能讓我察覺到我們這種困境的幾個空間之一；每節列車車廂、每場社交聚會、每間辦公室則似乎總在哀嚎著倦怠無力、時間不夠——睡到一半被吵醒、與家人吃飯中途被電子信件打斷、與伴侶翻雲覆雨遭手機訊息打擾，就連晚上和週末假日都被工作填滿了。

在這個令人心疲力竭的文化裡，近來興起了一種所謂的「慢活運動」，有一些鬆散的群體提倡呼籲放慢日常活動的步調節奏，從煮飯種菜到設計醫療全都包括在內。卡爾．歐諾黑（Carl Honoré）在《慢活》（*In Praise of Slow*）⑭這本可以當作這股運動聖經的著作中說得一清二楚，這股運動的目標不是要鼓吹為慢而慢，而是要讓活動本身來設定我們著手實行時的速度，讓我們不必被某種行程表追著跑。無論是一道文火煨燉菜、一個瑜珈動作、一個吻，或是一場閒聊，只要我們願意，這些活動本身就都能告訴我們到底該煮多久、維持多久、享受多久。

若照這方式過活，世俗的日常樂事就不再只是消費之用，而是令人有所感受，讓我們能享受真正體驗的喜悅，而不是自矜於又完成了一項任務。我們不難看出慢活的吸引力，就在於它承諾要從消費資本主義所主宰的那種非人性的狂飆生活手中，重新讓我們找回真實人生的完整與深度。

但是在各式各樣的書籍、ＴＥＤ演講與部落格中，還有另外一股推廣慢活精神的論證：它們保證了慢活不僅能讓我們活得更快樂，而且會更有生產力。慢慢做事是要人按部就班來做，而不是為了趕急趕忙而粗心大意。歐諾黑引述了一位ＩＢＭ經理激勵員工的話：「少用電子郵件才能讓郵件（與生活）更有用。」⑮欲速則不達；限制電子郵件，反而才能發揮電子郵件最好的品質與效用。

既然有了這種建議，那麼講求目標與生產力的這些命令，也就是慢活首先要顛覆的對象，就得乖乖回到駕駛座上。慢活不再是證成慢活本身的理由，而是變成了達成工作與生活之間健康平衡這個目的的手段。這難道還有什麼毛病嗎？藉由重整輕重先後順序與找回控制日常生活步調的方法，來醫治過度勞累與刺激這種普世病症，總該很有道理、很合乎人道對吧？

這種慢活方式其實反而使得我們將自己視為任務驅動的工具性生物這種概念牢不可破。慢活這時已不再是抑止生產效率的煞車，反倒回頭為生產效率效勞，是為了要讓我們成為更好的員工、父母、情人、廚師，才要為我們培養出健康的身體與清明的心靈來。這種支持慢活的論證就像許多心靈成長運動一樣，既能拿來刨根問底地挑戰現狀，也能為虎作倀地粉飾太平。

說到底，盧梭在湖心的那場美夢並沒隨著他大肆聲張自己生龍活虎地回歸工作與社會而告終。那並不是早期的瑜珈隱修，也不是替每天在辦公室待上十二個小時後充電蓄能的心靈課程，而是徹底投入「純粹無序的主體性」——這股危險的能量就像是海報上那個反抗世界的瞌睡女孩所表現出來的一樣，會腐蝕成為好員工、好公民的那份意志。這一份惰慢，是社會責任與融合的敵人，不是盟友。

在今日這個過度勞動的行動文化中，倒是有個當代設計像極了盧梭那條小舟：漂浮池。卡爾．賽德斯多羅姆（Carl Cederström）與彼得．弗萊明（Peter Fleming）在他們二〇一二年合著的《死工作》（*Dead Man Working*）中發現，這種精心打造的裝置在「過度工作、壓力過大，又無法自己喊停的倫敦上班族」⑯間愈來愈吃香。他們描述了進入池裡，漂浮在溫熱的鹽水中的那種體驗。在那片黑暗之中，身體的邊界彷彿融入了水中，「你再也分不出身體的不同部位。只要你人躺在那裡，在那片黑暗裡，聽著緩緩流出的空靈音樂，你大腦的活動就會慢下來，你可以自主進入一種類似做夢的狀態。接下來，到了最後，你整個人也會消失。」

就像盧梭在湖心做夢一樣，在漂浮池中的自我既不覺得快樂過度，也不感不足，而是徹底融入一種純粹無我的狀態，可說是比任何世間幸福都更完美的涅槃空寂。但是這兩種情況的相異之處也與相似點同樣值得發人深省。盧梭那份自足的喜樂不容在旁窺伺的喧囂塵世沾染，而漂浮池休閒中心則是打著能恢復動力與生產力的招牌在做生意。一名漂浮工程（Floatworks）的公關人員說：「漂浮療程保證能夠消除壓力，好讓你心智清明，能百分之百專心在手頭事情上。這療程還能提升創造力，也就是解決問題、維持專心、自我激勵和能量等級的能力。」⑰

現在有愈來愈多的工作場所會將這種純粹活著的短暫體驗，包括正念冥想、瑜珈、漂浮池等，全都納為己用。如果員工可以因此生產力大增，那在他身上遊手好閒的那部分肯定就會被壓下去。公司政策不是把遊手好閒的人當作在公司閃亮的建築外頭無事閒晃的廢物，而是正視我們所有人都有這種遊手好閒的面向。為了促進員工內心平靜，公司也認知到了人有無能惰性的傾向，亦即拒絕當個有用的人，或者用現在非人性化的說法，反對成為「淨貢獻者」。這種在午休時間送員工去漂浮池紓壓的花招，可以把員工心中那種叛逆動力化為公司所用。

不過，我們在慢電視（Slow TV）裡倒可以看見一股沒那麼容易招攬運用的慢活運動潮流。慢電視這種影視風格啟迪於安迪·沃荷對沉睡的情人、帝國大廈等固定或幾近固定的對象所進行的長時間持續記錄拍攝。這種拍攝方式最早的實驗作品也與安迪·沃荷的電影同期。一九六六年聖誕節，WPIX電視台播放了著名的「聖誕柴火」（Yule Log），整部片就是重複播放著壁爐中燃燒的柴火，搭配節慶背景音樂，而且從頭到尾都沒有廣告。但是一直到了二〇〇九年挪威廣播公司（NRK）開始製播一系列節目，才讓慢電視成為真正轟動的電視節目分類。

NRK第一個慢電視節目是從奧斯陸到卑爾根的七小時火車旅程實況記錄，用四架固定視角的攝影機分別拍攝車廂內外。節目播出後大獲成功，吸引了一百二十五萬觀眾收看，自此開始了該台製播一連串類似節目，除了火車旅行之外，後來還陸續拍攝了航船、捕鮭魚之旅、三個月鳥隻生活記錄集錦、整夜劈柴燒火、編織馬拉松等內容。

自從電視偷偷潛入我們家裡與生活之後，就一直是文化評論家謾罵的罪惡根源，說電視荼毒了我們的道德、智力和政治官能。他們都說電視讓人變得溫馴聽話、乖巧易騙。電視餵給大眾各種毒藥，只會給些毫無營養的娛樂節目和假訊息。無論節目內容是真或假，電視頻道就只會不斷加深眾人的道德敗壞（在保守派評論家看來）與政治軟弱（對改革派評論家而言），還讓大家逐漸習以為常。

這些評論家直指電視會導致身體與心靈不再保持直立與機敏，而這些卻是我們在工作、走路或坐在書桌前應該維持的良好姿態。我們在過勞耗竭的狀態下提供給疲憊身軀和乾涸心靈的，是各種故事、意見與資訊。換句話說，讓電視竊用了我們內心裡那份無能怠惰的部分。對躺在沙發上的我們來說，自己就像在湖心的盧梭一樣，今天的憂傷與明日的焦慮似乎都消散無蹤。只是盧梭眼前的美景對他一無所求，讓他能沉浸在那份幸福的忘我之中，而我們面前螢幕上的景象卻總在吸引我們注意，逗我們開心。

慢電視在這方面就截然不同了，反而比較像是我們這個時代的〈第五趟〉。它讓我們藉由電視體驗到恍惚狀態，不會因訊息刺激而撩亂心弦。慢電視不是用什麼內容來填滿空白的時間，而是鼓勵我們就徹底放空這段時間，不管過去、不想未來，就只是讓我們浪費時間看著幾乎毫無內容的東西。

開創NRK慢電視節目的製作人湯瑪斯．赫倫（Thomas Hellum）說，有位八十二歲的老人看得十分入迷，整整五天都坐在電視前看著節目中的峽灣巡航。他究竟在看些什麼？他是不是像赫倫打趣地說的那樣，只是不想離開椅子，怕錯過什麼精采畫面？還是說這份神魂顛倒的模樣其實並未錯過任何東西，而是時空景物的分際逐漸模糊所致？

看著從奧斯陸開往卑爾根的火車旅程看得夠久，望著鐵軌往地平線彼端不斷延伸而去，沉浸在駕駛員車廂中的陰影裡，窗邊不斷變化的景色——漆黑中點綴著幾點亮光的隧道、陽光下閃耀著白光的灰色山巖、高聳的電塔與車站廣場上堆積如山的貨櫃、平伸延展的海濱沙灘、萬里無雲的晴空下亮白的雪堆、綠草與玻璃般透澈的湖水——最終都將化成單一、無盡的聲色串流。

到了這時，你的心思不再是浸淫在那些景觀之中了。觀看這個行動才是關鍵，眼中所見之物倒顯次要。真正的惰慢是要將我們抽離將世界看成一系列具體事物的眼光，讓我們回想起自己呱呱落地之時，把這個世界當成無從辨別的感官串流的那份經驗。

從盧梭到慢電視這一路發展以來，白日夢都一直象徵著一種沉默的抗議，盼望活在我們不會遭到利用、被迫工作的那份漠然之中。對白日夢最常見的反駁指稱白日夢是十足地反社會，將幸福形塑為一種自戀的退縮，把外在世界的基本條件——時間、空間，以及其他人——全都消融殆盡。這就是為什麼遊手好閒的人往往被罵成「住在外星球上」的緣故；他們對這世間種種常規與準則視若無睹，總是招人氣憤責罵。

除了懷疑主義之外，伊比鳩魯的享樂主義也同樣以不動心（或心無罣礙）為人生的最高善。不過，通往這個目標的路徑倒不是現在經常冠在「享樂主義」這個詞上頭的那種無止盡的貪歡放縱，而是要避免造成緊張痛苦的各種身心壓力。我們在盧梭的小舟裡或是慢電視觀眾的沙發上所體驗到的是「不覺……苦樂……只感自身存在」；我們實在很難想像還有什麼能比這種經驗更合乎伊比鳩魯「隱居起來，別管世界怎樣」⑱的建議了。

也許是預料到了慢電視能帶來的奇妙趣味，大衛・福斯特・華萊士（David Forster Wallace）一九九六年的經典小說《無盡的玩笑》（*Infinite Jest*）就聚焦在一部只在觀眾間私下流傳的電影，說這部片好看到讓觀眾無法自拔，只能死在無比快感之中。這是讓自己完全沉浸在不動心狀態的合理結果。如果你在船上或椅子上坐得夠久，早晚會死；完美的寂靜終究有必須讓位給生理需求的時刻。但是我們心中遊手好閒的那部分會與外在世界的存在現實如此水火不容嗎？為什麼我們總是很難想像有個世界能讓我的自修韻律與你的韻律和平共存呢？

這個麻煩有一大部分要歸咎於我們有取得及維持謀生方法的需求，這逼得我們必須調整自己去配合外在的韻律節奏——不論是田裡頭的、街頭上的、工廠裡的，還是辦公室裡的都一樣。我們要存活下去就需要工作，或說更精確些，需要勞動。漢娜・鄂蘭認為我們所謂的工作可以產出實質的產物；但相對地，勞動則是一種永無止盡的過程，是為了存活而不是為了製造。我們勞動是為了要取得食衣住行等必需，這意味著必須日復一日重複著勞動的循環。所以鄂蘭在談到勞動時寫道：「讓勞碌變得痛苦的不是危險，而是不停的重複。」⑲

不停重複會令人痛苦，這是因為這就代表了我們必須臣服於外在的節奏韻律。這意味著要坐在堵塞不通的車陣中，或是得在人山人海的月台上拚命擠上水泄不通的列車車廂，這意味著要將我們的身心調整到配合鍵盤、電鑽、輸送帶、收銀機的頻率節奏上，這意味著得要在急迫的時限前完成任務，讓人沒空去打個盹、散個步。我們之所以不喜歡勞動，是因為那不是按我們自己的節奏來過日子。

無政府主義者和社會主義者花了兩個多世紀，試圖找出可以終止勞動這種霸政的工作形式；這些人包括了啟發十九世紀社會主義實驗的烏托邦社會主義者夏爾・傅立葉（Charles Fourier）、馬克思的女婿，也是身兼〈懶散的權利〉（The Right to Be Lazy）這篇驚世文章作者的保羅・拉法格（Paul Lafargue）、俄羅斯無政府主義理論家米哈伊爾・巴枯寧（Mikhail Bakunin）和彼得・克魯泡特金（Peter Kropotkin）、英國美術工藝運動的領袖與推手威廉・莫里斯（William Morris）。

王爾德讀了克魯泡特金的文章後，在一八九六年寫下了著名的〈社會主義下的人心〉（The

Soul of Man Under Socialism），將這些人的想法與衝勁去蕪存菁地彙整起來。他這篇文章催促我們回頭檢驗自己究竟把什麼當作人生最重要的事情。我們往往不假思索地認為自己對人生最在意的應該是什麼對我們來說最有用，而美只不過是錦上添花之舉或是怠惰放縱的象徵。畢竟有用處的東西能夠滿足我們最深刻的需求，而美的事物只是在迎合我們的慾望與妄想而已。

王爾德要我們想像一個我們自己和社會都只將美看得最重的世界，而那些消磨心神的「有用」勞動則全都外包給公有機器去承擔；在這樣一個世界裡，美是在於一個人或一個東西「是其所是」，能展現出其獨特的個性來。在社會主義下，人的個性「不會永遠與他人的摻雜在一起，也不會要別人同自己一樣。他之所以會愛他們，就是因為他們永遠彼此不同。」[20]

在這樣的社會裡，人的價值不是在於他與其他人有多麼相像，而是在於有多麼像自己。在王爾德想像中的社會主義會建立出能讓個別個人和睦相處，不會彼此埋怨、彼此敵對的環境條件來。真正會令人心神憤怒不平的，其實是一個不肯讓自身成員是其所是的社會所造成的效果。「完美人格的音調，」王爾德說：「不是反抗，而是平靜。」[21]

不動心的景象在這願景裡不再是社會的公敵，反而成了社會本身的基礎。「漠然的感官」，也就是懶得去指使他人他們該怎麼活的那種傾向，反而能幫助我們培養出勇敢的創造力，能無畏而歡愉地表述自我，也就是王爾德對美所下的定義。為了推翻「有用」的暴政，打倒「不停重複」的勞動，我們就得在日常生活中為「無用的美」開出登基的道路來。

世事發展並不如王爾德所願，至少現在還不是那樣。在我們這個「蜜蜂與蚱蜢」（strivers

and skivers）的年代裡，流傳在大眾之間的神話是一個由社福小偷與揩油者佔了努力工作者便宜，大享清福的平行世界，有沒有用的考量對這社會的主宰更勝以往。獨特的個性現在與其說是美的表現，還不如說是行銷工具；「做你自己」聽起來就像是個廣告台詞，不是刺激社會與個人產生轉變的警語。

王爾德的社會主義社會是一個美感社會，這就表示在他看來，只有藝術才能夠表現個人不受侷限的獨特性。在我們這新自由主義社會裡，藝術早就成了買賣個人獨特性的方式之一，就像其他的商品一樣。王爾德期待的世界是讓愈來愈多遊手好閒的人能夠自在做自己想做的事，而在我們這世界裡，原本會遊手好閒的那些人就只能被迫聽從就業中心的話去乖乖工作了。

在現在社會條件下，要宣稱藝術是真誠自主的自我表達似乎太天真了。我們幾乎沒有誰真的活在孕育這種自主性格的世界裡。大部分藝術家的生活都面臨著困境，一邊是為了創作的時間而縮衣節食，另一邊則是為了三餐飽暖而必須犧牲創作時間。有少數人能靠著自己的藝術過活，而這少數人之中又有極少數能夠把自己的作品炒到天價而致富，靠著把藝術地位當作一種極致的投資商品，因而往往能獲取遠遠超過其他事物的暴利。

如今藝術早已不是反抗「有用處」霸權的利器，反而成了它最好的盟友，負責打造品牌、裝飾公司會議室、增加投資組合。這樣一來，藝術家要怎麼反抗對他作品的這種利用？德國藝術家瑪麗亞・艾克虹（Maria Eichhorn）用她二〇一六年在倫敦齊森哈爾畫廊（Chisenhale Gallery）展出的「五週，二十五天，一百七十五小時」[22]對這問題提出了令人印象深刻的答案。

這場展覽由為期一天的研討會開始，研討會中的講題與座談都聚焦在這場展覽所提出的觀念與問題。第二天，畫廊入口外擺出了一塊標示：

> 瑪麗亞・艾克虹「五週，二十五天，一百七十五小時」展覽期間，齊森哈爾畫廊員工暫停上班。畫廊與辦公室將從二〇一六年四月二十四日關閉至五月二十九日。詳情請見www.chisenhale.org.uk

艾克虹的「展覽」是讓整個畫廊的員工放五週的有薪假，畫廊在這段期間裡沒人接電話，所有來信一律刪除。畫廊員工在展覽期間（或者該說是沒有展覽的這段期間）不准從事任何與畫廊工作相關的事務。

艾克虹不是第一位把拒絕展示任何東西當作藝術品的藝術家。羅伯特・貝瑞（Robert Barry）一九六九年在阿姆斯特丹的展覽就在畫廊上鎖的大門上掛著「展覽期間，本館關閉」的牌子；麥可・雅雪（Michael Asher）一九七四年在洛杉磯的展覽中則是打掉了畫廊空間與辦公室相隔的牆壁，把辦公室的日常運作呈現在大眾面前。

但是艾克虹的展覽重點格外不同。前面這兩位藝術家都聚焦在觀眾想要看到被擋住的事物這個慾望上，貝瑞是要遏止這份慾望，而雅雪則是要滿足這份慾望。相對於此，艾克虹則是把我們的注意力拉到了畫廊的關閉是因為員工「不工作」這件事上頭。

她這麼做，傳達出了王爾德的烏托邦精神。在畫廊關門前一天所舉辦的研討會花了好長一陣子在討論為了維持畫廊生存，需要多少行政勞動與資金籌措的勞務份量。在艾克虹的指揮下，這份為了生存而努力的痛苦勞動畫下了休止符，拿著為這次展覽募集的資金叫員工暫別工作。這份自由大禮，還有叫他們不要工作的那份隱約請求，都成了這場展覽的隱形內容。這五個星期裡，她落實了王爾德在理論上所想像的事：讓人類從每天勞動的枷鎖中解放出來，讓他們能體會自己是誰，而不是自己做些什麼、擁有些什麼。我們可以想像這些員工會怎麼運用或浪費他們得到的這段自由時間，但是我們卻看不見，也沒辦法將這件事變成畫面，當作商品展示販售。換言之，畫廊的員工是從行動的羈絆中得到解脫，進入到活出自我的自由之中。

我們看不到員工在自由時間做些什麼。若秀出一堆員工睡覺、到公園散步、收看白天的電視節目，或是陷入嚴重的存在主義式自我懷疑等畫面影像，那就是將他們的自由汲取為產品，所以還是算了吧。照王爾德的主張，這個展覽之所以是一件藝術品就恰恰在於沒有東西可看，正是在於沒有東西放在畫廊裡讓人參觀。這中止了我們對藝術的理解，不再將藝術當作是一種可以巡迴展出觀看的有形商品，為的就是要讓我們想像生活本身就是藝術——也就是說，不再將生活當作是生存勞動的禁臠看待了。

對王爾德而言，生活與藝術都只有在脫離工具性的束縛之後，在它們成為它們本身的目的而非其他事物（例如名利）的手段時，才真正擁有其價值。但是只要藝術依然是指製作來買賣的物品，這願景就無法實現。現代藝術家長久以來都在追問：如果可能，到底要怎麼樣才能做出不會馬上化成商品的藝術作品？艾克虹是這一長久脈絡下最近期的一人。一九六一年，義大利藝術家皮耶羅．曼佐尼（Piero Manzoni）做了一系列據他自稱是裝了他糞便的鋁罐（要驗證他這話的真假就得打開罐子，但是一打開罐子，就沒了市場價值）；在二〇一六年的拍賣會上，最後一罐曼佐尼糞便的拍賣價衝到了大約二十五萬英鎊。

曼佐尼讓我們看到一場鍊金術戲法，就是藝術市場能把糞便變成黃金。艾克虹的魔法倒是不同，她把原本募來布置、宣傳、保全、行政與大眾教育的經費轉變成始料未及的豐富大禮：員工的自由時間。在這五週、二十五天、一百七十五小時裡，沒有任何生產活動與目的；從工作與收入上來看，這根本就是浪費時間浪費錢。但是這些浪費掉的時間其實是將工作煉化成「不工作」這項非物質的財富，讓我們得以一窺如果這世上只剩下不工作的遊手好閒者會是什麼樣的景況。

精神分析是我們心中遊手好閒那一部分的夥伴，還是試圖要教訓、「治療」那個不工作的自我？我們是有些理由說精神分析會支持你去工作。說真的，「工作」其實是精神分析師最喜歡用來描述個案的診治過程與預期達成的逐漸變化的同義詞。而且我們也經常聽到人家拿這種療程和分娩過程相比擬，強調其中的痛苦與困難，彷彿要是沒有這麼艱辛刻苦就沒辦法汰淬出一個真正不同的全新自我一樣。

所以精神分析的工作也確實有些希望獲得的結果。弗洛依德認為「愛與工作」既是生活的理想，也是精神分析的理想，他主張精神分析療程的終極目標是要鬆開加諸我們精力上的禁制，讓我們能夠將這些精力能量投入有意義、有成就的人生之中。在二十世紀中葉的美國，這個概念促成了將精神分析醫療化的結果。精神分析既然是心理治療的主要典範，就得要配合社會需求，主要的治療目標就是讓個案重新融入職場和各種社會及家庭生活的固定型態之中。在這段時期主導美國精神分析的「自我心理學」傳統中，臨床的基本任務是要「強化自我」，也就是強化主動、理性的自我，對抗無意識的侵襲與其帶來的弱化效果。

而工作，還有工作中預期的流程與任務，大概是最能夠強化自我的辦法了。精神分析的工作就像其他正規工作一樣，也有類似的預期流程與任務，也就是鄂蘭所說的「不停的重複」。臨床治療上最困難的要求——至少對我來說——就是維持這個流程：在固定的時間和同一個人開始諮商，在同樣的時間結束，而在這次諮商過程中還得不多不少地和前一次或後一次諮商過程同樣專心、同樣可靠。當然，講求精準度與持續性的專業要求不光精神分析這一行才有啦，但是在精神分析這行業裡，時間控制良好不只是為了達成效率目標的手段，同時也是治療價值的根源，是讓個案能夠體驗到可能在他們這輩子裡前所未有的可靠性和規律性。說不定就是因為這種臨床的必需性與道德上的義務，所以精神分析的流程重複起來就格外令人覺得壓力重重。

弔詭的是，這種勞動的意義是要保護一個「不勞動」的空間，能夠暫時停止工作本身和工作所造成的那種講求組織、講求邏輯順序的思考。在諮商中的時間與空間所提供的穩定性，能夠讓心靈獲得某種自在放鬆，開啟一種不需要知道在談些什麼、要談到哪裡去的談話方式——當然，其中也包括了不開口講話。

在今日這催忙趕急的文化中，日常生活的大多數經歷都是以駕駛模式進行，總想著如何能最快速直接地從這個任務進行到下一個任務（不過倒是不妨想想駕駛車輛時，往往都會困在車陣之中）。精神分析諮商能將我們從這種目的模式中解放出來，引導我們進入一段沒有任何方針目標的時間，讓我們的思想、感覺和詞彙除了探索我們的心思本身之外，不朝任何其他方向活動。

照費德希克．葛洛斯的建議，「走路」就是一種不工作，甚至是一種「反工作」。工作強調「做事」而非「活著」，看重「專心行動」勝過「散漫被動」。我們工作是為了製造生產，但是從傳統經濟學眼光看來，走路卻是「白白浪費時間，完全沒有產生財富的死寂時段」㉓。怪不得我看了《都市浪子》之後，幾乎是馬上就慵懶地走上好長一段路。

不過，精神分析也有與目標導向傾向相反的一面。這一面則是要在一個讓個案不必做些什麼、說些什麼的固定時段裡，迂迴地潛入他的日常生活。個案當然會談到他的困境、挫折、愧疚、羞慚、尷尬和其他種種形式的折磨苦難，但是諮商療程的治療力量並不在於找出能夠解決這些問題的最佳方法，而是讓人能夠燃起對自身心靈的興趣，開始與往往在日常生活中拒於門外的自我親暱熟悉起來。在這意義上，這種作法其實是培養自修韻律的另一種方式，是慢慢找出自己獨特的走路節奏與風格的另一途徑。

這就是為什麼精神分析會經常被罵在浪費時間、沒有辦法迅速有效率地獲利，尤其是從時間受限、快醫快好的其他心理治療方式來看更是如此。在這種觀點下，精神分析實在沒有什麼成效，只是為了談話而談話。這麼說也不盡然全錯啦，只不過真的搞錯了精神分析的重點：無論如何，個案之所以來找精神分析，是想求從生產製造、找尋解法、成就目標的壓力中解脫。而精神分析所提供的，照溫尼考特所言，是一種發掘埋藏在日常勞作這層表象底下的那份純粹活著的體驗。

※　※　※

就我印象所及，傑瑞米每週三次的諮商都帶著沖天怒氣而來，不是他會計師事務所中某個貪腐同事冒犯了他的尊嚴，就是另外哪個無能的傢伙羞辱了他的智商。聽他滔滔不絕的抱怨，我實在忍不住尖酸地想，要是他們的人員長期以來都這麼平庸無能，那這間事務所到底是怎麼生存下來，更別提怎麼能有那麼長一串的客戶公司名單了。

他那份冷酷的怒氣與恨意瞬間就將整個諮商室凍僵，令人喘不過氣來。我一開始還搞不清楚這一點，只能自己默默承受他的責罵輕賤。不過，很快我就學會等他開口痛批那些無論資歷深淺，靠著逢迎拍馬踩著他往上爬的無能之輩了。「他們什麼鳥都搞不懂，」他說這話的時候會帶著一種彷彿鄉土劇裡的誇張語調。我早期聽他這麼說的時候，會有點不耐煩地回他：「嗯。不過好在公司有你。」他會讓我如坐針氈地過了幾分鐘後，冷冰冰地嗆回來：「如果你的諮商功夫跟這種小聰明差不多的話，我可以不用在這裡浪費時間了。」

這當頭棒喝雖然痛入骨髓，但是真的有效。要是換個個案坐在那裡，我剛剛那種回應方式說不定只是微微地譏刺他的自我評價與潛藏其中的那份自我厭惡。但是傑瑞米太熟悉這種自作聰明的打發語氣了，所以狠狠地教訓了我一頓。他根本不需要我來指出他那怒氣沖沖的優越感；他才是每分每秒都得和這脾氣相處的人。

不能這樣，他現在需要的是完全相反的東西：一個能讓他帶著怒氣而來，噼哩啪啦地轟炸一番，直到他能相信我不會反唇相譏的所在。所以接下來的六個月、十、十二，到十八個月的療程裡，我都吞下了他的各種責罵抱怨：對工作、對同事、對早就失去耐性的妻子、對要求根本開心不起來的他開心一點的稚子，還有他那個只會坐在那邊「聽我一堆根本連雞毛蒜皮都稱不上的狗屁抱怨」的精神分析師。

我每週都有將近三小時的時間得待在一個全天下都是雞巴、屁眼、婊子、賤貨、傻屌的世界裡，整個世界裡都是各種殘酷奴役、天外飛來的尖酸刻薄、永無止盡的命令要求，還有各種失敗的溝通。我除了變換幾種「要生活在這麼沒有樂趣／沒有愛／沒有成就感的世界真的很難」的說法之外，還真的找不到什麼話說。

雖然他時不時地還是會狠損我一頓，但是我感覺得到他在有人能夠懂他老是覺得自己有多骯髒下作時，真的得到了幫助。等到他開始講起小時候的往事，我就再也不懷疑他怎麼這副德性了。他爸爸是一家地方連鎖店的經理，總是神經兮兮地嫌惡他這個想像力與智商都過分早熟好奇的幼子。是什麼樣的怪胎會在能夠跟老爸、老姊、老哥一起替家鄉足球隊加油歡呼的時候，寧可躲在家裡畫圖聽音樂？

他父親這份疏遠映照出的是他母親的過分親暱。他幾乎可以感覺得到她從他肩頭上凝視的眼神，半期待、半埋怨地等她誇獎他畫得有多好。他母親早早就中輟學業，所以把兒子的學習過程當作是自己的第二次機會。傑瑞米跟我說，到了某一天，他發現自己已經分不出到底是在替誰寫作業、替誰練鋼琴了。

他老爸對另一半的表現頗不以為然，不過與其說是在乎，倒不如說是困惑，也說不定對於他們可以各自找到看起來能讓自己開心的對象而鬆一口氣。傑瑞米因此失去了阻擋母親侵擾、阻止她無孔不入掌握他生活的最後一道防線。在他沒多少朋友、沒幾分歡笑的青春期裡，唯一的寄託就是幻想著有朝一日能逃到巴黎的一間小閣樓上畫畫。他會癡癡地看著塞尚、馬諦斯，尤其是畢卡索的相片，想像自己同樣周旋在天分、痛苦、苦艾酒和女人的無聲沉吟之間。

所以他到了和母親談上大學的事時，就單刀直入了。「其實，」他鼓起勇氣告訴她：「我想去念美術學校。」她聽了之後大笑，他說那是他一輩子最難堪的一刻。接著，她說：「你可以愛畫什麼就畫什麼啊，只要你找得到一份體面的工作就行！」「我當下就知道我究竟有多麼恨她。」他這樣告訴我。他的恨意之深，深到他在無意識中所做的復仇就是讓自己這輩子都開心不起來，他要透過毀了自己的人生來毀掉她的人生。她後來叫他去學會計，他也只是咬牙點頭，在心裡默默咒罵，滿懷怨恨。

她一直想要他過得比自己好，一輩子不用像她自己那樣逆來順受，滿腹委屈。結果，這母子倆倒是不約而同地將他的人生推上了和她一模一樣的道路。她嫁給了一個和自己父親一樣無能的男人，才認知到自己要的到底是什麼；而傑瑞米則是娶了個同樣盲目的女人，至少他自己是這樣認為的。所以他才會覺得自己困在一個把憎恨自己人生當作人生最大樂趣的生活裡。

他這份恨意最常表現出來的形式是沉浸在幻想中，想像他自己辭職了，回家喜孜孜地告訴老婆他不幹了，一邊等著看她陷入焦慮的模樣，一邊成天穿著醜得要命的夏威夷花襯衫四處閒晃，鬍子也不刮，白天就出門看戲，吃得愈來愈肥，還一邊私下想著要去報名成人繪畫班。「我幾乎可以想像出她對著我吼：『你真是一無是處的廢物！』然後我會用勒保斯基那種方式嗆回去：『欸，唔，不過齁，那只是妳的意見啦，喏。』」一想到這裡，他就會樂不可支地笑上好一陣子，直到冷靜下來，他又一語不發地盯著天花板，靜得教人害怕。

我左思右想，到底要用什麼方法才能讓他認真面對他自己的憤怒、哀傷和渴望，而不是只把這些感受統統淹死在微不足道的抱怨裡。他不就是正因如此才來找我的嗎？他想要體驗能夠按照他的好奇心的節奏來運作、照他慾望來打造的生活，而我就是能幫他開始發現這種生活會是什麼模樣的人呀。每個星期，他都有幾個小時的時間就這樣單純地活著，什麼事情也不用做。他想要遊手好閒的種種夢想總是被他的憎恨壓了過去，他心目中的自我形象不僅可笑，亦復可憐；但這些夢想也許可以開始為他的人生出力了。

他開始和老婆一同去看婚姻治療；當他聽到老婆說其實根本不在乎他做什麼，只希望他開心，或者至少不要那樣陰陽怪氣的時候，他真是嚇了一大跳。「可是，」他囁嚅地說：「妳跟孩子……你們都需要我的支持啊……」「你休想，」她吼了回去：「休想把你的悲劇釘在我跟孩子身上！我們之間這些狗屁倒灶的事就算了，你現在說的這話實在太過分了！」

這真是致命一擊，狠狠地卻也帶著濃濃愛意地將他從自怨自艾的淵藪中喚醒，逼著他正經面對自己在想像生活淒慘落空後所扮演的角色。這也促成了在諮商療程中一段嚴格自我反省的階段，同時也驅使他重新認真思考自己究竟希望心靈與外在有什麼樣的改變。然後，災難就這樣突如其來地從天而降了。

納撒尼爾．霍桑（Nathaniel Hawthorne）在他《紅字》（*The Scarlet Letter*）那篇自傳式的序言裡提到一件奇怪的巧合，就是他硬生生地被人家從他恨得半死的職位上撤了下來。「回頭看看我先前對那辦公室的厭倦，」他如此寫道：「還有辭職不幹的模糊念頭，我的命運實在是有點像一個早就想自殺的人，竟然交到出乎意料之外的好運，遭人謀殺了。」㉔

但對照起傑瑞米的故事發展，霍桑這句黑色幽默倒成了尖酸挖苦。傑瑞米長年妄想著辭職不幹，結果也交上了遭遇死神的命運。有天早上，他語調平淡地對我說他收到一封通知書。他沒再說下去，我就問他這時有何感受。「好個機靈的問題啊，」他說：「你一定在想這對我的安全感跟自我價值來說是不是天大的好消息吧！」一點也沒錯，那個老傑瑞米這下回來尋仇了。

即使過了兩年，我到現在還是搞不太懂為什麼傑瑞米會覺得他遭到解僱是那麼沉重而要命的打擊。後來那幾週裡，我們先前努力了解與轉化的那份輕賤怒罵又捲土重來，更勝以往。什麼事都勸不了他改變自己舅舅不疼、姥姥不愛的陰鬱想法。我試著提醒他在丟掉工作之前幾週已經開始體驗到的內心轉變，他幽幽地說自己當時會相信那堆屁話實在是太蠢了。他殘忍無情地謀殺了那個新生的他，那個他先前一直努力要真正活出來的他。

精神分析對他的幫助是讓他能想像自己可以不工作，可以不用按照他母親的期望與老爸的冷漠對待所設立的標準尺度來定義自己。到了四十四歲這把年紀，他可沒辦法去報考美術學校，也不能在巴黎的分類廣告網站上隨便找個破舊小閣樓住了。但是，至少過這種創作生活的可能性不會再完全被他那種憤世嫉俗的自我嘲諷給徹底掐死了。

只不過，被炒魷魚這件事在轉眼間就能將這些轉變化為烏有。他忿忿地說，那些重拾畫畫、活出夢想的漫天胡扯根本就辜負了母親的栽培，印證了老爸說他好大喜功的想法。而且我居然還鼓勵他去想那些有的沒的。

看起來，他是不會原諒我了。兩個星期後，復活節隔天一早，就在該他諮商的時段前幾分鐘，我接到一通語音訊息。是傑瑞米打來的。他說他那天早上不來了。事實上，他決定不再回來諮商了。他說他很感謝我所做的一切。

我執業五年來首次接到這種簡短無情的告別簡訊，語音訊息中的冷漠深深刺痛了我，我一把抓起電話打了回去跟他說，畢竟都談了這麼久了，我想還是值得再討論一下他這個決定，而且，至少可以當面告別吧。「抱歉，我沒辦法面對那個……唉，我也不知道那個是什麼。我想，說到底，就是我這個人沒救了吧。」

我實在很想回他：「好吧，但是你難道不也開始發現這種想要『救』什麼的迫切念頭才是問題所在嗎？要不要就放著讓事情沒救一陣子，讓你沒救一陣子，看看之後會怎麼樣呢？」但是我沒機會開口，傑瑞米已經掛了電話，留我獨自對著話筒裡的嘟嘟聲發怔。

「耐受煩悶」：大衛．佛斯特．華萊士

二〇〇八年九月十二日晚上，凱倫．葛林（Karen Green）回到家中，發現丈夫大衛．佛斯特．華萊士在天井中自縊身亡。

她在附近的庫房裡找到兩頁他留給她的字條，還有將近兩百頁的未完成小說手稿，就是三年後出版的那本《蒼白王者》（*The Pale King*）。根據替他做傳的作家麥克斯（D. T. Max）所說，在旁邊那兩部電腦的硬碟以及放在抽屜裡的磁碟片裡，也都還儲存著上百頁的「草稿、人物速寫、筆記、隨筆」等為了這本小說而累積超過十年的材料。

死後出版的《蒼白王者》讓這場景中並列的天井與庫房顯得格外刺眼：在天井裡的，是苦於人生艱難而走上天人永訣的悲愴棄世；但在另一個房間裡的，則是想像著如何耐受甚至肯定這份艱難刻苦的未竟計畫。

換句話說，華萊士是自殺了，但他同時也在與如何活下去這個問題進行一場方酣未休的創意纏鬥。

華萊士上次憂鬱發作時差點自殺，但他撐了過來；他透過筆下的各個虛構人物，將那種憂

鬱狀態一五一十、瞭若指掌地描述出來。相對於此，他本人那種帶著好奇與詼諧的聲音完全顯露不出他的絲毫絕望。

說不定，真正要與那份絕望並肩共處，也只能透過維持小說所提供的距離才堪可承受。但是華萊士在死前九個月寫信給經紀人邦妮．內鐸（Bonnie Nadell）時，陷入沉重的憂鬱之中，沒辦法維持那份距離，在寫小說這件事上不能「對我自己有絲毫期盼」㉕。他的病情太過沉重，重到連能夠讓他繼續活下去的那個想像生活也搆不著邊了。

害死華萊士的那場憂鬱症從二〇〇七年的夏天開始爆發，因為他當時決定停用苯乙肼（Nardil）這種他已經用了二十二年的抗憂鬱症藥物，心理治療師都認為這種藥已經過時，而且還會產生有害的副作用。華萊士原本打算改用其他藥物，但是一停用苯乙肼之後，他就開始想要擺脫吃藥人生了。隨後不久，他就陷入了嚴重憂鬱，只得住院治療；這嚴重的憂鬱不斷地為他的寫作與生活帶來各種糾結難解的困境：「如果叫他吃抗憂鬱症藥物，」麥克斯寫道：「他就會看到藥包上說可能會產生焦慮的副作用，而光是這樣就讓他焦慮到不願再吃藥了。」㉖

接下來的幾個月裡，換用各種不同藥物和電痙攣療法（ECT）都沒辦法讓華萊士的內心恢復平衡狀態。照麥克斯所說，華萊士的生活退縮到「足不出戶」的狀況，或可以說是長期避世隱居，也就是日文中的「繭居族」。他怕在路上碰到他在波莫納學院（Pomona College）教過的學生，而且幾乎無法閱讀和寫作，因而養成了不停看電視的習慣，這是他大學時第一次憂鬱症爆發崩潰後養成的老症狀了。但是這種無力崩潰掩飾了他持續受到折磨刺激的內心狀態，而自殺則是從這種狀態解脫的微薄希望。在死前的這最後幾個月裡，華萊士就已經試了一次自殺，而且還計畫過好幾次。

在《無盡的玩笑》這本讓華萊士聲名大噪的反烏托邦小說裡，自殺這回事在「憂鬱症患者」凱特・鞏伯特（Kate Gompert）口中成了如假包換的一種出口。對企圖自殺者來說，死亡並沒有特別的吸引力。相反地，那些受到凱特口中所稱的「它」——也就是生命難以承受的極端精神痛苦——所折磨的人，「會像在著火的高樓裡跳窗逃生的人一樣殺了自己……要是火舌逼得太近，跳下一死也不過就只是在兩害相權之中取其輕了。」㉗

華萊士生前最後幾個月寫信給一名朋友，說覺得自己老了三十歲，他的編輯也說他的眼神「恍惚見鬼」。從鞏伯特的「它」來看，這種極度心神耗竭、內心資源完全乾涸的狀態，已經到了活在瀕臨無人察覺的地獄邊緣的高潮階段了。「它」的「情緒特徵」，照鞏伯特所想：「大概是最難以言喻的，也許只能說有點像是一種二元選擇，而我們認為人在其中所能選擇的選項——坐下或站著、動手或靜止、開口或沉默、活著或是死——全都不只是令人難受，更是恐怖至極。」㉘

這和兔子那種涅槃般的無為，那種無慾望的平靜截然不同。想自殺的憂鬱症患者所表現出的遲鈍麻木，是一場無形卻持續的消磨過程，是在不能決定要行動還是不行動、要活著還是死之間的殘忍拉扯結果。

總結來說，華萊士的人生與作品都在講一個（或是一些）關於要從這種永恆的煎熬狀態中尋找出路的故事。這個故事的其中一個版本結束在九月夜裡的天井上；而另一個版本則從那一晚的庫房裡開始，而且仍在讀者間流傳。從一個極為表層的意義上來說，天井裡的那一幕宣告了華萊士在求生搏鬥中落敗的結局；但從另一個更抽象卻又同樣實際的意義上來看，留在庫房中的那些稿紙卻可以說是在同一場搏鬥賽中勉強勝出的證明。

華萊士的作品無論是不是小說，滿滿都是無能為力的景象、狀態與人物，充斥著各式各樣的不同氣氛，有時是末日恐怖，也有平安喜樂，有時恬靜自得，有的恍惚空白，當然還有刻苦沉悶。各種動物不帶表情的臉孔、電視觀眾那種死寂的消極、狂歡度日者的茫然自滿、毒蟲的不省人事、辦公室員工的難熬無聊：這些不同面貌全都是對於逼近意識底限的同一份嚮往，那種清空一切內心活動的狀態有時候可能會令人覺得無比幸福，有時卻像是詛咒般可惡。

說不定華萊士會為描寫出這麼多種平靜狀態而絞盡腦汁的原因是他自己沒辦法直接有所體驗。畢竟他從小就夾在一股不曾間斷的焦慮浪潮中央，這股浪潮一方面是自己所厭惡的無腦服從，另一方面卻又同時是自己渴求的脫俗寧靜。

從他的人生初期來看，其實找不出這股焦慮的顯著來源。他從小在美國中西部的大學城香檳市（Champaign-Urbana）長大。「華萊士的童年，」麥克斯說：「快樂而平凡。」㉙他的母親在社區大學擔任英文作文老師，父親在大學哲學系執教，但華萊士並不想要獲得他們的寵愛、注意或稱讚。在他家人和小時候同學的印象裡，他是個爽朗外向又有趣的小孩，熱愛美式足球、奇幻冒險故事，還有電視喜劇和肥皂劇。

但是從他去世前的病歷看來，他的人生可比童年的美好圖像辛苦多了；華萊士記得大約是在他九歲或十歲那年，混合憂鬱焦慮症第一次發作。由於他厭惡自己瘦弱的身體和脆弱的情緒，所以他暗自深信大家只要真正認識他就不會喜歡他了。

之後幾年，他的學業成績突飛猛進，更在青少年網球賽中嶄露頭角；但是儘管外在的讚美好評接連而來，他的內心狀態卻是沉痾日重。焦慮症狀愈來愈惡化，發作愈來愈頻繁，有時候甚至像是恐慌症全面爆發一樣。「他搞不懂究竟是什麼原因引起的，」麥克斯寫道：「但是他很清楚這些症狀很快就會一再復發，他擔心別人會注意到他的恐慌發作，結果反而使他的恐慌症狀變得更激烈。」㉚這種週而復始的折磨讓他陷入了自我意識日趨惡化的夢魘之中，到後來，他總算明白這不僅是他精神上的問題，也是這社會的毛病。

進了安默斯特學院後，華萊士的學業成績仍然耀眼，但憂鬱焦慮症卻也同樣日漸沉重。在一九八九年的校刊《安默斯特誌》訪談中，他談到了他嗜學若渴的曖昧後果：「拚命學習這件事讓我生龍活虎，卻也教我死氣沉沉。」㉛他藉由埋首書堆之中來填補他深層的社交缺陷；閱讀與思考既讓他悟透了外頭世界，卻也同時封閉了他通向外界的大門。他在安默斯特學院時期前後共經歷了兩次崩潰，逼得他不得不回伊利諾州老家長期居家安養，只能延畢一年。

當華萊士好不容易從大學時期的第二次大崩潰中復元，從自殺邊緣撿回一命後，他寫信給一名朋友說：「重度憂鬱其中一個麻煩的症頭就是沒辦法同時做些什麼卻又啥也不幹。」[32]這封信裡的語調聽得出強顏歡笑，但是這份見解卻確確實實地刻畫出了他一輩子都得面臨的難關。

為什麼華萊士會那麼難以承受在人生過程中產生的種種突如其來的情緒壓力——例如野心、嫉妒、鬥志、愛、恨、慾望？他大二上學期結束時，哲學課與英文課的成績都拿了A，他告訴朋友說「他想取悅父母」[33]。但這並不是小孩子在努力達成父母親的過高期望時所說的話。他的父母莎麗與吉姆．華萊士雖然鼓勵他發展智性上的好奇心與創造力，但是就我們所知，並不會格外苛求。他們似乎有意偏向放縱的教養方式，從小就教大衛要培養管理好自己工作與人生的自主性與責任心。

但就像弗洛依德所指出的那樣，我們實際上體驗到的父母和我們自己在心裡創造出來的父母之間的關係根本八竿子也打不著。華萊士自己特別熱中母親的那種「文法戰將」精神，對英文用法要求極為講究。這不是從母親那邊傳承下來的不良影響，而是一種自我充實與找樂子的明顯辦法。但是這也點出了孩子會有多麼想要追上父母親的形象，甚至與其一較高下的心情。

如果孩子覺得自己配得上父母親，那這種父母形象往往會有好的影響，幫助孩子在智性與創意上達到更高的成就。但若是相反，孩子害怕自己配不上父母，無法「取悅父母親」，那就同樣容易將孩子打入無所適從的絕望深淵。

華萊士在自尋短見之前，曾經向妻子坦承過他自己也搞不清楚為什麼二十幾歲那陣子會對父母親那麼憤怒。所以在那十年裡，他會那麼努力與自己膨脹過頭的創意念頭以及對文壇名氣又愛又怕的苦惱纏鬥掙扎，也許不能算是意外巧合。在迫切地想要取悅雙親的念頭與擔心丟了父母面子，害怕因此失寵的恐懼之間，就只有一線之隔——更別說是在更無意識的層面上欲求和害怕勝過父母了。

從精神分析療法的理解來看，生命的驅力在我們出世落地，要接觸外界，要獲取愛的滿足與喜悅時，就開始驅策我們了。弗洛依德稱這股驅力為愛慾（Eros），是讓個人與物種繁衍發展的動力。愛慾是引發慾望的源頭，也孕育出了嫉妒、敵對、渴望與貪婪，只要我們還有活下去的意志，就不得不承受這種種惱人情感的折磨。

華萊士在文學上的壯志雄心恰恰堪比生命驅力在他身上施加的過度壓力。想要世人喜愛崇拜的這份慾望似乎毒害著他，讓他巴不得人生別再這樣苦苦相逼，留給他幾分清靜。在他用最具體、最悲劇性的方式來表述這份不想被打擾的心願之前這幾十年裡，他早就已經在想像世界中種下了各種可能。

華萊士死後，他的自殺之舉就逐漸凝鍊成一則浪漫傳奇，將他化成了智者，是難得的活泉，有著最真摯的人生智慧，是那個時代貪腐敗壞與厭世風氣的殉道人。但若要想駁斥流傳在大眾間將他神化的流言，就很難不同時體認到評論家克利斯提昂．羅倫岑（Christian Lorentzen）

所說的：「是華萊士自己開啟了這風氣。」[34]

這一切都要從華萊士二〇〇五年在凱尼恩學院（Kenyon College）開學典禮上的演說講起。那一場演說的文字內容與影片後來在大眾之間瘋傳了十多年。華萊士自己可能也會覺得這場演說有些諷刺，畢竟他在世時因為寫出了扎扎實實一千零七十九頁，批評美國人的專注程度江河日下的煌煌鉅冊，因而教人退避三舍，結果在死後卻反而因為這二十二分鐘的演講而風靡世界，聲名大噪。

凱尼恩學院的那場開學演說，還有二〇一五年根據《雖然最後你還是決定做你自己》[35]（*Although of Course You End Up Becoming Yourself*）——這本大衛．李普斯基（David Lipsky）與華萊士在為期五天的公路旅程中的對話逐字稿，原本發表在《滾石》雜誌上——翻拍的電影《寂寞公路》（*The End of the Tour*），都讓華萊士在當代人的想像中化身成了正念生活的象徵，是在面對身邊文化的道德腐化與靈性敗壞時，仍然努力維持人格完整性與坦誠真心的英雄。

華萊士死後不到幾個月，凱尼恩學院的那場演說講稿就編纂成冊，以《生命中最簡單又最困難的事》（*This Is Water: Some Thoughts, Delivered on a Significant Occasion, about Living a Compassionate Life*）之名出版。讀者瘋狂搶購的風潮使得連鎖書店直接把書堆在收銀台邊，和口袋書大小的東方格言錄或猶太笑話集放在一起。實在不得不令人承認這場演說實在是太有利於這種行銷方式了。

自從九〇年代中葉以來，華萊士的作品中，無論是不是虛構小說，都瀰漫著濃厚鮮明的道德立場，在當時已經開始著手寫作的《蒼白王者》中更是顯著。但是小說與演說詞之間有個重大差異。《蒼白王者》翻來覆去都在談同一個問題——如何在仇視我們文化，甚至仇視人生本身的自我陷溺中還能活得有意義？——而小說所提供的答案不僅繁複層疊，循環往復，而且還相當弔詭。但凱尼恩的演說詞倒是對這同一個問題提出了直截了當的答案，就像是從文學令人喘不過氣的那種細膩曖昧中跳脫出來一樣清新可人。

事實上，那篇演說詞挺像是在拒斥曖昧不明，抨擊「想太多」的死胡同。華萊士對底下聽得如癡如醉的聽眾說，這就是制式學院教育的最大缺陷：「我太習慣過度將事物概念化……反而沒注意到在我面前發生了什麼事，也沒注意到自己心裡發生了什麼事。」㊱

這場演說用一則小故事開頭，說有兩條小魚游經一條大魚時，大魚問他們覺得今天這水質如何；那兩條小魚游了一陣子之後，其中一條小魚問另外一條小魚：「水到底是什麼東西啊？」㊲那一條渾然不覺自己浸淫其中的環境，不知自己賴此維生的小魚，其實就象徵著我們自己，也同樣察覺不到眼前世界的基本事實。

剩下的整場演說其實就是將這則小故事反覆延伸。他要我們找到出路，逃脫以自我為中心的知覺囚籠，跳出我們不知不覺就以自身利害與偏好當作標準來篩選判斷一切反應的習慣。這種視角轉換能夠滋養我們的同理能力，接納他人的不同視角。

意識在獲得這樣的滋養後，就會開始質疑我們不假思索就看重的東西——外貌、金錢、權力、智力——也就是「現實世界」最重視的那些事物。「所謂由人、金錢和權力掌握的現實世

界，」華萊士就曾寫道：「可是喜孜孜地在恐懼、憤怒、挫折、渴望、自戀的池子裡哼著歌呢。」㊳

所以說，這篇演說的主要論點並不令人意外，而且還徹頭徹尾的平庸無趣——這一點可沒有誰比華萊士說得更明顯了。他彷彿早就料到會招來批評，所以一開始就告訴我們他所能提供的見解「平白無奇」、「老生常談」、「顯而易見」㊴。但是平白無奇的見解「也可以攸關生死」，而且在這些顯而易見的老生常談中所蘊含的深刻智慧也正是他要我們留心注意的事。

仔細讀他這篇演說詞的時候，很難不覺得這篇之所以那麼撼人心弦，不是因為平凡無奇的演講內容，而是在於講者令人難以忽視的存在——至少我讀的時候是這樣。華萊士一再一再地懇求大家不要誤以為他在傳道——他不是那條有智慧的大魚，他沒有打算教聽眾「所謂的美德」，也不是在教人如何修養。

我們大概可以看得出他這份自謙其實正是聖賢書裡最古老的修辭技術，也就是現代讀者所熟知的蘇格拉底對話錄裡頭的方法。但是華萊士會那麼一再堅持這一點，暗示了他其實正陷於他希望我們能夠逃脫的那種焦慮的自我意識之中。一個人既然如此謳歌直接坦白的價值，那為什麼又會這麼在乎，而且還要預測我們的反應？

也許是因為他需要我們拿他的話當真；他並沒有站在高處向下宣講智慧，而是試著從底端想像智慧會是什麼模樣。他向我們指出的那種專注於正念、平靜與慈悲的狀態，是我們幾乎不可能達到的境界。而他最主要的建議——要我們有意識地選擇如何觀看、如何思考——卻也是他自覺最無力照做的事。

心靈是「絕佳的奴僕，卻是糟透了的主人」㊵：要說這句話為什麼不只是老調重彈，就是將這句話理解為一種稍加包裝的自我描述。我們不用閱遍華萊士的人生與他的作品也看得出他講這話是真的內行，真的明白心靈會有陷溺在自己思考陷阱中這種傾向。

從這點來看，凱尼恩學院那場演講與其說是一篇虔誠的佈道詞，還不如說是一場嚴苛的自我譴責，是一記想用不同方式將自己與世界連結起來的絕望賭注。而他描述自己想像各種體驗塞在超市排隊人龍裡或是高速公路車陣之中的那種日常挫折的關鍵段落，就是證明這點最好的證據。

我們如果遇到這些情形，第一個反應通常就是抱怨怎麼會有那麼多人車排在我們前頭擋路。可是這情況很快就讓我們有了選擇；比較好的方式，也就是如果我們抱持正念與慈悲心來對待的話，就能認出這些人車原來也都是分別的個體，各自都有和我一樣急著回家的理由。這是華萊士敦促我們養成的反應。

不過華萊士講得更生動的，是我們會對他人存在這件事暴怒不已的這種自然模式：「到底這些人打哪兒來的？實在有夠討厭的，笨得跟牛一樣，慢吞吞的，瞧他們在收銀台前那副死魚眼的死樣子，喔，還有那些在隊伍中間拿著手機大聲講個不停的，真是有夠吵、有夠粗俗的！」㊶

讀這一段的時候實在很難不覺得這些反應其實不如華萊士自己想的那麼普遍，也很難不注意到他話裡那份重度憂鬱所傳達出的虛無絕望。他之所以表達出這些情緒，是為了懇請大家容忍體諒，但是這段話裡頭透露出他對人性基本事實感到厭惡這回事有多麼熟悉，卻是難以掩藏。

我們與自身文化中重要人物的關係很容易就受到理想化的衝動所塑形，而在我們與華萊士的關係裡，這種傾向卻又同時帶著融合與抗拒的複雜張力。在李普斯基《雖然最後你還是決定做你自己》所記錄的那些對話表面底下，蘊含著悶聲沉吟的糾結情節，華萊士一直不斷試著修改糾正自己剛說出口或還沒說出口的話，擔心這些話會冒犯了《滾石》雜誌的讀者。他還有另一個這種不停自尋煩惱的例子，就是他懷疑自己一直堅持「一般人」這個身分的做法，究竟會被人家看成是真誠的表現，還是虛偽的宣稱。

凱尼恩學院那場演說也同樣帶著這種模稜兩可的曖昧態度在試探聽眾的愛好；儘管他迷得觀眾對他得來不易的智慧讚嘆不已，但他卻勸退他們，要他們再仔細去聽出他這番涉及自我的厭世言論中究竟蘊含著什麼深意。這場演說看起來就是門尋求內心平靜的公開課，而且賣起來更像是這麼一回事，但是真正說來，恐怕更該當作是他自己對這份可能性深感絕望的隱晦告解。

※

那份內心平靜的曖昧難測是華萊士一輩子人生和寫作的執著所在，而最能彰顯這一點的就是他這輩子在生活中和文學上與各種癮頭的掙扎樣貌。

成癮就是心靈變成壞主人的一種模樣，在這種情況裡，身體與心靈的依賴性會摧毀自我對於自由的信念。《無盡的玩笑》有各種解讀，而在它對成癮的刻劃裡，上癮是一種激動不停的靜止狀態，會將日復一日的生活濃縮成一座密閉牢房，牢裡只關著成癮者和那些藥物，而成癮者只能無助地看著自己的人生一點一點地崩潰。

華萊士拿自身最近的經歷為範本，放進《無盡的玩笑》來描繪成癮與戒除的那種文化。在圖桑（Tucson）就讀亞利桑那大學創意寫作研究所的那段日子裡，他愈來愈沉迷於哈草吐霧或是狂醉爛茫，生活總是在戒除和再犯之間來回擺盪，直到一九八九年四月搬到波士頓為止。到了十一月，他被送進麥克琳戒毒中心（McLean rehabilitation facility），住了六週之後，他搬到了格蘭納達之家（Granada House），而這所中途之家就是《無盡的玩笑》中虛構的安奈之家（Ennet House）的靈感來源。

這段戒癮過程讓華萊士的情緒與想像力徹底乾涸，連與文友會面也都沒辦法。一九九〇年，他取消了原訂與喬納森．法蘭岑的會面後，寫信告訴法蘭岑說他覺得自己不值得彼此競爭為敵。「我能告訴你的，」他這樣寫道：「就是我現在只是個可悲又糊塗的年輕人。」[42]他說自己是個「二十八歲的失敗作家」，「太嫉妒你，對你羨慕得過火」，對其他年輕作家也是如此，所以自殺看起來是個「在此刻不願採取，卻十分合理的選項」。

他過去從寫作中能夠獲得的滿足感與「下體快感」如今都由某種創作無力感取代了，他對法蘭岑說：「我這兩年已經啞了……其實不是真的啞，甚至也不是失語症。怎麼說呢，比較像是我的思緒現在對於我以前所相信、所接受的那些事，有一種在夢裡急得說不出話的感覺。」

在談到成癮對心靈與神經系統造成的傷害時，他所描繪的那些景象無疑是傷痕累累、斑斑血淚。急著想說話卻又感覺如鯁在喉，這聲吶喊既焦急又無聲。這是氣急攻心所導致的麻痺無力，封閉了能夠紓解或挽救這種症狀的創作表達管道。

但是在《無盡的玩笑》中，華萊士倒是打造出了一個可以抒發成癮創傷的創意方式。小說裡的那些戒癮者個個都在提倡復興一種「精神共同體」。《無盡的玩笑》中所想像的安奈之家不只是一所治療藥物濫用的戒毒中心，整個機構和其中住院病患所參加的ＡＡ會議都是要治療消費資本主義這種精神惡疾的解毒劑。麥克斯說，華萊士在收藏的《禮物的美學》（*The Gift*，路易士．海德著，一九八三年出版）書頁邊緣空白處寫下的筆記值得我們好好讀一讀：「『ＡＡ』＝那些被商品／資本主義經濟的稀缺型態所逼瘋、擔驚受怕的人；需要回到基本上屬於二十一世紀的精神共同體。」㊸

參加白旗ＡＡ會議的出席者透過一串絕妙的步驟，分析了最低分（或「底層」）成癮者所處的要命困境：「吸毒就像是參加崇拜撒旦的黑彌撒一樣，只是你停不下來，就算毒品已經再也無法讓你興奮起來也一樣。你就跟大家說的一樣，死定了。你醉不了，但是也醒不過來；你嗨不起來，卻也站不穩腳步。你被綁死了；你困在牢籠裡，四面都是鐵柵。」㊹

吸毒這回事，就像華萊士那份潦草的筆記所暗示的那樣，就是消費主義的終點，我們想要獲得自己所沒有的東西這份慾望，原本只是蠢蠢欲動而已，但在這世道裡卻化成了一種現在非要不可的緊急狀態。「稀缺」現在成了一種致命的缺陷，居然無法獲得讓生活勉強過得去的東西，是一種永遠處於欠缺狀態的惡毒詛咒。這種神經衰弱的激動狀態可是與湯瑪士・德・昆西（Thomas De Quincey）或披頭四那種吸了鴉片後的迷離幻境有著天壤之別。

《無盡的玩笑》中的敘述者（在書裡頭出名惱人的冗長附註裡，或者說得更精確些，是其中一個註解的附註）把鴉片和海洛因那種誘人的忘我和「抽了大麻後的思考」那種虛弱無力拿來相較。抽大麻者（或者在波士頓俗話中的叫法：巴伯・霍普）心靈上每往前踏出一步，就馬上會導致他倒退一步，就像是他腦子裡其實暗自希望永遠卡住一樣：「不是說這些巴伯・霍普失去了實際行動的興趣，而是抽大麻者自己陷入了一個反思抽象性的迷宮之中，會對各種抽象行動的可能性都產生懷疑，而要從中脫身又會耗盡所有的心思注意力，搞得這些巴伯・霍普內心裡雖然其實是在試著爬出這座迷宮，可是外表上看起來卻是遲鈍無感，只會呆坐在那兒。」㊺

這些抽大麻者會用試圖逼自己清醒的方式讓自己睡著，就像——這也呼應了華萊士對大學時代的回憶——「拚命學習這件事讓我生龍活虎，卻也教我死氣沉沉」。華萊士似乎沒辦法避免墜入同樣危險的境地裡，通往生路的標示只帶著他走入死巷，令他在這兩者之間不停來回遊蕩。「麻藥遏止不住牙齒／一口口地囓咬靈魂……」

正如華萊士一九九〇年向法蘭岑說的，當抽大麻的人最後從那座迷宮中爬出來時，他的內心早已油盡燈枯。匍匐攀爬的階段雖然過去了，但是他掙扎的力氣也沒了，結果就是讓他更容易受到懶散怠惰的誘惑。而導致這種半死不活模樣的終極媒介並不是大麻或其他藥物，而是電視；對華萊士來說，電視不僅是美國文化的特殊媒介，同時也是美國文化重症末期的象徵。

華萊士在一九九三年對評論家賴瑞・麥卡菲（Larry McCaffery）說過，他從小就一直很熟悉在大量閱讀與「狂看電視」之間的「解離經驗」㊻，就像是他的內心裂解成了積極好奇和被動冷漠這兩個無法重合的部分。後來他在和李普斯基對談時說，電視的吸引力就在於提供了「娛樂與刺激」㊼而不要求「最低注意力」以外的任何回報。抽大麻可能會讓人在現實世界裡動也不動，但是卻會把心靈變成迷宮般抽象活動的活躍核心。在這意義上，電視其實是更有效的麻醉劑，幾乎能完全令生活與生活中的一切作業全都止步喊停。

麥克斯寫道，這也許就是為什麼「他在崩潰的時候幾乎可說是黏著電視不放」㊽。他在每一次崩潰時，都可以看到他縮回那種漫長的遲鈍狀態，整個人空白無言，緊緊貼著電視螢幕。這就是「他最後的特效藥」，是他在閱讀、寫作、性愛、藥物都起不了作用時，唯一能讓他撐下去的辦法。我們可別忘了，電視可是他人生最後那幾週的固定良伴。

電視與死亡之間的緊密關聯到頭來可不只是可以一笑置之的奇思妙想；這成了華萊士的作品與人生之中的亙久主旨。在他一九九三年那篇談論電視與美國小說的經典文章〈化一為眾〉（E Unibus Pluram）裡，他又再次提出了一件事物同時能賦予生命又能致人於死的弔詭悖論。電視饜足了我們想要逃往其他世界與不同人生的冀望，卻又將我們死死焊接在我們自己的生活裡頭。他說：《家有阿福》（*Alf*）這齣電視情境喜劇中那個領銜主演，以「肥胖、厭世、以頹廢聞名的玩偶（像史奴比、加菲貓、霸子辛普森、大頭蛋）」「建議我『邊吃一大堆東西邊看電視』。」㊾

這些懶散怠惰的卡通人物全都讓我們能夠躲在「被動接受安撫、避世、安心的姿態」裡，消除了所有要求身心投入工作的命令與壓力。這份幻想也是華萊士大概最受人歡迎，敘述他在豪華郵輪上度假一週的〈我再也不幹的趣事〉（A Supposedly Fun Thing I'll Never Do Again）這篇文章中所要一探究竟的內容。

華萊士在文章裡頭說，豪華郵輪奮力追求的目標就是實現遊客無意識中的最大心願——能夠一直處在一個純粹無瑕的滿足狀態之中。這有點像是要重溫溫尼考特所稱那種嬰兒時期無所不能的幻想，也就是新生兒會將周遭世界當作能夠全天候滿足他任何需求的那種想法。不過，溫尼考特的重點在於每個嬰兒都必然會面臨到這個夢想終究破滅的普遍命運。

從這點來看，豪華郵輪可說是一種矯治用的情緒體驗，創造出一個封閉的時空，模擬著無微不至的模範母親，卻不會讓人美夢落空；能喚起嬰孩時期隨心所欲的夢想，卻又同時擋住了慾望與選擇的挫折煩惱。華萊士這個對毒品與電視成癮的患者很清楚這種幻想的威力，而且巴不得相信這種願望能夠確實成真：「我當然想要相信這一切……我想要相信這終極夢幻假期能寵得我足夠稱心，想要相信這一場奢華歡愉真的可以徹底完美地讓我心中還是嬰孩的那部分心

滿意足。」⑸

但是這篇文章的連續笑點在於華萊士很不幸地沒辦法適應郵輪所規定的遊樂享受方式。船上的工作人員會躲在各處，在他需要的時候遞上毛巾，趁他離開艙房透氣的空檔進去清掃。這些管理作法讓他覺得不舒服，根本就沒辦法達到像郵輪廣告上說的那種放鬆狀態。

因此，他在《無盡的玩笑》這部代表作裡想像出了一種鋪天蓋地而來的快感，讓人根本無從抵抗。這本書的主線劇情是魁北克分離主義武裝份子要找出「無盡的玩笑」的原始拷貝，這部片是二十世紀末實驗電影導演詹姆士．歐．英肯典察的晚期作品，據說能讓所有看過的人笑到喜不自勝、渾然忘我。

這支影片的第一名受害者是一名「中東醫療專員」⑸，他的妻子某天晚上回家時發現他一動也不動地倒在放影機前（華萊士對未來的想像倒是出奇地老派），溺死在自己的穢物之中，她在整片狼籍中驚覺「他臉上掛著的咧笑卻顯得十分安詳，甚至近乎狂喜」。

在魁北克探員馬拉特（Marathe）與他在ＯＮＡＮ（北美民族組織）接頭的史迪普利（Steeply）幾段零散的對話中，這支影片被當成了北美惡疾末期的主要症狀，是北美社會在面對邪惡而致命的歡愉藥劑時毫無招架之力的證明。史迪普利告訴馬拉特，在加拿大有個實驗計畫，試圖找出能不停刺激「各種快感神經受器」⑸的辦法；實驗人員在老鼠籠裡安裝了「自動刺激開關」，結果發現老鼠會「一再按下開關刺激自己的快樂機器（*p*-terminal），一小時可以按到上千次……一直到死於脫水或是真的累了才肯罷休。」

我們現在可以預期到改造來刺激人類反應的同一種快樂機器會在黑市裡流傳，產生出一大批耽於享樂快感的殭屍：「（他們會）兩眼圓睜、流著口水、呻吟顫抖、失禁脫水。既不工作，也不消費，不與人互動，更不參與社群生活。」[53]

華萊士這種反烏托邦的想像是將他最害怕的個人命運極度放大後的景象。他自己「不工作」的經驗並不是什麼酥茫茫的自由，而是將身心殘暴地掏空。史迪普利在快樂機器成癮後身心功能俱廢的淒慘情況，讀起來不折不扣就是華萊士自己崩潰之後成天癱在電視跟前那種情形的誇飾版本。

華萊士對凱尼恩學院聽眾的諄諄教誨，還有後來在許多訪談中的反複重述並不是什麼假道學，「日復一日都要在成人世界裡保持專注、好好活著」[54]其實正表達出了華萊士對於回到那種飽受創傷的漠然狀態有多麼害怕。這也解釋了為什麼除了文學家都有的那種脾氣之外，他從來沒有其他同期作家的那種單調沉悶的作家語氣——他長年的死對頭布雷特・伊斯頓・艾利斯（Brett Easton Ellis）倒是箇中翹楚，到了二〇一二年還在推特上痛批這位已故同行「是我這世代最煩悶、最過譽、最矯揉造作、最裝模作樣的作家」[55]。

除了對華萊士死後被奉為文學正宗的滿懷怨忿之外，我們其實也不難看出為什麼艾利斯會認為華萊士的文章煩悶、裝模作樣；華萊士的文章是刻意寫得激切狂熱，更甭說敏感細膩、囉唆冗長了，這完全與艾利斯那種一翻兩瞪眼的極簡主義背道而馳。

但是他們倆的差異並不是表面上看來這麼直接明顯。雖然華萊士寫作時所採的語調結構和艾利斯那種無所忌憚的語氣大相逕庭，但他的作品倒確實也帶有一股慵懶的氣息。只是那種慵懶不是因為無聊，而是出於遊手好閒，就像林克雷特的電影裡的那種風格一樣。他的句子經常用「於是然而」開頭，這種把連接詞混在一起的不協調其實是故意模仿遊手好閒者那種故作灑脫的口吻。《都市浪子》片中的人物經常用拖長語尾來表達那種遊手好閒的感覺，彷彿他們完全懶得說清楚他們究竟想說些什麼一樣。

華萊士和普魯斯特（Proust）很像，會有塞滿一連串聯合子句的誇張長句子，但是他們之間的相似點也就僅止於此，他們倆之間的對照反而更有意思。在普魯斯特那種「冥合」（*correspondances*）寫法裡，一句話裡的第一個事物會與另一個事物相呼應，而這一個事物又會呼應到另一個事物上，使得整句話形成各種思想與感覺綿密交織其中的精巧網絡。

華萊士的長句子就沒這麼費工夫了。他的句子之所以會長得漫無止盡是因為作者的細膩眼光並不想刻意揀選、並排或區分，只想要一個個都記錄下來，不去管什麼重要、什麼不重要。比方說《無盡的玩笑》前頭幾段就有這樣的例子，講一個大麻成癮者肯・鄂德迪（Ken Erdedy）在等他的藥頭來會合：

他上一次聯絡那名挪用藝術家，也就是他之前曾經交媾過的對象，也就是在交媾中拿著左手的小瓶子往空中噴香水，一邊躺在他身體底下發出各種不同聲音還一邊往空中噴香水，讓他感覺到一股涼霧蓋住了整個背和肩膀，冰冰涼涼的很不舒服的那個人，他們上一次聯絡是在他帶著她幫他拿到的大麻跑到藏身處之後她寄來了一張卡片，那張仿真照片上有塊綠色塑膠草皮的腳踏墊，上頭寫著「歡迎光臨」，腳踏墊旁邊還有一張她後灣畫廊裡一名挪用藝術家的美豔公關照，而在這兩者之間還有一個不等號，也就是在一個等號上斜斜畫了一筆的符號，此外還有一句粗話，他猜是針對他寫的，用紅色油性筆大寫所有字母寫在最底下，還加了兩個驚嘆號。㊼

這名「挪用藝術家」之後在書裡頭就再也沒出現過了。她和鄂德迪交媾這件事可能無關緊要，左手拿個瓶子噴香水更是不值一提。但是我們有什麼非知道她用哪一隻手拿著那個瓶子的理由嗎？這堆細節沒有幫忙構成場景的效果，反而四處拋灑其中的元素，打亂了我們的焦點。普魯斯特的多重冥合寫法銳化了我們對場景重心的感覺，而華萊士將場景中零星元素打散的筆法則讓我們沒法確定該把注意力放到哪裡去才好。而這效果之所以更上一層，是因為濃縮在整個句子中的奇特圖像其實只是掩人耳目之用，對於整個大敘事架構的進展完全沒有幫助（事實上，「掩人耳目」這個詞有點誤導之嫌——你也可以說這是在「掩人耳目」——因為這預設了故事劇情會有所推進，但其實根本沒有）。焦點散亂就是遊手好閒者說話口吻中令人又好氣又好笑的關鍵——你看這個，還有那個，然後還有那裡，這種話會激勵我們，卻不會告訴我們要怎麼做。散亂的焦點不會在繁雜的事實上再疊床架屋，這不是因為它要告訴我們什麼事、要帶我們往哪裡去，而是在邀請我們為事件本身的緣故來體會這些發生的事件。

真正弔詭的，是鼓舞華萊士句子的那股火熱能量，居然出自於顯然毫無生氣與熱情的語氣之中。

這彷彿是因為簡化了思考的工作——組織、區分、導引——而把作者的聲音化為無拘無束的洞見，正如華萊士的編輯麥可・皮曲（Michael Pietsch）在他死後說的那樣，是一種「同時在每個層次上看清每個事物」[57]的能力。或者，用他生前學生的話來說，華萊士其實是「一架觀察機器」[58]。

華萊士透過寫作，把這個內心的遊手好閒化為不羈創意的悖論玩得出神入化。但是他覺得這個悖論也可以在其他形式的活動中運用自如——尤其是網球這項運動，他不僅在年輕時曾打到賽事等級，還寫過好幾篇相關文章（而且也是《無盡的玩笑》中的故事主線）。

他一九九二年〈來自龍捲風走廊裡的運動〉（Derivative Sport in Tornado Alley）這篇文章講的是他年紀還小的時候是怎麼應對伊利諾州中部難以預測的強風，把這種氣候條件轉化成他比賽時的優勢，他說這是靠著「我無為而為的道家能耐」[59]。他二〇〇六年談羅傑・費德勒的那篇〈神人費德勒〉（Federer Both Flesh and Not）好文裡，說我們這個時代裡最偉大的這位球員具備了一種純粹無自我意識的內心素質。他幾乎從不出錯的反射動作其實是消除了勞心思考的結果，這種身體與心靈的難得契合讓「他看起來像是（我覺得）他真正的樣子：他這副身體既是肉身，不知怎地，也是光。」[60]

這種最厲害的網球境界為「不工作」這個詞帶來了一種全新意義；費德勒優異的體育才能

是他身心輕盈的映照，他神奇地解脫了身心重擔，而我們其他人卻都扛得笨拙不堪。華萊士說過許多次，他自己的網球生涯其實是因為他在最關鍵的時刻都因思考礙事，使他無法擺脫自我意識的煩擾，才因而告終。

這就是我們這些不是費德勒的其他人所遭逢的宿命，注定困在這令人失望的現實世界裡，只有肉身，沒有光。我們沒辦法抵抗重力，沒辦法做到不可能的事，沒辦法做得輕鬆寫意。我們做的時候，重力就顯現在我們扭曲的面容和肢體上，呈現在我們的笨拙、平庸或尚佳的結果上。我們會累、會感到挫折無聊，而且不知怎地還得日復一日地忍受，這個成就很平凡卻也同樣（再套一句凱尼恩學院演說詞裡的話）「出奇地困難」。這對華萊士來說確實是出奇地困難，就像他在九月的那個夜裡粗暴地向全世界說的那樣。

※

那晚事發前幾個小時裡，他也確保了能讓全世界都知道他其實也想過其他出路，只是他始終辦不到。就在他放棄那個選擇（還有其他的一切）時，《蒼白王者》已經寫了些彼此若干重疊的章節，主要是關於美國國家稅務局（IRS）的一群員工他們詭異而孤獨的內心生活。這些人物個個都為了無止無盡的惱人差事而放棄了自己的日常生活，他們各自都得想辦法耐受這一切，說不定甚至還得要肯定這一切。

說得這麼白，這部小說裡所處理的難題聽起來倒格外像是華萊士在凱尼恩學院演說時提過的故事。只不過，他在凱尼恩學院的演講中把解方化成一系列精簡的指示，但在《蒼白王者》裡，他則是宛若平凡無奇卻又高深莫測地將背負日常生活重擔這回事化成了近乎神學規模般的神祕謎團。

在這部小說的眾多人物裡，最能傳達出這種神祕感的莫過於進階稅務課程的代課講師了，這堂課是在整部故事中敘述他漫長個人回憶的主角克里斯·法哥爾（Chris Fogle）不小心闖進來的。那位代課老師所背負的神祕感傳到了法哥爾身上，法哥爾當時還只是個乳臭未乾、渾渾噩噩的浪子，大學時光幾乎全黏在電視上了，而代課老師的這種「漠然」氣質與他自己的樣子截然不同：「他一副漠然的樣子——不是那種空虛飄緲的虛無，而是一種安穩沉靜的感覺。」[61]法哥爾從那名代課老師身上聽到了將會扭轉他一生的真理：「在侷促的空間裡扎扎實實地耐受煩悶才是真正的勇氣。」[62]

法哥爾意興闌珊地在選擇工作或是讀書之間徘徊了好幾年，讀書或工作實在沒有哪一個更加急迫、更有意義。擺在他面前的選擇路線只是讓他更消沉疲怠。他兩眼無神地坐在播著午間肥皂劇的電視前，突然頓悟：「我會這樣四處遊蕩，是因為根本沒有任何事有意義，沒有哪個選擇真的比較好。這樣說，我是太自由了，或者說這種自由不是真正實在的自由——我能夠自由選擇『任何事物』是因為這自由根本完全不重要。」[63]

法哥爾的故事訴說的是他怎麼從自己那種空虛的漠然，緩慢地覺醒成為代課老師那種肯定認份的類型。這段改變經歷的起點倒是頗出人意料，是從抽大麻改成吃「歐菲綽」（Obetrol）這種安非他命為基底的處方藥開始。歐菲綽讓他產生了一種他說「分身」（doubling）的新的自我意識，強化了他在每分每秒中體會到的各種經驗，「雖然只有一瞬間，卻有一種從我恍惚游移的人生中脫身而出的感覺」。64

「分身」不是突然湧出某種精力和自信精神而克服了無力感，比較像是某種謎樣的感覺：是無力感發生了內在轉變，有一種未曾預料的完滿充實感填滿了當下的慵懶無聊。慣例、單調、呆板這些重力都會將生活拉向永無休止的沮喪與冷漠。但那名代課老師說，這就是查稅這種惱人無趣的事業所具備的潛力，讓人可以「成為真英雄，因而……也是超乎你們所有人想像的喜樂之名」65。

喬納森．法蘭岑在二〇一一年在《紐約客》雜誌上的一篇文章提到華萊士是否「死於煩悶」的可能性。寫小說一直是他逃離一身痛苦孤寂的牢籠之路，是他向與自身之外世界揮舞的團結手勢。小說就是華萊士的歐菲綽，讓他可以從孤立的存在中分身出來，將他深藏的虛無漠然轉變為某種脆弱的肯定認命。

但是這條救生索實在太不牢靠了。照法蘭岑所說，如果小說都救不了他，那也就消除了他能夠與自身的孤獨和解的唯一希望，任憑隨著這份清醒而來的空虛生吞活剝。「在他努力寫了這麼多年的小說之後，」法蘭岑說：「對小說的希望一旦落空，那麼除了尋死之外就再也無路可走了。如果煩悶是毒癮這種籽得以萌芽的沃土，如果自殺這現象與歸宿都和毒癮所能提供的

一模一樣，那我們大概可以合理地說大衛他確實是死於煩悶。」㊅

法蘭岑這話裡的兩個「如果」很重要，而且這種對於朋友尋死動機的推測反而永遠還更容易激起其他共同朋友的傷心與憤怒。不過，我總忍不住覺得九月那夜當華萊士殘忍地棄絕希望後，在留給妻子發現的那個雙重場景裡，其實隱隱驗證了法蘭岑的說法。

「是有希望，」法蘭茲．卡夫卡（Franz Kafka）對他朋友麥克斯．布洛德（Max Brod）說過這麼一句名言：「只不過不是給我們的。」㊆華萊士在他的天井中驗證了這句名言的後半段；對他來說，這人生真的行不通。但是他沒有像卡夫卡交代布洛德那樣，叫葛林燒掉自己未出版的稿件。他反而留下一部未完成的小說給他和這世界去找，也隨之留下一個曖昧的問題待解：就算不是給我的也罷，這世上真的還有希望存在嗎？

結論

這本書大膽的副標題「我們該停手」帶出了一個明顯的問題：停止什麼？我們會覺得「停止」是個及物動詞，蘊含了只有與某種活動或對象發生關係時才能想像其停止——例如說停止抽菸、停止脫歐、停止隨便什麼新年新希望或是政治議題。

但是「停止」其實也可以當作不及物動詞用，沒有直接涉及的對象。這個詞的意義此時就有了變化。「停止」不再是指中止我們不喜歡或是我們明知不好的事物，而是一種選擇。

這個文化中的日常生活是由不停拚命活動與分心的強迫衝動所主導。有空閒時間就得塞點什麼事做，什麼事都好。就算是決定停止抽菸或減肥也會把不做某件事這個目標變成必須完成的事（而且，事實上還會執拗、焦慮地不停去做）。當作及物動詞的「停止」（「我必須停止每個週末都睡到十點，早點起床上健身房去」）只不過是另一種添加待辦事項的說法而已。

而當作不及物動詞的「停止」——不是對做這做那喊停，而是對「做事」這回事喊停，是「單純的停止」——則是一種自主性的宣示，是默默抵抗「行動」霸權的舉動。這樣說又會帶來一個明顯的矛盾——「停止」怎麼會是一個舉動呢？我們要怎麼說自己在什麼都沒做的時候其實也是在做事呢？

「停止」是每個有意義行動的必要條件。我們很清楚這一點，才會把想都不想的自動行為或盲目行為（或是講話）描述成「做個沒停」。正如我所試圖證明的，缺乏目標反而因為幫助我們停止，問我們自己究竟想要到哪裡去、究竟想要做什麼，因而能夠孕育出我們創作的自由。盲目行為是帶著貶義的缺乏目標，因為這種行為只會不停做下去，將新意和驚喜擋在外頭。金頂電池的兔子之所以是我們這文化的象徵，就在於它和我們都無法想像它停下來——而這也表示我們無法想像它會去做其他任何事。

「我們該停手」應該要同時當作一種描述，也是一種要求。當作描述是因為這句話指出了我們生理與心理結構的基本事實。我們人類是有機生物，既能夠說好也能夠說不，既能夠休息也能夠運動，既能夠活著也能夠做事；我們如果覺得疲累、痛苦、冷漠，心靈和身體就會設法提醒我們自己這些事實。

美國文化評論家馬克．葛萊夫（Mark Greif）寫過，我們的神經系統負荷過多，因為受到他所謂當代文化中的「無所不在的戲劇」所壓迫：這不只是指夜間新聞裡的種種腥羶報導，也包括狂嗑電視影集來「追劇」（box-set binges）——這種飲食過飽的譬喻倒是出奇恰當。接觸「強力經驗」（strong experience）到過度飽和的程度不僅不會強化我們的情感能力，反而會造成葛萊夫所說的「無感」（anaestetic）效果：「觀看強力經驗看得夠多就會通往放鬆休閒的狀態，在這種極端放鬆柔軟的狀態裡，人會在電視前面『植物化』。」①

這就帶我們看到「停止」的第二層意義，也就是當作一種要求。盲目的行動與分心會銷磨人生，把人生變成一場試圖終結刺激與情緒轟炸的永恆任務。這些刺激教導我們如何活著的方式就是讓我們自身的一部分死去。而「停止」則是感受到我們自己活著的關鍵。

但是「停止」很困難，甚至很危險。極端一點是繭居族，他們把「停止」完全當成了目的本身，將他們自己困在雖生猶死的境地裡。另一邊的極端是公司高層會安排在忙碌工作日午休時段的正念冥想課或是漂浮池體驗，彷彿「停止」就只是一種確保工作機器長期效率的保固方式而已。

這兩種極端情形提醒我們「停止」的真正價值其實是在於培養我們的內心自由。繭居族會將自己封閉在臥室裡，是因為所有離開房間的出路都會通向其他囚籠，甚至通往更加無從脫逃的牢獄；公司高層會在漂浮池裡度過午休時間，是因為這能暫時關閉這整天的奪命連環扣。一個是長期退縮，一個是短暫逃避，但兩者都同樣都帶著一種別無他法的絕望。

在這種選擇受限的脈絡下，全民基本收入（Universal Basic Income, UBI）這個觀念就應運而生了。由政府提供人人不問資格、沒有要求的維生津貼，可以讓「停止」不再只是一種對抗社會與經濟壓力的姿態。因為解脫了生活所需的束縛，「停止」就成了向自由邁進的一步。如果活命所需的限制得以鬆綁，我們就可以不必只是因為害怕移動或做得太多太累才停下，而是可以為了發掘出我們自己究竟想要做些什麼，究竟想要成為什麼樣的自己而停。

這並不排除我們最後選擇努力工作，選擇為了自己和他人而追逐俗世成就及慾望，而且也不該排除這種選擇。但是即使是努力工作的人生，如果我們知道我們可以在有需要的時候停下，那看起來、感覺起來也肯定有所不同。

※

我寫這本書不是為了宣揚政策。要打破我們這文化強制勞動的箝制，需要的遠遠不只是提供基本收入而已。全民基本收入這個觀念看起來不錯，是因為這方式為我們指出在工作稀缺與自動化成為問題時，跳脫出科技主義的解法，而且叫我們進一步追問更基本的問題：人是什麼？人生是為了什麼而活？——這都是過度工作的盲目人生永遠都不會有機會停下思考的問題。

學校應該要能夠是讓人探問這些問題的地方。可是我們的教育體系已經被量化成就的焦慮綁架，抹消了做此反思的餘地。近幾年來，甚至已經可以看見要將識字與算術能力評量提前到兩歲就舉辦的訴求。而在教育體系的另一端，社會又鼓勵背著沉重學貸的學生想辦法把學位當成求取賺錢技能的途徑，好在日漸萎縮的勞動市場中卡位佔缺。安坐在這兩端之間的，是對於

「核心」科目的各種評量測驗，還有對人文科目的邊緣化，甚至是根本就加以排除——事實上，是排除了能鼓勵我們不只將人生看成永遠都在追求成就與生存的所有學習領域（哲學、神學及政治）。

弗洛依德在《文明及其不滿》中論稱個人要求與群體要求之間的衝突終究無法解決；個人對慾望的追求永遠不可能與集體法律規範的落實彼此妥協。而其結果，在他寫於法西斯主義方興未艾之際的悲哀預測看來，就是社會將淪於普遍的自我憎惡，逼使我們與自身的心願及衝動落入愈來愈相互殘害的關係之中。

這場對於自我的戰爭延續到了今天，我們還在與對於「停止」的需求彼此相殘。要挑戰把人生當成牢不可破的工作狀態這念頭，我們就得想像出弗洛依德忽略掉了的可能性：集體需求和個人慾望有時可能會彼此相合。

沒幾篇政治文章能比王爾德和十九世紀美國自然作家亨利．大衛．梭羅（H. D. Thoreau）所寫的更能令我心有戚戚焉。他們倆都不是任何正式意義中的政治理論家。事實上，他們共同的觀點是最好的生活就是最少政治干預的生活，而在這種生活中，社會正義唯一的目標就是實現每個人成為他們自己的能力。王爾德有句話說得很妙：「社會主義的問題就是它佔掉了太多晚上。」這句話跟很多絕佳笑話一樣，重點經常遭人忽視。如果把法律、政治與經濟正義等目標從什麼讓人生活得有價值這個問題裡獨立出來，那這些目標也不過就只是另一組無盡又無趣的待辦事項罷了。

梭羅在他一八六二年著名的〈無原則的生活〉（Life Without Principle）一文中，哀嘆同胞將人的價值等同於物質生產力的這種傾向。「我看到有廣告招攬有為的年輕人」他寫道：「彷彿是說活動就是年輕人的所有資產了。」②年輕人之所以會受到有薪勞務所誘惑，完全是因為他們從小就學著要把能做事的自我當成他們完整的自我。

梭羅邀請我們想像一下，假如打破這個把我們自己定義為做事的生物，以及把世界定義為「生意場」的這種概念，那對我們來說會表示出什麼意義：「我想大概沒有什麼會比這種幹個不停的生意更加仇視詩歌、仇視哲學，唉，仇視人生了，就連犯罪也比不過。」③面對生意的無情命令，毫無目標地遊蕩、偏離幹活和工作目標的正途，還有「跳脫世間俗事」（拿梭羅為例，就是花上半天在林子中漫步）都成了最急迫的政治與存在要務，是保存「生活本身」的辦法。「做事若只為了賺錢，」梭羅寫道：「那才是真正白幹、白活了。」④

我在這本書裡一再提到藝術和藝術家，是因為他們鮮活地展現出我們認為毫無目標的各種不同方式。但是我希望自己也證明了這種事並不是藝術所獨佔，而是可以在漫步中、在窗前、在對話中，甚至在緘默時都能體驗得到。這份毫無目標呼應了藏在我們內心深處，未曾體認過的「不工作」的需求。

認知到這份需求，我們就能在現今輕易落入過度工作的生活循環中瞥見出路，躍入一個我們未曾認識的人生與世界。而一旦我們能明白我們得停止，也許很快就會發現我們要的其實就是停下來。

註釋

導論

1. 弗洛依德在《超越享樂原則》（*Beyond the Pleasure Principle*, 1920）中引入了這個觀念，並終生持續發展琢磨此一概念。見《西格蒙·弗洛依德心理學著作全集標準版》（*The Standard Edition of the Complete Psychological Works of Sigmund Freud*, 2001）。
2. 大衛·弗雷恩，《拒絕工作：抗拒工作的理論與實踐》，p.16。
3. 弗洛依德在一九一四年〈論自戀〉（On Narcissism: An Introduction）中首度提及此觀念，見《西格蒙·弗洛依德心理學著作全集標準版》第十四卷，pp. 93-101。這個詞曾被他十多年後才創出的「超我」概念掩蓋過去。
4. 弗雷恩，《拒絕工作》，p. 77。
5. 蘇格拉底對藝術虛假無用的抨擊見諸《理想國》第十卷。
6. 王爾德，《王爾德作品集》〈當藝評家為藝術家〉，p. 277。王爾德接著說：「我們可以透過脫離行動而變得充滿靈性，透過拒絕努力而變得完美。」

7. 莫里斯・布朗修，《文學空間》，p. 213。

8. 阿多諾多次提及這個論證，尤其以他〈承諾〉（'Commitment'，收錄於《文學筆記第二卷》）一文最為直接。

9. 布朗修，《文學空間》，p. 219。

10. 同上註，p. 220。

11. 奧斯卡・王爾德，〈當藝評家為藝術家〉，p. 274。

12. 阿蘭・艾倫伯格，《自我厭倦：診察當代憂鬱史》（*The Weariness of the Self: Diagnosing the History of Depression in the Contemporary Age*, 2010），p. 22。

13. 艾曼紐・列維納斯，《哲學論文集》〈現實及其陰影〉（Reality and Its Shadow），p. 9。

14. 同上註，p. 10。

15. 艾敏接受許納貝爾（Schnabel）訪談記錄，見二〇〇六年一月號《訪問》（*Interview*）雜誌。

16. 《聖經・帖撒羅尼迦後書》第三章第十節。

17. 馬克斯・韋伯，《新教倫理與資本主義精神》，p. 106。

18. 同上註，p. 178。

19. 同上註，p. 106。

20. 艾倫伯格，《自我厭倦》，p. 32。原引自貝爾德一八六九年發表在《波士頓醫學手術期刊》（*The Boston Medical and Surgical Journal*）的〈神經衰弱〉（Neurasthenia, or Nervous Exhaustion）一

文。

21. 尼克・斯尼瑟克與艾力克斯・威廉斯，《發明未來：後資本主義與沒有工作的盛世》，p. 64。

22. 弗洛依德，《西格蒙・弗洛依德心理學著作全集標準版》第二十一卷《文明及其不滿》，p. 80。

23. 弗洛依德，《西格蒙・弗洛依德心理學著作全集標準版》第九卷〈文藝作家和白日夢〉（Creative Writers and Daydreaming）。

24. 此神話故事的眾多版本中，仍屬奧維德《變形記》第八卷中的描述最為精采。

第一章　過勞的人

1. 弗烈德里希・尼采，《不合時宜的沉思》〈論歷史對生活的用處與害處〉，p. 60。

2. 弗洛依德在一九二五年〈否定〉（Negation）一文中發展出以判斷觀念為自我形式的想法，見《西格蒙・弗洛依德心理學著作全集標準版》第九卷，p. 237。

3. 葛拉漢・格林尼，《過勞案例》，p. 42。格林尼在書中寫道故事主角對自己人生的微薄興趣：「他無力地活了這麼久，就連對自己的『興趣』也是帶著臨床診療的疏離感來察覺。」（p. 48）

4. 安娜・卡特琳娜・夏夫納，《倦怠史》（*Exhaustion: A History*, 2016），p. 63。

5. 于斯曼，《逆流》，p. 63。
6. 弗洛依德在〈超越享樂原則〉中引述羅的見解，見《西格蒙．弗洛依德心理學著作全集標準版》第十八卷，p. 56。
7. 約翰．濟慈，《濟慈詩集》〈怠惰頌〉，pp. 349-51。
8. 皮耶拉．奧拉涅，《詮釋的暴力：從象形文字到直述句》，p. 17。奧拉涅稱這種弔詭的傾向是「心靈功能的奇恥大辱」。
9. 鴨長明，《方丈記》，p. 12。
10. 同上註，p. 18。
11. 法蘭克．貝拉迪，《工作中的靈魂：從異化到自律》，p. 108。
12. 雷納塔．莎莉賽，《選擇權的暴政》（*The Tyranny of Choices*, 2011）。
13. 赫曼．梅爾維爾，《比利．巴德故事集》〈錄事巴托比〉，p. 128。
14. 同上註，p. 104。
15. 同上註，p. 111。
16. 同上註，p. 112。
17. 同上註，p. 134。
18. 見梅爾維爾在一八五一年寫給霍桑的信，收錄在《讀懂赫曼．梅爾維爾》（*A Companion to Herman Melville*, 2015），p. 386。

19. 赫曼·梅爾維爾，〈錄事巴托比〉，p. 109。

20. 川尼克對此實驗的詳細描述與闡釋見《孩童神經行為與社會情緒發展》（*The Neurobehavioral and Social-Emotional Development of Children*, 2007）。

21. 赫曼·梅爾維爾，〈錄事巴托比〉，p. 140。

22. 第歐根尼·拉爾修，《名哲言行錄》〈皮浪〉，p. 402。

23. 同上註，p. 404。

24. 同上註，p. 405。

25. 同上註，p. 415。

26. 同上註，p. 420。

27. 伊佛·紹斯伍德，《恆動慣性》（*Non-Stop*, Inerita 2010），p. 44。

28. 麥可·齊連齊格，《不見天日》（2007）。

29. 齋藤環，《繭居青春》，p.48。

30. 語出弗洛依德《西格蒙·弗洛依德心理學著作全集標準版》第十四卷〈論自戀〉，p. 91。該文譯者詹姆士·史崔奇（James Strachey）在註釋中推測這個詞可能來自英王愛德華時期的漫畫，畫面中「上頭這樣寫，底下有兩名倫敦警員正在擋住人潮，好讓奶媽推著一輛嬰兒車過街」。

31. 韓炳哲，《倦怠社會》（*The Burnout Society*, 2015），pp. 39-40。

安迪・沃荷

32. 維克多・波克利斯，《安迪・沃荷的一生》（*The Life and Death of Andy Warhol*, 1998），p. 88。
33. 安迪・沃荷，《安迪・沃荷的普普人生》，p. 21。
34. 維克多・波克利斯，《安迪・沃荷的一生》，p. 46。
35. 布萊恩・迪倫，《徹寒香梅》（*Tormented Hope: Nine Hypochondriac Lives*, 2010），p. 265。
36. 維克多・波克利斯，《安迪・沃荷的一生》，p. 170。
37. 安迪・沃荷，《安迪・沃荷的普普人生》，p. 149。
38. 安迪・沃荷與派特・海克特，《普普主義：沃荷的六〇年代》（*POPism: The Warhol Sixties*, 2007），pp. 51-2。
39. 維克多・波克利斯，《安迪・沃荷的一生》，p. 217。
40. 同上註，p. 69。
41. 同上註，p. 163。
42. 同上註，p. 185。
43. 安迪・沃荷，《安迪・沃荷的普普人生》，p. 44。
44. 同上註，p. 46。
45. 維克多・波克利斯，《安迪・沃荷的一生》，p. 185。
46. 安迪・沃荷，《安迪・沃荷的普普人生》，p. 46。

47. 維克多．波克利斯，《安迪．沃荷的一生》，p. 93。
48. 安迪．沃荷，《安迪．沃荷的普普人生》，p. 26。
49. 同上註，p. 111。
50. 韋恩．柯斯騰邦，《安迪．沃荷傳》（*Andy Warhol: A Biography*, 2015），pp. 47-8。
51. 維克多．波克利斯，《安迪．沃荷的一生》，p. 205。
52. 同上註，p. 208。
53. 同上註，p. 209。
54. 同上註，p. 222。
55. 同上註，p. 230。
56. 同上註，p. 236。
57. 同上註，p. 317。
58. 同上註，p. 438。
59. 韋恩．柯斯騰邦，《安迪．沃荷傳》，p. 149。
60. 安迪．沃荷，《安迪．沃荷的普普人生》，p. 96。
61. 維克多．波克利斯，《安迪．沃荷的一生》，p. 264。
62. 韋恩．柯斯騰邦，《安迪．沃荷傳》，p. 30。
63. 同上註，p. 30。

64. 弗洛依德，《西格蒙．弗洛依德心理學著作全集標準版》第十四卷〈夢的理論之後設心理學補充〉（A Metapsychological Supplement to the Theory of Dreams），p. 223。
65. 維克多．波克利斯，《安迪．沃荷的一生》，p. 163。
66. 安迪．沃荷，《安迪．沃荷的普普人生》，p. 149。
67. 維克多．波克利斯，《安迪．沃荷的一生》，p. 390。

第二章　懶散的人

1. 亞瑟．叔本華，《箴言文集》，p. 166。
2. 喬治．巴塔耶，《過度的視野：巴塔耶文選》（*Visions of Excess: Selected Writings*）〈大腳趾〉（The Big Toe），p. 20。
3. 巴塔耶，《過度的視野：巴塔耶文選》〈太陽的肛門〉（The Solar Anus），p. 7。
4. 赫曼．梅爾維爾，《比利．巴德故事集》〈錄事巴托比〉，p. 115。
5. 詹姆士．波斯威爾（James Boswell），《強森傳》（*Life of Johnson*），p. 333。
6. 弗洛依德，《西格蒙．弗洛依德心理學著作全集標準版》第二十一卷《文明及其不滿》，p. 101。
7. 同上註，p. 108。
8. 弗洛依德在《西格蒙．弗洛依德心理學著作全集標準版》第七卷《性理論三篇》的第一篇中對變態有詳細討論。

9. 弗洛依德，《西格蒙・弗洛依德心理學著作全集標準版》第二十一卷《文明及其不滿》，p. 108。
10. 史崔奇將弗洛依德的Trägheit譯為「惰性」與「遲鈍」。
11. 唐諾・溫尼考特，《遊戲與現實》〈創意及其來源〉（Creativity and Its Origins），p. 80。
12. 喬納森・李爾，《幸福、死亡與餘生》，p. 80。
13. 強納森・柯拉瑞，《24/7：晚期資本主義及睡眠的終結》，p. 13。
14. 伊凡・岡察洛夫，《奧博莫洛夫》，p. 14。
15. 同上註，p. 119。
16. 同上註，p. 22。
17. 弗洛依德，《西格蒙・弗洛依德心理學著作全集標準版》第十二卷〈心靈功能的兩原則〉（Formulations on the Two Principles of Mental Functioning）。
18. 皮耶・聖阿芒，《追求懶散：啟蒙運動的怠惰詮釋》（*The Pursuit of Laziness: An Idle Interpretation of the Enlightenment,* 2011），p. 2。
19. 同上註，p. 3。
20. 狄德羅，《雅克和他的主人》（*Jacques the Fatalist*）。
21. 狄德羅，《拉摩的姪兒》（*Rameau's Nephew*），p. 23。

22. 同上註，p. 123。
23. 同上註，p. 64。
24. 同上註，p. 65。
25. 同上註，p. 70。
26. 同上註，p. 61。
27. 莫里斯．布朗修，《野火》（*The Work of Fire*）〈文學與死亡的權利〉（Literature and the Right to Death）。
28. 巴塔耶說這種人的主權「以一種特別的方式逼他去做大買賣，做些無用的消費」，《受詛咒的部分》，p. 23。

奧森．威爾斯

29. 大衛．湯姆森，《玫瑰花苞：奧森．威爾斯傳》（*Rosebud: The Story of Orson Welles*, 1996），p. 400。
30. 西門．卡洛，《奧森．威爾斯（三）：一人樂團》（*Orson Welles, Volume 3: One-Man Band*, 2015），p. 59。
31. 西門．卡洛，《奧森．威爾斯（二）：美國你好》（*Orson Welles, Volume 2: Hello Americans*, 2007），p. 444。

32. 克里斯多福．馬羅，《浮士德博士的悲劇》（*The Tragical Histoy of Doctor Faustus, The Complete Plays*），p. 274。

33. 同上註，p. 275。

34. 波赫士，《文選》〈大片〉（An Overwhelming Film），p. 258。

35. 克里斯多福．馬羅，《浮士德博士的悲劇》，p. 310。

36. 西門．卡洛，《奧森．威爾斯（一）：前往夏納都》（*Orson Welles, Volume 1: The Road to Xanadu*, 1996），p. 326。

37. 西門．卡洛，《奧森．威爾斯（二）：美國你好》，p. 7。

38. 同上註，p. 314。

39. 西門．卡洛，《奧森．威爾斯（三）：一人樂團》，p. 358。

40. 西門．卡洛，《奧森．威爾斯（一）：前往夏納都》，p. 387。

41. 同上註，p. 366。

42. 西門．卡洛，《奧森．威爾斯（三）：一人樂團》，p. 281。

43. 西門．卡洛，《奧森．威爾斯（二）：美國你好》，p. 306。

44. 彼得．孔瑞德，《奧森威爾斯的一生》（*Orson Welles: The Stories of His Life*），p. 40。

第三章　做白日夢的人

1. 達斯汀‧霍夫曼是在二〇一五年的一場訪談中提及此事。見：https://www.youtube.com/watch?v=Ss7F8BCrNz0。
2. 奧斯卡‧王爾德，〈當藝評家為藝術家〉，p. 256。
3. 同上註。
4. 弗洛依德對於偏執狂的討論首見於一八九六年〈對防禦型神經精神病的進一步評論〉（Further Remarks on the Neuro-Psychoses of Defence），收錄於《西格蒙‧弗洛依德心理學著作全集標準版》第三卷，pp. 168-74。
5. 奧斯卡‧王爾德，〈當藝評家為藝術家〉，p. 275。
6. 奧斯卡‧王爾德，《格雷的畫像》，p. 112。
7. 同上註，p. 113。
8. 薩維耶‧德‧梅斯特，《在自己房間裡的旅行》，p. 5。
9. 同上註，p. 81。
10. 希德留斯‧埃拉斯謨，《愚者頌》，p. 17。
11. 塞萬提斯，《堂吉訶德》。
12. 事實上，這句話雖然大家都說是畢卡索說的，但是從沒有誰找到明確的出處。
13. 艾曼紐‧列維納斯，《哲學論文集》〈現實及其陰影〉（Reality and Its Shadow），p. 3。
14. 弗洛依德，《西格蒙‧弗洛依德心理學著作全集標準版》第九卷，〈文藝作家和白日夢〉

（Creative Writers and Daydreaming），p. 152。

15. 奧斯卡．王爾德，〈當藝評家為藝術家〉，p. 275。
16. 弗洛依德，《西格蒙．弗洛依德心理學著作全集標準版》第十二卷，〈給採用精神分析療法的醫師之建議〉（Recommendations to Physicians Practicing Psycho-Analysis），p. 112。
17. 同上註，p. 115。
18. 喬治．巴塔耶，《過度的視野：巴塔耶文選》〈腐敗的太陽〉（Rotten Sun），p. 58。
19. 唐諾．溫尼考特，《遊戲與現實》〈白日夢、幻想與生活〉（Dreaming, Fantasying and Living: A Case-History Describing a Primary Dissociation），p. 40。
20. 同上註。

艾蜜莉．狄金生

狄金生的詩作都選自《艾蜜莉．狄金生詩集》（*The Poems of Emily Dickinson: Including Variant Readings Critically Compared with All Known Manuscripts,* 1955），各首詩都有編號，故不加引用頁碼。

21. 林朵．高登，《槍已上膛：艾蜜莉．狄金生一家恩怨情仇》（*Lives Like Loaded Guns: Emily Dickinson and Her Family's Feuds*, 2010），p. 228。
22. 見辛西亞．葛利芬．沃爾夫，《艾蜜莉．狄金生》（*Emily Dickinson*, 1988），p. 401。

23. 同上註，p. 402。

24. 同上註。

25. 同上註，p. 403。

26. 理查・蘇沃，《艾蜜莉・狄金生的一生》（*The Life of Emily Dickinson*, 1980），p. 642。

27. 沃爾夫，《艾蜜莉・狄金生》，p. 3。

28. 高登，《槍已上膛》，p. 82。

29. 葛雷果利歐・寇鴻，《美感經驗之反思：精神分析與怪人》（*Reflections on the Aesthetic Experience: Psychoanalysis and the Uncanny*, 2016）〈路易絲・布爾喬亞與法蘭茲・卡夫卡：巢穴與地洞〉（Louise Bourgeois and Franz Kafka: Of Lairs and Burrows），p. 26。

30. 溫尼考特在他〈溝通與不溝通，通往相反兩極之研究〉（Communicating and Not-Communicating, Leading to a Study of Certain Opposites）這篇文章中假定了這個部分確實存在，該文收錄於《成熟過程與促發環境：情感發展理論研究》（*The Maturational Processes and the Facilitating Environment: Studies in the Theory of Emotional Development*, 1990）。

31. 艾蜜莉・狄金生寫於一八六二年三月，見《艾蜜莉・狄金生書信集》（*The Letters of Emily Dickinson*, 2003），p. 169。

32. 沃爾夫，《艾蜜莉・狄金生》，p. 399。

33. 同上註。

34. 高登，《槍已上膛》，p. 14。
35. 蘇沃，《艾蜜莉．狄金生的一生》，p. 650。
36. 同上註，p. 653。
37. 沃爾夫，《艾蜜莉．狄金生》，p. 35。
38. 狄金生與希金森的話均見於蘇沃，《艾蜜莉．狄金生的一生》，p. 74。
39. 安德黑．格林，《生的自戀、死的自戀》（*Life Narcissism, Death Narcissism*, 2001）〈亡母〉（'The Dead Mother'），p. 170。
40. 沃爾夫，《艾蜜莉．狄金生》，p. 133。
41. 艾蜜莉．狄金生寫於一八五六年一月，見《艾蜜莉．狄金生書信集》，p. 139。
42. 沃爾夫，《艾蜜莉．狄金生》，p. 362。
43. 弗洛依德談無意識的無時間性談得最徹底的當數一九一五年〈無意識〉（The Unconscious）一文，見《西格蒙．弗洛依德心理學著作全集標準版》第十四卷。
44. 艾蜜莉．狄金生寫於一八六二年四月，見《艾蜜莉．狄金生書信集》，p. 253。
45. 同上註，一八六二年六月。

第四章　遊手好閒的人

1. 羅蘭．巴特，《如何共同生活》（*How to Live Together: Novelistic Simulations of Some Everyday*

Spaces, 2013），p. 6。

2. 塞克斯圖斯・恩培立克斯，《懷疑主義大要》（*Outlines of Scepticism*, 2000），p. 9。
3. 同上註。
4. 同上註，p. 10。
5. 同上註，p. 11。
6. 羅蘭・巴特，《中立：法蘭西學院講演錄》（*The Neutral: Lecture Course at the Collège de France (1977-1978)*, 2008），p. 80。
7. 蕭沆，《解體概要》，p. 3。
8. 同上註，p. 4。
9. 費德希克・葛洛斯，《走路的哲學》，p. 3。
10. 盧梭，《一個孤獨漫步者的遐想》，p. 51。
11. 同上註，p. 51。
12. 彼得・斯洛特迪克，《壓力與自由》（*Stress and Freedom*, 2015），p. 23。
13. 同上註，p. 33。
14. 卡爾・歐諾黑，《慢活》。
15. 《獨立報》（*Independent*），二〇一〇年十月一日，〈殺了智慧型手機〉（Kill the smartphone: the slow fight against the rat race），見：https://www.independent.co.uk/life-style/kill-the-smartphone-the-slow-

fight-against-the-rat-race-2095847.html。

16. 卡爾・賽德斯多羅姆及彼得・弗萊明，《死工作》，p. 51。

17. 同上註，p. 52。

18. 對伊比鳩魯思想的最佳選錄可見於《幸福的藝術》（*The Art of Happiness*, 2013）。

19. 漢娜・鄂蘭，《人的條件》，p. 101。

20. 奧斯卡・王爾德，《奧斯卡・王爾德全集》（*The Collected Works of Oscar Wilde*, 2007）〈社會主義下的人心〉（The Soul of Man Under Socialism），p. 1046。

21. 同上註。

22. 瑪麗亞・艾克虹，《五週，二十五天，一百七十五小時》展覽手冊。

23. 費德希克・葛洛斯，《走路的哲學》，p. 89。

24. 納撒尼爾・霍桑，《紅字》，p. 42。

大衛・佛斯特・華萊士

25. 麥克斯，《每個鬼故事都是愛情故事》（*Every Ghost Story Is a Love Story: A Life of David Foster Wallace*, 2012），p. 298。

26. 同上註。

27. 華萊士，《無盡的玩笑》，p. 696。

28. 同上註。

29. 麥克斯，《每個鬼故事都是愛情故事》，p. 4。

30. 同上註，p. 12。

31. 華萊士，《最終訪談與其他對話錄》（*The Last Interview and Other Conversations*, 2012），p. 57。

32. 麥克斯，《每個鬼故事都是愛情故事》，p. 34。

33. 同上註，p. 21。

34. 克利斯提昂・羅倫岑，〈重寫大衛・佛斯特・華萊士〉（The Rewriting of David Foster Wallace），刊於《紐約》（*New York*）雜誌二〇一五年六月二十九日。見：https://www.vulture.com/2015/06/rewriting-of-david-foster-wallace.html。

35. 大衛・李普斯基，《雖然最後你還是決定做你自己》。

36. 華萊士，《生命中最簡單又最困難的事》（*This Is Water: Thoughts, Delivered on a Significant Occasion, About Living a Compassionate Life*, 2009），p. 2。

37. 同上註，p. 1。

38. 同上註，p. 7。

39. 同上註，p. 1。

40. 同上註，p. 3。

41. 同上註，p. 5。

42. 麥克斯，《每個鬼故事都是愛情故事》，p. 143。
43. 同上註，p. 316。
44. 華萊士，《無盡的玩笑》，p. 347-8。
45. 同上註，p. 1048。
46. 麥克斯，《每個鬼故事都是愛情故事》，p. 6。
47. 李普斯基，《雖然最後你還是決定做你自己》，p. 85。
48. 麥克斯，《每個鬼故事都是愛情故事》，p. 149。
49. 華萊士，〈化一為眾〉（E Unibus Pluram: Television and US Fiction），收錄於《我再也不幹的趣事》，p. 41。
50. 華萊士，〈我再也不幹的趣事〉，收錄於《我再也不幹的趣事》，p. 316。
51. 華萊士，《無盡的玩笑》，p. 79。
52. 同上註，p. 474。
53. 同上註。
54. 華萊士，《生命中最簡單又最困難的事》，p. 8。
55. 〈布雷特・伊斯頓・艾利斯怒批大衛・佛斯特・華萊士〉（Bret Easton Ellis launches broadside against David Foster Wallace），刊於《衛報》二〇一二年九月六日。見：https://www.theguardian.com/books/2012/sep/06/bret-easton-ellis-david-foster-wallace。

56. 華萊士，《無盡的玩笑》，p. 24。

57. 〈大衛．佛斯特．華萊士：「同時在每個層次上看清每個事物的人」〉（David Foster Wallace: "a mind that seemed to see everything on every level at once"），刊於《芝加哥論壇報》（*Chicago Tribune*）二〇〇八年九月十五日。見：https://featuresblogs.chicagotribune.com/entertainment_popmachine/2008/09/after-david-fos.html。

58. 同上註。

59. 華萊士，〈來自龍捲風走廊裡的運動〉（Derivative Sport in Tornado Alley），收錄於《我再也不幹的趣事》，p. 12。

60. 華萊士，〈神人費德勒〉（Federer Both Flesh and Not），收錄於《神人費德勒》（*Both Flesh and Not*, 2013），p. 20。

61. 華萊士，《蒼白王者》，p. 228。

62. 同上註，p. 231。

63. 同上註，p. 225。

64. 同上註，p. 183。

65. 同上註，p. 232。

66. 喬納森．法蘭岑，〈漸行漸遠〉（Farther Away），《紐約客》（*New Yorker*）雜誌，二〇一一年四月十八日。見：https://www.newyorker.com/magazine/2011/04/18/farther-away-jonathan-franzen。

67. 麥克斯・布洛德，《法蘭茲・卡夫卡傳》（*Franz Kafka: A Biography*, 1995），p. 227。

結論

1. 馬克・葛萊夫，〈無感的意識形態〉（Anaesthetic Ideology: The Meaning of Life, Part III），收錄於《反對一切》，p. 238。
2. 亨利・大衛・梭羅，〈無原則的生活〉（Life Without Principle），收錄於《梭羅文集》，p. 350。
3. 同上註，p. 347。
4. 同上註，p. 349。

參考文獻

Adorno, T. W., 'Commitment', *Notes to Literature Volume 2*, trans. S. W. Nicholsen (New York: Columbia University Press, 1992)

Arendt, Hannah, *The Human Condition: A Study of the Central Dilemmas Facing Modern Man* (New York: Doubleday Anchor, 1959)

Aulagnier, Piera, *The Violence of Interpretation: From Pictogram to Statement*, trans. A. Sheridan (London: Routledge, 2001)

Barthes, Roland, *The Neutral: Lecture Course at the Collège de France (1977–1978)*, trans. R. Krauss and D. Hollier (New York: Columbia University Press, 2008)

Barthes, Roland, *How to Live Together: Novelistic Simulations of Some Everyday Spaces*, trans. K. Briggs (New York: Columbia University Press, 2013)

Bataille, Georges, *Visions of Excess: Selected Writings 1927–1939*, trans. A. Stoekl (Minneapolis: University of Minnesota Press, 1985)

Bataille, Georges, *The Accursed Share*, Volume 1, trans. R. Hurley (Cambridge, MA: Zone Books, 1991)

Berardi, Franco, *The Soul at Work: From Alienation to Autonomy*, trans. J. Smith (New York: Semiotexte, 2009)

Blanchot, Maurice, *The Space of Literature*, trans. A. Smock (Lincoln, NE: University of Nebraska Press, 1989)

Blanchot, Maurice, 'Literature and the Right to Death', trans. L. Davis, *The Work of Fire* (Stanford, CA: Stanford University Press, 1995)

Bockris, Victor, *The Life and Death of Andy Warhol* (London: Fourth Estate, 1998)

Borges, Jorge Luis, *Selected Non-Fictions*, trans. E. Allen and S. J. Levine, ed. E. Weinberger (New York: Penguin, 2000)

Boswell, James, *Life of Johnson*, ed. R. W. Chapman (Oxford: OUP, 2008)

Brod, Max, *Franz Kafka: A Biography* (Boston: Da Capo Press, 1995)
Callow, Simon, *Orson Welles, Volume 1: The Road to Xanadu* (London: Vintage, 1996)
Callow, Simon, *Orson Welles, Volume 2: Hello Americans* (London: Vintage, 2007)
Callow, Simon, *Orson Welles, Volume 3: One-Man Band* (London: Vintage, 2015)
Cederström, Carl, and Fleming, Peter, *Dead Man Working* (Alresford, Hants: Zero Books, 2012)
Cioran, E. M., *A Short History of Decay*, trans. R. Howard (New York: Arcade Publishing, 1998)
Conrad, Peter, *Orson Welles: The Stories of His Life* (London: Faber & Faber, 2004)
Crary, Jonathan, *24/7: Late Capitalism and the Ends of Sleep* (London: Verso, 2014)
de Cervantes, Miguel, *Don Quixote*, trans. J. Rutherford (London: Penguin, 2003)
de Maistre, Xavier, *Voyage Around My Room*, trans. S. Sartarelli (New York: New Directions, 1994)
Dickinson, Emily, *The Poems of Emily Dickinson: Including Variant Readings Critically Compared with All Known Manuscripts*, ed. T. Johnson (Cambridge, MA: Harvard Belknap, 1955)
Dickinson, Emily, *The Letters of Emily Dickinson*, ed. M. L. Todd (Mineola, NY: Dover, 2003)
Diderot, Denis, *Jacques the Fatalist*, trans. D. Coward (Oxford: OUP, 2008)
Diderot, Denis, *Rameau's Nephew* and *D'Alembert's Dream*, trans. L. Tancock (London: Penguin, 1976)
Dillon, Brian, *Tormented Hope: Nine Hypochondriac Lives* (London: Penguin, 2010)
Ehrenberg, Alain, *The Weariness of the Self: Diagnosing the History of Depression in the Contemporary Age*, trans. E. Caouette, J. Homel, D. Homel and D. Winkler (Montreal: McGill-Queens University Press, 2010)
Eichhorn, Maria, *5 weeks, 25 days, 175 hours*, exhibition catalogue (London: Chisenhale Gallery, 2016)

Epicurus, *The Art of Happiness*, trans. and ed. J. K. Strodach (London: Penguin, 2013)

Erasmus, Desiderius, *The Praise of Folly*, trans. C. H. Miller (New Haven, CT: Yale University Press, 2003)

Frayne, David, *The Refusal of Work* (London: Zed Books, 2015)

Freud, Sigmund, 'Further Remarks on the Neuro-Psychoses of Defence', *The Standard Edition of the Complete Psychological Works of Sigmund Freud*, trans. and ed. J. Strachey, Volume 3 (London: Vintage, 2001)

Freud, Sigmund, *Three Essays on the Theory of Sexuality*, *Standard Edition*, Volume 7 (London: Vintage, 2001)

Freud, Sigmund, 'Creative Writers and Daydreaming', *Standard Edition*, Volume 9 (London: Vintage, 2001)

Freud, Sigmund, 'Formulations on the Two Principles of Mental Functioning', *Standard Edition*, Volume 12 (London: Vintage, 2001)

Freud, Sigmund, 'Recommendations to Physicians Practising Psychoanalysis', *Standard Edition*, Volume 12 (London: Vintage, 2001)

Freud, Sigmund, 'On Narcissism: An Introduction', *Standard Edition*, Volume 14 (London: Vintage, 2001)

Freud, Sigmund, 'The Unconscious', *Standard Edition*, Volume 14 (London: Vintage, 2001)

Freud, Sigmund, 'A Metapsychological Supplement to the Theory of Dreams', *Standard Edition*, Volume 14 (London: Vintage, 2001)

Freud, Sigmund, 'Beyond the Pleasure Principle', *Standard Edition*, Volume 18 (London: Vintage, 2001)

Freud, Sigmund, 'Negation', *Standard Edition*, Volume 19 (London: Vintage, 2001)

Freud, Sigmund, *Civilization and Its Discontents, Standard Edition*, Volume 21 (London: Vintage, 2001)

Goncharov, Ivan, *Oblomov*, trans. D. Magarshack (London: Penguin, 2005)

Gordon, Lyndall, *Lives Like Loaded Guns: Emily Dickinson and Her Family's Feuds* (London: Virago, 2010)

Green, André, *Life Narcissism, Death Narcissism*, trans. A. Weller (London: Free Association Books, 2001)

Greene, Graham, *A Burnt-Out Case* (London: Vintage, 2004)
Greif, Mark, *Against Everything: Essays* (London: Verso, 2016)
Gros, Frédéric, *A Philosophy of Walking*, trans C. Harper (London: Verso, 2015)
Han, Byung- Chul, *The Burnout Society*, trans. E. Butler (Stanford, CA: Stanford University Press, 2015)
Hawthorne, Nathaniel, *The Scarlet Letter* (Oxford: OUP, 1990)
Honoré, Carl, *In Praise of Slow: How a Worldwide Movement Is Challenging the Cult of Speed* (London: HarperCollins, 2005)
Huysmans, J.-K., *Against Nature*, trans. R. Baldick (London: Penguin, 2004)
Keats, John, *The Complete Poems*, ed. J. Barnard (London: Penguin, 1977)
Kenkō and Chōmei, *Essays in Idleness* and *Hōjōki*, trans. M. McKinney (London: Penguin, 2013)
Koestenbaum, Wayne, *Andy Warhol: A Biography* (New York: Open Road Media, 2015)
Kohon, Gregorio, *Reflections on the Aesthetic Experience: Psychoanalysis and the Uncanny* (London: Routledge, 2016)
Laertius, Diogenes *Lives of the Eminent Philosophers*, trans. C. D. Yonge (London: H. G. Bohn, 1853)
Lear, Jonathan, *Happiness, Death, and the Remainder of Life* (Cambridge, MA: Harvard University Press, 2002)
Levinas, Emmanuel, 'Reality and Its Shadow', *Collected Philosophical Papers*, trans. A. Lingis (Pittsburgh, PA: Duquesne University Press, 1998)
Lipsky, David, *Although of Course You End Up Becoming Yourself: A Road Trip with David Foster Wallace* (New York: Broadway Books, 2010)
Lorentzen, Christian, 'The Rewriting of David Foster Wallace', *New York* magazine, 29 June 2015
Marlowe, Christopher, *The Complete Plays*, ed. J. B. Steane (London: Penguin, 1969)
Max, D. T., *Every Ghost Story Is a Love Story: A Life of David Foster Wallace* (London: Granta, 2012)

Melville, Herman, 'Bartleby, the Scrivener', *Billy Budd and Other Stories* (New York: Signet, 1961)
The New Testament in Modern English, trans. J. B. Phillips (London: HarperCollins, 1972)
Nietzsche, Friedrich, 'On the Uses and Disadvantages of History for Life', *Untimely Meditations*, trans. R. J. Hollingdale (Cambridge: CUP, 1997)
Ovid, *Metamorphoses*, trans. M. M. Innes (London: Penguin, 2000)
Plato, *The Republic*, trans. D. Lee (London: Penguin, 1986)
Rousseau, Jean-Jacques, *Reveries of the Solitary Walker*, trans. R. Goulbourne (Oxford: OUP, 2011)
Saint-Amand, Pierre, *The Pursuit of Laziness: An Idle Interpretation of the Enlightenment*, trans. J. C. Gage (Princeton, NJ: Princeton University Press, 2011)
Salecl, Renata, *The Tyranny of Choice* (London: Profile, 2011)
Schaffner, Anna Katharina, *Exhaustion: A History* (New York: Columbia University Press, 2016)
Schopenhauer, Arthur, *Essays and Aphorism*, trans. R. J. Hollingdale (London: Penguin, 1976)
Sewall, Richard B., *The Life of Emily Dickinson* (Cambridge, MA: Harvard University Press, 1980)
Sextus Empiricus, *Outlines of Scepticism*, trans. J. Annas and J. Barnes (Cambridge: CUP, 2000)
Sloterdijk, Peter, *Stress and Freedom*, trans. W. Hoban (Cambridge: Polity, 2015)
Southwood, Ivor, *Non-Stop Inertia* (Alresford, Hants: Zero Books, 2010)
Srnicek, Nick, and Williams, Alex, *Inventing the Future: Post-Capitalism and a World Without Work* (London: Verso, 2016)
Tamaki, Saitō, *Hikikomori: Adolescence Without End*, trans. J. Angles (Minneapolis: Minnesota University Press, 2013)
Thomson, David, *Rosebud: The Story of Orson Welles* (London: Vintage, 1996)
Thoreau, H. D., *Essays*, ed. J. S. Cramer (New Haven, CT: Yale University Press, 2013)

Tronick, Edward, *The Neurobehavioral and Social-Emotional Development of Children* (New York: W. W. Norton, 2007)
Wallace, David Foster, *A Supposedly Fun Thing I'll Never Do Again: Essays and Arguments* (London: Abacus, 1997)
Wallace, David Foster, *Infinite Jest* (London: Abacus, 1997)
Wallace, David Foster, *This Is Water: Thoughts, Delivered on a Significant Occasion, About Living a Compassionate Life* (New York: Little, Brown, 2009)
Wallace, David Foster, *The Last Interview and Other Conversations* (New York: Melville House, 2012)
Wallace, David Foster, *The Pale King* (London: Penguin, 2012)
Wallace, David Foster, *Both Flesh and Not* (London: Penguin, 2013)
Warhol, Andy, *The Philosophy of Andy Warhol: From A to B and Back Again* (London: Penguin, 2007)
Warhol, Andy, with Hackett, Pat, *POPism: The Warhol Sixties* (London: Penguin, 2007)
Weber, Max, *The Protestant Ethic and the 'Spirit' of Capitalism*, trans. P. Baehr and G. C. Wells (London: Penguin, 2002)
Weinstein, Cindy, 'Artist at Work: *Redburn*, *White-Jacket*, *Moby-Dick* and *Pierre*' in W. Kelly (ed.), *A Companion to Herman Melville* (New York: Wiley-Blackwell, 2015)
Wilde, Oscar, 'The Soul of Man Under Socialism', *The Collected Works of Oscar Wilde* (Ware, Herts: Wordsworth Library Collection, 2007)
Wilde, Oscar, 'The Critic As Artist', *The Major Works*, ed. I. Murray (Oxford: OUP, 2010)
Wilde, Oscar, *The Picture of Dorian Gray*, *Major Works* (Oxford: OUP, 2010)
Winnicott, D. W., *Playing and Reality* (London: Routledge, 1971)
Winnicott, D. W., *The Maturational Processes and the Facilitating Environment: Studies in the Theory of Emotional Development* (London: Karnac, 1990).
Wolff, Cynthia Griffin, *Emily Dickinson* (New York: Perseus Books, 1988)
Zielenziger, Michael, *Shutting Out the Sun: How Japan Created Its Own Lost Generation* (New York: Vintage, 2007)

謝辭

我要感謝我優秀的編輯貝拉・雷西（Bella Lacey），尤其感謝她字斟句酌的細膩要求和不厭其煩的敦促鞭策；多謝我的經紀人柔伊・羅絲（Zoe Ross），她是作者夢寐以求的忠實讀者和熱情宣傳；也要謝謝雷斯里・勒維恩（Lesley Levene）用心費神的版面編輯；還要謝謝在本書寫作中耐心細讀的讀者戴佛拉・包姆（Devorah Baum）和拉拉・費格爾（Lara Feigel）。

我很幸運能有阿比蓋兒・史蓋瑪（Abigail Schama）這樣的理想讀者，雖說她也是別無他法。她是我在寫作和生活各方面的靈感泉源；我們的三個孩子伊森（Ethan Cohen）、盧本（Reuben Cohen）、伊拉（Ira Cohen）也是。

這本書我要獻給我的爸媽：拉結・苟斯坦（Raquel Goldstein）與愛德華・柯亨（Edward Cohen）；是他們對我鎮日發夢的無比惱火，才使我注意到自己的這一面，但他們對我的無比包容，卻也讓我能安處這份酣夢之中。

授權說明

本書中所引文獻均已盡力保護版權，作者並向下列單位慷慨授權深表謝忱：

漢娜・鄂蘭（Hannah Arendt）著，《人的條件》（1959）選錄。由泰勒與法蘭西斯出版集團（The Taylor and Francis Group）授權。

皮耶拉・奧拉涅（Piera Aulagnier）著，亞蘭・謝立頓（Alan Sheridan）譯，《詮釋的暴力：從象形文字到直述句》（*The Violence of Interpretation: From Pictogram to Statement*. 2001）選錄。由泰勒與法蘭西斯出版集團授權。

喬治・巴塔耶（Geroges Bataille）著，羅伯特・賀利（Robert Hurley）譯，《受詛咒的部分》（*The Accursed Share*. 1949）選錄。原文版權屬午夜出版社（Les Éditions Des Minuits），原譯稿版權屬羅伯特・賀利。由區域圖書（Zone Books）授權。

法蘭克・貝拉迪（Franco Berardi）著，傑森・史密斯（Jason Smith）譯，《工作中的靈魂：從異化到自律》（*The Soul at Work: From Alienation to Autonomy*. 2009）選錄。原文版權屬 Semiotext(e) 出版社及法蘭克・貝拉迪。由 Semiotext(e) 出版社授權。

莫里斯・布朗修（Maurice Blanchot）著，安・史莫克（Ann Smock）譯，《文學空間》（*The*

Space of Literature）選錄。原文版權屬伽利瑪出版社（Éditions Gallimare (*L'Éspace Littéraire*)），英譯版權屬內布拉斯加大學出版社（The Nebraska University Press）。由內布拉斯加大學出版社授權。

卡爾・賽德斯多羅姆（Carl Cederström）與彼得・弗萊明（Peter Fleming）著，《死工作》（*Dead Man Working*）選錄。由約翰・杭特出版股份有限公司授權。

蕭沆（E. M. Cioran）著，尤金・塞克（Eugene Thacker）譯，《解體概要》（*A Short History of Decay*）選錄。版權屬天馬出版社旗下的拱廊出版社（Arcade Publishing）。由拱廊出版社授權。

強納森・柯拉瑞（Jonathan Crary）著，《24/7：晚期資本主義及睡眠的終結》（*24/7: Late Capitalism and the Ends of Sleep*）選錄。由維索圖書（Verso Books）授權。

薩米耶・德・梅斯特（Xavier De Maistre）著，史蒂芬・沙塔雷利（Stephen Sartarelli）譯，《在自己房間裡的旅行》（*Voyage Around My Room*）選錄。版權屬理查・霍華（Richard Howard）。由新方向出版集團（New Directions Publishing Corp）授權。

湯瑪斯・強森（Thomas H. Johnson）編，《艾蜜莉・狄金生詩選》（*The Poems of Emily Dickinson*）。版權屬哈佛大學出版社。由哈佛大學出版社授權。

湯瑪斯・強森及希奧多拉・沃德（Theodora Ward）合編，《艾蜜莉・狄金生書信集》（*The Letters of Emily Dickinson*）選錄。版權屬哈佛大學出版社。

丹尼斯・狄德羅（Denis Diderot）著，譚考克（L. W. Tancock）譯，《拉摩的姪兒與達朗貝的夢》（*Rameau's Nephew and D'Alembert's Dream*）。版權屬企鵝出版社，譯稿及導論版權屬譚考克。

由英國企鵝藍燈書屋授權。

塞克斯圖斯・思培立克斯（Sextus Empiricus）著，茱莉亞・安納斯（Julia Annas）及喬納森・巴恩斯（Jonathan Barnes）合編，《懷疑主義綱要》（*Outlines of Scepticism*）選錄。版權屬劍橋大學出版社。由劍橋大學出版社授權。

大衛・弗雷恩（David Frayne）著，《拒絕工作：抗拒工作的理論與實踐》（*The Refusal of Work: The Theory and Practice of Resistance to Work*）選錄。版權屬大衛・弗雷恩。由賽德圖書（Zed Books）授權。

伊凡・岡察洛夫（Ivan Goncharov）著，大衛・馬加謝克（David Magarshack）譯，《奧博洛莫夫》（*Oblomov*）選錄。由英國企鵝藍燈書屋授權。

馬克・葛萊夫（Mark Greif）著，《反對一切》（*Against Everything: Essays*）選錄。由維索圖書授權。

費德希克・葛洛斯（Frédéric Gros）著，約翰・豪伊（John Howe）譯，《走路的哲學》（*A Philosophy of Walking*）選錄。原文版權屬費德希克・葛洛斯，譯文版權屬約翰・豪伊。由維索圖書授權。

若利斯—卡爾・于斯曼（Joris-Karl Huysmans）著，羅伯特・鮑迪克（Robert Baldick）譯，《反對自然：《逆流》新譯》（*Against Nature: A New Translation of À Rebours*）選錄。由英國企鵝藍燈書屋授權。

吉田兼好、鴨長明著，梅雷迪絲・麥金尼（Meredith McKinney）譯，《《方丈記》・《徒然草》》。由英國企鵝藍燈書屋授權。

喬納森・李爾（Jonathan Lear）著，《幸福、死亡與餘生》（*Happiness, Death and the Remainder of Life*）選錄。由哈佛大學出版社授權。

尼采著，丹尼爾・布里奇爾（Daniel Breazeale）編，霍林戴爾（R. J. Hollingdale）譯，《不合時宜的沉思》（*Untimely Meditations*）選錄。由劍橋大學出版社授權。

盧梭著，羅素・顧爾本（Russell Goulbourne）譯，《一個孤獨漫步者的遐想》（*Reveries of the Solitary Walker*）選錄。由牛津大學出版社授權。

叔本華著，霍林戴爾（R. J. Hollingdale）編譯導讀，《箴言文集》（*Essays and Aphorisms*）選錄。由英國企鵝藍燈書屋授權。

尼克・斯尼瑟克（Nick Srnicek）與艾力克斯・威廉斯（Alex Willams）著，《發明未來：後資本主義與沒有工作的盛世》（*Inventing the Future: Postcapitalism and a World Without Work*）選錄。由維索圖書授權。

安迪・沃荷（Andy Warhol）著，《安迪・沃荷的普普人生》（*The Philosophy of Andy Warhol: From A to B and Back Again*）選錄。由霍頓・米夫林・哈考特出版公司授權。

唐諾・溫尼考特（Donald Winnicott）著，《遊戲與現實》（*Playing and Reality*）選錄。由泰勒與法蘭西斯出版集團授權。

內容簡介

我們活在一個比任何時代都厭惡發呆偷懶的文化中。工作、聯繫、資訊的持續湧流是這文化的常規，永無休止的忙碌讓我們根本沒有安靜的一刻。「什麼都不做」這種技巧正在逐漸消失，怪不得會有那麼多過勞的人。

精神分析師喬許・柯亨在這本《不工作》中，探討了不活動何以既是慵懶冷漠的源頭，卻也是自由創意的根據。本書分析了「不活動」所展現出的四種面貌：過勞的人、懶散的人、做白日夢的人、遊手好閒的人；同時也列舉了分別代表這些生活形態的文藝人士：安迪・沃荷、奧森・威爾斯、艾蜜莉・狄金生、大衛・佛斯特・華萊士。

作者主張，我們必須從永無止盡的積極活動中解脫出來，才能擁有美好人生。這本書裡有作者的親身經歷，也有他在諮商室中的個案故事，深入直探我們在面對當代生活的無盡要求時的那份冷漠核心；柯亨問我們：我們能怎麼活出不一樣的人生？怎麼活得更充實自在？

作者簡介

喬許・柯亨 Josh Cohen

執業精神分析師，倫敦大學金匠學院（Goldsmith）現代文學理論教授。著有《私生活：我們為何還在黑暗中？》（*The Private Life: Why We Remain in the Dark?*）、《生命是死亡的目的：弗洛伊德導讀》（*How To Read Freud*），以及其他關於精神分析、文化理論與現代文學的書刊論文。

譯者簡介

邱振訓

國立台灣大學哲學博士，研究專長為倫理學、道德心理學。譯有《大師與門徒》、《自己拯救自己》、《我們為何期待來生？》（原書名：來生）、《離經叛道的哲學大冒險》、《衝浪板上的哲學家》（皆立緒出版）等書。Email: cch5757@gmail.com

國家圖書館出版品預行編目 (CIP) 資料

不工作：為什麼我們該停手 / 喬許．柯亨 (Josh Cohen) 著 ; 邱振訓譯 .
-- 新北市 : 立緒文化，民 109.01
面 ; 公分 -- (新世紀叢書)
譯自：Not Working: Why We Have to Stop
ISBN 978-986-360-148-7 (平裝)

1. 心理學 2. 精神分析

175.7 108023094

不工作：為什麼我們該停手
Not Working: Why We Have to Stop

出版——立緒文化事業有限公司（於中華民國 84 年元月由郝碧蓮、鍾惠民創辦）
作者——喬許．柯亨 Josh Cohen
譯者——邱振訓

發行人——郝碧蓮
顧問——鍾惠民

地址——新北市新店區中央六街 62 號 1 樓
電話—— (02) 2219-2173
傳真—— (02) 2219-4998
E-mail Address —— service@ncp.com.tw
Facebook 粉絲專頁—— https://www.facebook.com/ncp231
劃撥帳號—— 1839142-0 號 立緒文化事業有限公司帳戶
行政院新聞局局版臺業字第 6426 號

總經銷——大和書報圖書股份有限公司
電話—— (02) 8990-2588
傳真—— (02) 2290-1658
地址——新北市新莊區五工五路 2 號
排版——菩薩蠻數位文化有限公司
印刷——祥新印刷股份有限公司

法律顧問——敦旭法律事務所吳展旭律師

分類號碼—— 175.7
ISBN —— 978-986-360-148-7
出版日期——中華民國 109 年 1 月初版　一刷（1 ～ 1,500）

定價◎ 380 元 立緒